매력이
경쟁력이다

매력이 경쟁력이다

초판 1쇄 발행_ 2009년 2월 5일
초판 10쇄 발행_ 2013년 8월 8일

지은이_ 윤은기
펴낸이_ 이성수
주간_ 박상두
편집_ 황영선, 이현숙, 박현지
마케팅_ 이홍우, 이경은
제작_ 박흥준

펴낸곳_ 올림
주소_ 110-999 서울시 종로구 신문로1가 163 광화문오피시아 1810호
등록_ 2000년 3월 30일 제300-2000-192호(구:제20-183호)
전화_ 02-720-3131
팩스_ 02-720-3191
이메일_ pom4u@naver.com
홈페이지_ www.ollim.com

값_ 12,000원

ISBN 978-89-93027-03-7 03320

※ 이 책은 올림이 저작권자와의 계약에 따라 발행한 것이므로
   본사의 허락 없이는 어떠한 형태나 수단으로도 이 책의 내용을 이용하지 못합니다.
※ 잘못된 책은 구입하신 서점에서 바꿔드립니다.

매력이 있는 곳에 돈과 사람이 몰린다!

세상을 사로잡는 힘

매력이 경쟁력이다

윤은기 지음

머리말

'도깨비의 힘'을 발휘하자

　매력魅力의 '매' 자는 '도깨비 매魅'다. 도깨비의 힘, 도깨비같이 홀리는 힘이 매력이다. 악마와 도깨비는 둘 다 신령한 힘을 지니고 있지만, 도깨비는 어딘가 낙천적이고 선량하며 행복을 지향하는 상징물이다. 그래서 사람들은 도깨비에 홀리고 나서도 개운한 뒷맛을 느끼게 된다. 매력에는 거기에 끌리는 모든 사람을 행복하게 만드는 무언가가 있다.
　'매력'의 사전적 정의는 간단명료하다. '사람의 마음을 사로잡아 끄는 힘'이다. 그런데 자세히 들여다보면 결코 간단치 않은 함의가 있다. '사로잡아 끈다'는 말보다 '사람의 마음'이라는 목적어가 의미심장하다. 아침에 다르고 저녁에 다른 사람의 마음, 불특정 다수의 사람을 보편적으로 끌어당기는 힘은 도대체 어디서 나오는 것일까?

사실 매력은 세상 어느 곳에나 존재하는 힘이다. 동시에 누구나 갖추고 싶어하는 공통의 선善이기도 하다. 어디에나 존재하지만 누구나 추구한다는 것, 이것이 매력의 아이러니다. 본질이 '선'에 가깝지만 만인의 마음을 움직인다는 점에서 미美와 진眞의 의미까지도 두루 내포하고 있다.

우리가 흔히 매력과 혼동하는 말 중에 마력魔力이 있다. 매력과 마력에는 어떤 차이가 있을까? 마력은 매력보다 강렬하지만 보편성과 진실함이 결여되어 있다. 마력은 종종 목적을 불문한 수단의 힘을 뜻하기도 한다. 엄청난 파괴력과 영향력으로 단시간 내에 사람을 홀리는 힘이 있지만 매력처럼 선한 결과를 지향하지 않는다.

21세기는 매력 추구의 시대다. 20세기가 무한경쟁과 물질주의와 환경파괴로 내달리는 시대였다면, 21세기는 그 모든 것을 반성하고 난 후에 찾아오는 조화와 아름다움을 지향하는 시대다. 짐 데이터 하와이대 미래전략센터 소장은 "정보화사회 다음에는 경제의 주력 엔진이 '정보'에서 '이미지'로 넘어가면서 상상력과 창조성이 국가경쟁력의 핵심이 될 것"이라고 전망했다. 미래사회에는 국민총생산GNP 대신 국민총매력지수GNC, Gross National Cool가 부를 측정하는 기준이 된다는 뜻이다. 하버드 비즈니스스쿨에서도 21세기의 새로운 경쟁코드로 매력을 내세웠다.

이제는 개인과 기업, 국가 모두 '매력지수'를 중요한 전략 포인트로 삼아 세계인의 마음을 끄는 매력을 창조하기 위해 노력해야 한다. 매력이 없이는 살아남을 수 없는 시대가 온 것이다.

이는 결코 헛된 추상이나 이론이 아니다. 아주 구체적인 현실이다. '굴뚝 없는 산업'이라 불리며 가치가 날로 높아가는 관광업계를 보자. 세계적 관광대국 스페인은 해마다 7000만 명이 넘는 관광객 덕분에 500억 유로의 수익을 올리고 있다. 매력이 넘치기 때문이다. 천혜의 자연환경, 세계적 문화유산과 더불어 관광 콘텐츠를 개발하려는 줄기찬 노력이 낳은 개가다. 스페인은 그동안 매력을 창조하고 연출하는 데 엄청난 돈을 쏟아부었다. 그에 반해 우리나라는 아시아에서도 관광매력도가 가장 떨어지는 나라에 속한다. 국내총생산GDP 대비 관광수지 적자 비중이 세계 4위다. 우리가 그만큼 매력 창출에 소홀했다는 증거이다.

요즘은 제품이건 디자인이건 분야를 막론하고 매력이라는 말이 붙지 않으면 대접을 받기 어려운 세상이 되었다. 그래서 기업들도 새로운 프로그램과 생산 시스템을 도입하여 너도나도 매력적인 아이템 개발에 나서고 있다. 이것은 시대의 조류가 하드웨어에서 소프트웨어로, 양에서 질로, 강함에서 아름다움으로, 경직성에서 유연함으로 흐르고 있다는 것을 나타낸다.

매력은 인간관계에서도 중심적 개념이 되었다. 지금은 청춘남녀가 연애상대를 고를 때도 매력적인지 아닌지를 제일 먼저 따진다. 과거처럼 돈과 권력과 기술만으로는 매력적인 상대로 평가받을 수 없다. 물질적 소유와 사회적 지위 이상의 그 무엇, 즉 마음을 끌어당기는 힘이 없으면 연애도 사업도 국가 경영도 제대로 할 수 없는 시대에 우리는 살고 있다.

  매력이 경쟁력이다. 항상 매력을 생각하라. 매력 없는 것은 과감히 버리고, 매력이 약한 것은 강하게 바꾸고, 전에 없던 새로운 매력을 창조하라. 매력경영은 다른 것이 아니다. 매력을 끊임없이 창조해나가는 경영활동이다. 누구에게나 있기 마련인 매력적 요소를 찾아내어 나만의 매력으로 만들고 지속적으로 강화시켜나가야 한다. 자신의 총매력지수를 높여서 네트워킹으로, 리더십으로, 고객만족으로 확산시키는 것, 이것이 매력경영의 핵심이다.

  이 책은 최근 몇 년 동안 여러 대학교의 최고경영자과정과 기업체, 공공기관 등에서 강의한 내용을 토대로 새로 집필한 것이다. 시간 사정 때문에 미처 다 하지 못한 말을 추가하고 새로 알게 된 사실들을 보완했다. 매력경영을 실천하고 싶은 분들에게 조금이라도 도움이 되기를 바라는 마음이다.

  책을 쓰는 동안 여러 분의 도움을 받았다. 이분들의 도움이 아니었다면 아마도 이 책은 세상에 나오지 못했을 것이다. 책의 출간을 제안하고 아이디어를 제공해주었을 뿐만 아니라 내 강의 테이프와 구술을 체계적으로 정리해준 도서출판 올림의 식구들에게 감사를 표한다. 그동안 나의 강의를 듣고 많은 성원과 애정 어린 비판을 해주신 모든 분께도 감사의 말씀을 드린다.

내가 항상 매력적인 CEO들, 그리고 각 분야의 최고 리더들과 함께 생활할 수 있도록 인도해주신 하느님께 감사하며, 세월이 갈수록 매력을 더해가는 아내 임옥재, 아들 지웅, 딸 지현이에게도 고마움을 전한다. 이들이 있어 나는 늘 위안과 활력을 얻는다.

2009년 2월
서울과학종합대학원대학교에서
윤은기

차례

⋮

머리말
'도깨비의 힘'을 발휘하자 _4

1장
파워시프트는 이미 시작되었다
권력형 사회에서 매력형 사회로

그들은 왜 산으로 갔을까··· **권력형 인간의 초상** _15
힘은 총구가 아니라 문화에서 나온다··· **컬처노믹스** _20
사자도 매력의 힘을 알거늘··· **하드파워에서 소프트파워로** _24
능력이 전부였던 시대는 갔다··· **매력 없이는 성과도 없다** _29
성공하면 아내를 바꾼다?··· **스위트 홈–스마트 홈–어트랙티브 홈** _33
돈으로 안 되는 것이 있다··· **매력 있는 회사, 매력 있는 제품** _40
국가 브랜드를 높여라··· **군사강국–경제강국–매력강국** _44

왜 그에게만 사람들이 몰릴까
매력형 인간의 초상

쓰러져도 일어나 다시 나누리라 • 김장훈의 '영성적 매력' _51
부드러운 남자 욘사마 • 배용준의 '감성적 매력' _57
그의 도전에는 거칠 것이 없다 • 박진영의 '도발적 매력' _62
함께 있고 싶다 • 유재석의 '편안한 매력' _67
세상을 기분 좋게 홀리다 • 마술사 이은결의 '창조적 매력' _72
그녀의 집중하는 모습이 아름답다 • 박세리의 '쿨한 매력' _77
"죽이고 싶지만 덮어두겠다" • 클린턴의 '소통의 매력과 성적 매력' _83
"시효가 있다면 원칙이 아니다" • '착한 자본주의' 워런 버핏의 '지혜의 매력' _90
타인의 삶을 변화시키는 힘 • 김동호 장군이 보여준 '인품의 매력' _96

안 사고는 못 배긴다
매력적인 상품은 무엇이 다른가

무엇이 절대지존을 만드는가 • 삼성 파브의 '디자인' _109
500만 명을 유혹한 플라스틱 머니 • 현대카드의 '상상력' _113
살고 싶다, 사고 싶다 • 래미안의 '브랜드 자부심' _118

중요한 것은 재미가 아니라 본질이다··· 최고를 향한 메가스터디의 '고집' _123
CEO들이 원하는 AMP는 따로 있다···
'Spiritual Class'를 지향하는 aSSIST 4T CEO AMP과정 _129
효율을 버리고 낭비를 선택하다··· 세계 최고(最古) 호텔 호시료칸의 '역발상' _141
소비자를 넘어 '팬'으로 만들어라··· 아이팟의 '매력적 편의성' _148
흥미 없는 사람도 끌어들여라··· 캘러웨이의 '배려' _153
무에서 유를 낳다··· 함평 나비축제의 '경험' _158

4장

인재에게는 연봉이 전부가 아니다
매력형 기업의 21세기 전략

노는 두뇌가 막힌 성실성보다 낫다··· 창조의 구글 _167
직원이 전부다··· 직원의 충성심을 끌어내는 미라이공업 _172
우리는 상생으로 간다··· '노사의 앙상블' 현대중공업 _178
맨유가 단순한 축구클럽이라고?··· 투자자의 미래를 보장하는 맨유 _183
상상하는 것 이상을 보여주마··· 세계의 허브를 지향하는 두바이의 도전 _189

당신과 함께라면 어디든 가겠다
매력형 리더십의 조건

- 돌처럼 가라앉고 싶은가···**21세기가 원하는 리더** _197
- 절대긍정의 리더···**윤석금 웅진그룹 회장** _202
- 예술경영의 힘···**이승한 홈플러스 회장** _212
- 소프트리더십의 교본···**허브 켈러허 전 사우스웨스트항공 회장** _219
- 창조적 카리스마의 힘···**스티브 잡스 애플 회장** _223
- 스마트파워의 힘···**오세훈 서울특별시장** _230
- 통합과 혁신의 힘···**버락 오바마 미국 대통령** _239

나만의 매력을 창조하라
매력 창조의 프로세스

- 효리가 섹시하다니 말도 안 돼요···**매력의 탄생과 진화** _249
- 사람은 무엇에 반하나···**매력의 DNA를 찾아라** _254
- 약이 되는 매력, 독이 되는 매력···**매력, 이렇게 측정하고 활용하라** _261
- 이명박, 오바마 두 대통령의 PI는?···**벤치마킹과 매력 개발** _266
- 티가 있으면 옥이 아니다···**반(反)매력을 제거하라** _276
- 눈과 마음을 사로잡다···**외적 매력과 내적 매력을 통합하라** _280
- 매력, 표현하고 연출하라···**효과적인 매력 연출법** _294
- 멈추면 죽는다···**매력의 진화** _299

1장

파워시프트는 이미 시작되었다

― 권력형 사회에서 매력형 사회로

그들은 왜 산으로 갔을까

···· 권력형 인간의 초상

사람들은 흔히 '리더는 카리스마가 있어야 한다'고 생각한다. 그러나 오늘날 카리스마 리더십은 더 이상 환영받지 못한다. 사람들은 강한 것에 휘둘리는 것이 아니라 매력적인 것에 끌린다. 매력이 있는 곳에 돈과 사람이 몰리는 시대가 온 것이다.

2006년 다보스포럼은 '미래의 CEO는 제왕형이냐 연출가형이냐'라는 주제로 토론을 벌였다. 결론은 연출가적 기능이 중요하다는 것이었다. 과거에는 전광석화처럼 밀어붙이는 강압적 스타일이 리더십의 전형이었다. '중성자탄 잭'으로 불린 잭 웰치처럼 말이다. 그러나 시대가 달라졌다. 지시하고 질책하며 조직을 지배하던 권력형 리더는 퇴장하고, 빌 게이츠처럼 부드러운 매력의 소유자가 각광을 받고 있다. 타인을 배려하고 존중함으로써 자발적 몰입과 헌신을 유도해내는 매력형 리더가 권력형 리더를 대체하고 있다.

지식인의 정의도 완전히 바뀌었다. 대학 나온 사람이 지식인이 아니라 평생 학습하는 사람이 지식인이다. 이제는 배우고 버리고, 또 배우고 버릴 줄 알아야 살아남을 수 있다.

내 친구들은 대부분이 이른바 명문대 출신에다 대학원 이상의 학력자들이다. 상당수는 장교 출신이다. 이들은 한국은행을 포함한 금융계나 국내 유수의 대기업에서 직장생활을 했거나 고위 공직자로 입신했던 사람들이다.

그런데 이들 중 아직도 직장에서 살아남아 일하고 있는 사람은 열에 하나가 채 안 된다. 열에 아홉 이상은 자리에서 물러나 청계산 등산으로 여가를 보내는 일명 '청계학파'가 되었다. 이유는 두 가지다. 우선 이들은 권력형 리더십에서 매력형 리더십으로 전환하는 데 실패했다. 또 하나, 그들은 속도의 변화에 적응하지 못했다. 전투기처럼 빠르게 변화하는 디지털 시대의 시스템에 적응하지 못한 것이다. 조금 더 일찍 기종전환 훈련을 받았으면 최신 전투기를 몰 수도 있었을 텐데, 그 훈련에 참여하지 못했기 때문에 직장에서 밀려날 수밖에 없었다. 불성실했다거나 윤리적으로 문제가 있었던 것도 아니다. 세상이 너무도 빠르게 변하면서 생긴 권력의 이동, 즉 파워시프트$_{powershift}$의 결과인 셈이다.

나는 생방송 진행자로 10여 년을 보내는 사이 무시무시한 변화의 속도와 방향, 밸런스에 대해 남다른 감을 갖게 되었다. 살아남기 위해 언어와 태도를 고치고, 감성지수$_{EQ}$와 소프트파워를 갖추기 위해 공부하는 한편 습득한 지식을 실천에 옮겼다. 그리고 '칭찬하자, 어쨌든 간에 칭찬해보자, 야단칠 일이 있어도 꾹 참자, 화가 나도 참자'는 말을 주문처럼 외우고 다녔다. 그러면서 새로운 소프트파워 문화를 한발 앞서 받아들이려고 노력했다.

피나는 노력 끝에 제일 먼저 달라진 것은 나에 대한 아내의 평가였다. "당신, 나이가 들수록 점점 더 매력적으로 보여요"라는 말을 종종 듣게 되었다. 집에서 잘릴 걱정 하나는 던 셈이다. 황혼이혼이라는 말이 전혀 낯설지 않은 요즘, 아직도 가부장적 사고에 사로잡혀 아내에게 밉보이다가 집에서 퇴출당하는 남편이 적지 않은 현실에서 든든한 언덕 하나를 가졌다고 할 수 있다.

공군장교 출신인 나는 결혼을 하면서 아내에게 "인생에서 성공한 사람들을 보면 훌륭한 내조가 있었다"고 말하고 아내에게 한 가지 부탁을 했다. 내가 출퇴근할 때 전투기 조종사의 출격과 귀대 때처럼 열렬히 환송하고 환영해달라고. 아내는 나의 부탁을 들어주겠다고 약속했다. 결혼 직후부터 아내는 출근하는 나에게 베란다에서 매일 1분 동안 손을 흔들어주었다. 이 모습은 모 여성잡지에서 취재를 했을 정도로 유명한, 우리 가정의 '일상 이벤트'다. 물론 집에 돌아올 때도 나는 열렬한 환영을 받는다. 매일 벌어지는 환송식과 환영식 덕에 나는 제법 신나게 살아왔다.

그런데, 어느 날부터인가 이상한 일이 벌어졌다. TV 대하사극 「주몽」이 방영될 무렵이었다. 아내가 달라진 것이다. 아내는 TV에 넋이 빠져 환영식을 생략하고 집에 들어온 나를 본체만체하기 일쑤였다. 사실 아내는 드라마 자체보다는 '송일국'이라는 배우의 매력에 홀딱 빠져 있었다. 마침내 아내는 송일국을 꼭 한 번만이라도 보고 싶다, 그게 안 되면 그의 사인이라도 받고 싶다고 사정했다. 속으로는 난감했지만 아내의 간절한 부탁에 못 이긴 척하고 아는 사람을 통해 사인을 받아냈다. 송일국의 멋진 얼굴과 친필 글귀가 담긴 A4 크기의 사진이었다. 아내는 이 사진을 받더니 함박웃음을 지었다. 그리고 그 사진을 액자에 소중히 넣어 침대 옆 탁자에 모셔놓았다. 가끔 꿈속에서 송일국이 나타난다는 아내의 말에 나는 한동안 대꾸할 말을 잃었다. 그렇게 한 6개월이 지났을까, 송일국에 푹 빠져 살던 아내가 그토록 애지중지하던 사진을 슬그머니 어디엔가 치워버렸다. 이번에는 송승헌한테 반해버린 것이다. "너무 잘 생겼다", "정말 매력 있는 남자"라며 감탄사를 쏟아내는 아내를 보며, 이제는 나도 드라마를 함께 즐기고 있다.

나는 아내의 모습을 지켜보면서 문득 '욘사마 배용준'이 떠올랐다. 욘사마를 따라다니는 일본 주부들은 어떤 사람들일까? 분명 부부 사이에 문제가 있거나 제정신이 아닌 아줌마들일 거라고 지레짐작하기 쉽지만 그것은 착각에 지나지 않는다. 그들은 부부 사이가 원만하고 극히 정상적인 중상층 이상의 주부로 알려져 있다. 그러니 아내가 스타에 빠져 열광한다고 고민할 필요는 전혀 없다. '우리 집은 편안하며 아내는 매우 건전하게 스타의 매력을 즐기고 있구나' 하고 생각하면 그만이다. 그렇다고 방심해도 좋다는 말은 아니다. 남편으로서 자신의 매력도를 높이기에 주력해야 한다. 그것이 가장 좋은 대응 방식이다. 아내가 보고 있는 TV를 '감히' 일방적으로 꺼버리거나, 나도 좋아하는 여배우가 있다는 식으로 맞대응하는 것은 최악의 방식이다. 나는 실제로 아내를 위해 송일국의 사인도 받아주고 주몽 브랜드의 포도주를 선물하는 등 적극적 방식으로 '매력 있게' 대응했다. 그랬더니 "당신은 매력적인 남편"이란 화답이 돌아왔다.

자신이 권력형 인간인지 매력형 인간인지를 잘 판단해보라. 전자의 사람들은 대체로 청계학파가 되기 쉽다. 그런 사람일수록 인생에 빨간 불이 켜져 있다는 사실을 자각하고 변화에 적응해야 한다. 환경이 바뀌면 그에 맞게 변신해야 한다. 매력형 사회에서는 매력형 인간만이 성공할 수 있다.

힘은 총구가 아니라 문화에서 나온다

···· 컬처노믹스

매력이라는 말이 빈번하게 쓰이는 사회는 성숙한 사회다. 먹고 사는 단계 이상의 경제력이 갖추어지고 사회가 자유로우며 학습과 교육 수준이 높아야 비로소 매력 추구형 사회로 이동하기 때문이다. 매력이라는 말은 군사독재의 미얀마나 전쟁과 테러 속에서 신음하고 있는 이라크, 해적으로 악명을 떨치는 소말리아 같은 나라에서는 잘 쓰이지 않는 단어다. 물론 이들 나라에도 부분적으로 매력의 요소가 없지 않겠지만 보편적 의미에서 매력추구형 국가라고 하기는 어렵다. 다시 말해서 매력이란 먹고 사는 문제가 해결된 이후에 나오는 하나의 상위 욕구이며 문화적 현상임과 동시에, 전면적인 질적 고양을 추구하는 여유와 미를 의미한다고 할 수 있다.

한국 사회는 1인당 국민소득 2만 달러를 향유하는 선진화된 사회다. 사회경제적 측면만 그런 것이 아니다. 민주화 정도로 보아도 우리는 온갖 사상과 이념이 분출하며 각축을 벌이는 백화제방의 시대에 살고 있다. '민주주의 과잉'이라는 진단이 나올 정도다. 자연스럽게 매력적 요소가 중심 가치로 부상하는 환경이 조성된 것이다. 문턱 높기로 원성이 자자했던 행정 서비스에도 매력적인 조치들이 나타나기 시작했다. 국민들의 의식이 높아지고 자치단체장을 중심으로 혁신을 거듭한 결과다. 선진국을 능가하는 행정 시스템도 다수 생겨났다. 전자정부 시스템에 관한 한 한국은 다른 나라들의 부러움을 살 정도다. 공공 서비스도 상당한 수준에 올라와 있다. 고속도로 휴게소의 화장실에 가보면 미국이나 일본과 비교할 수 없을 정도로 매력적이다. 미국인들과 일본인들이 충격을 받고 돌아간다.

무턱대고 열심히, 악착같이 한다고 능사가 아니다. IT기술만 가지고 되는 것도 아니다. 매력을 어떻게 창조할 것인가, 매력적인 서비스를 어떻게 제공할 것이냐가 관건이다. 선진국이 되려면 '매력강국'을 목표로 삼아야 한다. 그러기 위해서는 매력적인 문화정책, 여가정책, 관광정책이 샘물 솟듯 나와야 한다. 그런데 우리 정치인들의 머릿속에서는 아직 그런 아이디어가 나오고 있지 않다. 놀고 쉬는 것과 관련한 이야기는 비생산적 발상이라는 비판을 받을까 두려워하는 마음이 있기 때문이다. 그러나 그런 생각은 후진적인 것이다.

최근 환율 급등으로 인해 관광수지 적자가 크게 줄어들고 있기는 하지만 우리나라는 최근 몇 년 동안 심각한 관광수지 적자를 기록해왔다.

불과 몇 달 전만 해도 여행을 위해 인천공항의 출국장에 줄을 서는 한국인은 많은 데 비해 입국장으로 들어오는 외국인들의 움직임은 한산했다. 열심히 자동차와 반도체를 팔아서 벌어들인 달러가 여행이다 유학이다 해서 도로 해외로 빠져나가버린다. 특히 해외 교육비로 들어가는 비용은 천문학적인 수준이다. 한마디로 물질을 수출하고 문화를 수입하는 격이다. 이래서는 힘들게 번 돈을 외국에 갖다 바치는 악순환을 끊을 길이 없다.

세계인들이 즐겨 찾는 매력강국은 어떤 나라일까? 경제강국도 아니요 군사강국도 아니다. 문화강국, 즉 '문화력 cultural power'을 갖춘 나라다. 문화력을 가지려면 우선적으로 문화에 대한 이해가 깊어야 하며, 문화와 경제를 융합하여 더 크고 새로운 가치를 만들어내는 창의력이 있어야 한다.

영국 북서부에 위치한 인구 20만 명의 소도시 게이츠헤드가 대표적인 사례라고 할 수 있다. 원래 중화학공업과 탄광의 중심지였던 이 도시는 산업 대신 문화를 택했다. '문화 코드'로 도시를 새롭게 재건하면서 한 해 2000만 명이 찾는 관광지로 탈바꿈했다. 문화관광 도시로서의 콘셉트가 정착되면서 자연스레 사람과 자본이 몰려들었다. 인근의 뉴캐슬과 합쳐 6만 명이 문화산업에 종사하고 관광수입만으로 40억 파운드 약 7조 6300억 원를 올리고 있다. 문화가 도시를 먹여 살리는 셈이다. 우리는 어떤가. 2007년 우리나라를 찾은 외국 관광객은 645만에 불과하며, 관광수지 적자는 무려 101억 달러 약 13조 3320억 원에 이른다. 비교하기가 부끄러울 정도이다.

오세훈 서울시장은 '문화가 힘'이라는 사실을 잘 알고 있는 것처럼 보인다. 서울시의 경쟁력을 강화하기 위해 문화를 경제적으로 활용한다는, 이른바 컬처노믹스culturenomics의 기치를 내걸고 문화culture와 경제economics가 하나 되는 정책을 꾸준히 개발하고 있다. 이를 위해 각계 전문가 900여 명으로 구성된 '창의서울포럼'을 운영하여 폭넓은 아이디어를 수렴하고 있다. 그가 내건 '맑고 매력 있는 세계도시 서울'이라는 비전에 기대가 모아진다.

지금은 매력의 시대다. 성공하기 위해서는 매력을 창조해야 한다. 이 시대가 원하는 리더 또한 권력이 아닌 매력을 통해 매력형 조직, 매력형 사회를 이끄는 매력형 리더일 수밖에 없다.

사자도 매력의 힘을 알거늘……

···· 하드파워에서 소프트파워로

2008년 3월 아프리카에 다녀온 적이 있다. 운 좋게도 '동물의 왕국' 세렝게티 국립공원에서 한 무리의 사자가 사냥하는 장면을 직접 목격하게 되었다. 백수의 제왕이라는 사자의 공격성은 실로 대단했다. 그런데 정작 사냥감을 맹렬하게 뒤쫓는 사냥꾼은 암사자들이었다. 수사자는 뒤에 서서 이를 지켜만 보고 있었다. 그런데 사냥감은 이 수사자 차지였다. 수사자가 제일 먼저 먹고 나면 암사자와 새끼들이 먹는 것이다.

　우리는 흔히 수사자의 갈기가 적을 위협하기 위한 수단으로 쓰인다고 알고 있지만 사실은 그게 아니다. 찌는 듯한 무더위의 열대지방에서 갈기는 오히려 불편함만 줄 뿐이다. 수사자의 갈기는 암사자에게 잘 보이기 위한 수단, 다시 말해 매력 과시용 치장에 불과한데도 수사자가 불편함을 무릅쓰고 생존을 위해 매력을 선택하여 진화한 것이 흥미롭다.

아프리카의 초원에서 수사자는 이미 충분히 위협적 존재다. 누군가를 갈기로 위협해야 할 특별한 이유가 없다. 갈기 없는 암사자만으로도 공포심을 주기에 충분하다. 수사자는 사냥을 하기보다 무리를 보호하고 암사자에게 구애하며 동료 수사자와 지배권 경쟁을 하는 데 대부분의 시간을 보낸다. 수사자는 암사자를 독차지하기 위해 극렬한 싸움을 벌이고 여기서 패배한 사자는 무리를 떠난다. 승리한 수사자는 곧바로 암사자에게 달려가 최대한 부드러운 태도로 구애작전을 편다. 꼬리를 흔들며 잘 봐달라고 머리를 비빈다. 암사자는 쉽게 마음을 열지 않다가 수사자의 거듭된, 어찌 보면 비굴하게 느껴지는 청혼을 마지못한 듯 받아들인다.

나는 아프리카에서 지켜본 사자들의 행태를 통해서도 소프트파워의 힘을 실감했다. 사자들조차도 무리를 지키거나 경쟁자를 몰아낼 때는 하드파워를 사용하지만 파트너를 구할 때나 새끼를 키울 때는 소프트파워를 사용하는 것이다.

문명세계의 인간은 어떨까? 하드파워와 소프트파워 어느 쪽에 의지해야 살아갈 수 있을까? 답은 하나다. 고객에게도 소프트파워를 써야 하고 부하직원에게도 소프트파워를 써야 한다. 연인이나 가족은 물론이다. 상사에게도 소프트파워를 써야 한다. 그러나 아직도 맹수보다 더 자주 하

드파워를 사용하는 인간들이 적지 않다. 부하직원이 마음에 들지 않으면 "너 이런 식으로 하면 가만두지 않겠다"며 겁을 주고 때로는 폭력을 휘두르기도 한다.

인간이 하드파워를 많이 쓰는 이유는 사회적 학습 때문이다. 오랫동안 세상은 수직적 위계질서를 중심으로 돌아갔다. 기업 경영에서도 '과학적 관리'라는 이름 아래 효율만을 강조하는 수직적 피라미드를 구축해왔다. 생산성과 효율성만을 강조하고 자기보다 조금만 파워가 약하면 바로 압력을 가하고 위협했다. 40대 이상의 기성세대가 하드파워에 익숙한 이유는 이들이 원래 모질거나 악해서라기보다 하드파워의 사용을 강조하는 사회문화에 세뇌되었기 때문이다.

그러나 이제 세상의 패러다임이 근본적으로 바뀌었다. 요즘의 젊은이들에게는 겁나는 대상이 없다. 기성세대가 군생활을 할 때는 사병이 부대장에게 접근하는 것조차 쉽지 않았는데, 지금은 디지털 신문고 등을 통해 참모총장과 곧바로 연결할 수 있다. 군통수권자인 대통령과도 만날 수 있다. 원칙과 법만 지키면 무서울 것이 없는 세상이다. 지위를 이용해 겁을 주려는 사람이 있다면 지금 세대는 '정말 웃기는 인간'이라고 단정해버린다. 인터넷을 통해 공개적으로 항의하고 가차 없이 소송을 제기하기도 한다. 폭언이나 폭행이 있으면 바로 고소하거나 고발한다. '소프트파워를 써야 산다'는 명제를 진리처럼 받들고 살지 않으면 수시로 법정을 들락거려야 할지도 모른다. 원하든 원치 않든 소프트파워의 가치를 배우고 실천해야 한다. 아직도 하드파워로 사회적 약자를 이끌겠다는 생각을 가진 리더가 있다면 그는 맹수만도 못한 사람이다.

소프트파워에는 문화적 파워도 있고 예술적 파워도 있다. 그중에서도 가장 높은 차원은 마음을 끌어당기는 힘, 즉 '영성적 파워spiritual power'다. 빌 게이츠, 워런 버핏, 스티븐 스필버그 같은 세계 최고의 부자들은 수수한 옷을 입고 다니면서도 누구보다 사회 공헌과 기부에 열심이다. 영성적 파워가 느껴진다. 세계 두 번째 부자인 워런 버핏이 50년 전에 3000만 원을 주고 산 평범한 집에 살면서 열심히 일해서 번 돈으로 천문학적인 기부를 해온 사실은 이미 널리 알려진 이야기다. 버핏은 "내가 세계에서 두 번째 부자라고 집을 세계에서 두 번째로 좋게 지으라는 법이 어디 있느냐? 그렇게 살면 행복해지느냐?"고 묻는다. 그의 집에 멋모르고 들어간 강도가 훔쳐갈 것이 없어 빈손으로 나왔다는 일화도 있다. 스필버그는 "나는 죽을 때까지 다 쓸 수 없을 정도로 돈을 벌었다. 이제부터 내가 작품을 만드는 것은 돈을 더 벌기 위한 것이 아니라 사회에 공헌하기 위함이다"라고 선언했다. 실제로 그의 영화 「쉰들러 리스트」는 흥행을 노린 것이 아니라 역사적 교훈을 재조명하려는 것이었다. 이들이 추구하는 것은 사회적 신분 상승이나 명예 추구가 아니다. 이들의 특징은 행복을 나눠주고 자신도 행복해지는 것이다. 한국에도 요즘 이런 매력적인 사람들이 등장하고 있다.

미국의 조지 부시 대통령은 하드파워로 밀어붙이다가 여기저기서 암초를 만났다. 그와 더불어 그의 매력도 떨어졌고 미국의 매력도 동반 하락했다. 2008년 11월 미국이 차기 대통령으로 소프트파워형 리더를 선택한 것은 당연한 결과였다. 부시에게 염증을 느낀 미국인들은 같은 공화당의 후보를 버리고 민주당의 벼락 오바마를 대통령으로 뽑았다.

리더의 매력은 이제 소프트파워, 나아가 영성적 파워를 가진 사람에게서 극대화될 것이다. 영성이 사람의 마음을 이끌고 자신과 타인을 행복하게 만들며 운까지 좋게 만든다. 사덕社德을 베풀고 사회에 공헌하면 사운社運이 열린다. 지구촌에 봉사하고 공헌하는 나라는 국운이 더 상승할 것이다. 내가 영성적 파워를 소프트파워의 꽃으로 규정하는 까닭이 여기에 있다.

능력이 전부였던 시대는 갔다

···· 매력 없이는 성과도 없다

빌 클린턴 전 미국 대통령은 머리도 좋은 데다가 인물도 좋고 악기, 골프, 사교춤에 능하며 목소리까지 매력적이다. 심리학자들의 평가로는 역대 대통령 중에 그만큼 EQ가 높고 설득력이 탁월한 사람이 없을 정도라고 한다. 그의 매력에는 악감정도 호감으로 되돌려놓게 만드는 신비한 힘이 깃들어 있는 것 같다.

힐러리 클린턴의 자서전에 보면 이런 내용이 나온다. "마침내 그가 (혼외정사를) 시인한 순간 피가 솟구치면서 그의 목뼈를 부러뜨려 죽이고 싶었다. 그런데 옆방에 가서 잠시 생각해보니 비록 흠집은 났지만 내 생애에서 그보다 더 매력적인 남자를 만날 가능성이 희박하다는 것을 깨닫고 일단 덮어두기로 했다."

이것을 기자들이 내버려 둘 리가 없었다. '진심 혹은 정치적 위기관리?'라는 헤드라인의 어느 신문 기사는 '힐러리의 말이 과연 진실일까'라는 측면에 초점을 맞추었다. 힐러리의 정치적 야심이 만만치 않다는 것을 기자들도 잘 알고 있었던 것이다.

나는 클린턴이 그의 자서전인 『빌 클린턴의 마이 라이프』 한국어판 출간기념 행사에 참석하기 위해 방한했을 때 바로 앞자리에 앉아 그를 관찰할 기회가 있었다. 자세히 보니 역시 인물도 좋고 표정 관리에 뛰어났으며 스타일이 돋보였다. 연설 또한 사람을 휘어잡는 매력이 있었다. 가벼운 농담으로 시작하여 아주 미묘한 힘으로 사람들을 흡인하는 모습을 보며 나는 힐러리의 말이 거짓이 아닐 수도 있겠다고 생각했다.

매력 있는 사람에게는 '능력 플러스 알파'가 있다. 반면 '능력 마이너스 매력'인 사람은 일을 아무리 많이 해도 그 결과가 좋게 나오지 않는다. 학교의 동창회장만 놓고 봐도 매력 있는 사람이 맡으면 더 많은 동창이 참석하고 찬조금도 더 많이 걷힌다. 매력이 결정적인 요소로 작용하는 것이다. 매력을 가진 사람은 설사 세속적 의미의 권력을 소유하고 있지는 않더라도 권력자를 뛰어넘는 부와 명예, 영향력을 손에 쥘 수 있다.

욘사마 배용준이 몇 년 전 개인소득세로만 100억 원 이상을 냈다고 보도된 적이 있다. 이쯤 되면 그 자신이 하나의 거대한 기업이라 해도 과언이 아니다. '움직이는 1인 기업'이 드라마 「겨울연가」에서 보인 연기와 특유의 지적인 분위기는 모든 여성들의 상상 속에 존재하는 '백마 탄 왕자'의 이미지 그 자체였다. 배용준이 지닌 매력의 본질은 지적 이미지와 훈훈한 인간적 이미지가 완벽하게 통합된 스타일의 창출에 있다. 자신을 기다리는 팬들을 위해 빵과 커피를 보내는 등 항상 팬들을 조금이라도 더 배려하려는 예절 바른 태도가 매력의 중추를 형성한다.

요즘 들어 대한민국 CF계의 최고 스타로 떠오르고 있는 '국민 여동생' 김연아의 매력도 이 시대 대한민국의 대표적인 매력이다. 타고난 유연성과 순발력을 바탕으로 세계 피겨 스케이팅 무대를 주름잡는 환상적인 안무와 표정 연기도 물론 매력적이지만 어떤 상황에서도 기죽지 않을 듯한 씩씩하고 당찬 모습과 솔직하고 발랄한 말투도 그녀의 매력 포인트다.

세계 여자 테니스계에서는 마리아 샤라포바의 인기가 상한가를 치고 있다. 실력 면에서만 보자면 결코 그녀에 뒤지지 않는 비너스 윌리엄스 같은 선수들이 있지만 팬들의 시선은 온통 샤라포바에게 쏠린다. 개인 총매력지수에서 샤라포바가 월등한 지위에 있기 때문이다. 특히나 서브와 스트로크를 칠 때 내지르는 '괴성'의 매력이 압권이다. 그녀의 괴성은 인간의 소리도 아니고 짐승의 소리도 아니다. 아니 짐승의 소리에 더 가깝다고도 할 수 있다. 그것이 팬들, 특히 남성들의 혼을 여지없이 빼놓는다.

'짐승의 소리' 하면 생각나는 스타가 또 있다. 바로 쿵푸 영화의 원조 스타 이소룡이다. 그의 매력에서 강렬한 기합소리가 차지하는 비중은 상당하다. 심리학적으로도 사람은 소리에 약하다고 한다. 사운드 마케팅이 활발한 것도 다 이유가 있다.

하지만 매력이 반드시 청춘과 아름다움에서만 나오는 것은 아니다. 나이를 뛰어넘는 매력이라는 것이 있다. 올해 75세인 조해석 할아버지는 30~40대의 몸매, 20대의 근육을 자랑하는 영원한 미스터코리아다. 그는 건강을 위해 운동을 시작했지만 힘든 수련의 결과로 놀라운 '몸의 매력'을 갖게 되었다. "건강한 육체는 건강한 삶과 자신감을 불어넣어주며 활동적인 노년을 보장한다"는 것이 그가 내세우는 '몸짱의 철학'이다. 25세 때 군에서 제대한 뒤부터 시멘트 뭉치로 시작한 역도 인생이 51년째인 그는 지금 수십 가지의 중량별, 기능별 기구들이 즐비한 헬스클럽에서 보디빌딩 전도사로 활동하고 있다.

나이가 들어도 활력이 넘치는 생활을 유지하는 비결, 실력이 비슷해도 관중의 시선과 사랑을 더 많이 받는 이유, 피가 거꾸로 솟구칠 정도의 분노조차 가라앉게 만드는 힘, 그것은 모두 매력으로밖에는 설명이 되지 않는다.

성공하면 아내를 바꾼다?

···· 스위트 홈 - 스마트 홈 - 어트랙티브 홈

'스마트 홈 Smart Home'은 자동화를 지원하는 개인주택을 말한다. 집 안의 조명과 온도, 문과 창, 보안 등을 자동으로 제어하는 시스템이 갖춰져 있는 최첨단 시설이다.

'꿈의 궁전'으로 알려진 빌 게이츠 미국 마이크로소프트MS 전 회장의 저택은 스마트 홈의 전형이다. 원격회의 시스템은 기본이고 MS사의 최신 소프트웨어가 집 전체를 운영한다. 미국 시애틀 인근의 호숫가에 있는 그의 저택은 3300여 제곱미터 넓이에 3층 건물로 대부분 땅 밑에 지어져 겉으로는 단풍나무와 전나무의 고풍스러운 숲과 7개의 정자만 눈에 들어온다. 이 '꿈의 궁전'은 자연과의 조화를 이루는 작품으로 유명한 건축가 제임스 커틀이 설계를 맡았다.

소중한 아내와의 즐거운 한때

　한국계 일본 실업가 손정의 소프트뱅크 회장의 저택도 최고의 스마트 홈으로 정평이 나 있다. 도쿄 아자부에 있는 그의 저택은 거대한 성채 같다. 최고급 주택가의 3170여 제곱미터의 부지 위에 세워진 3층 건물로 지하층은 골프연습장으로 꾸며져 있다. 그린 경사가 마음대로 조절되고 필드처럼 악천후도 재현할 수 있다. 집 전체가 컴퓨터로 관리되는 최첨단 인텔리전트 빌딩이다.
　내가 느닷없이 스마트 홈 이야기를 꺼낸 것은 우리의 아파트에 첨단 시설을 갖추어야 한다고 말하려는 게 아니다. 스위트 홈을 넘어 스마트 홈으로 가는 추세는 더 이상 부자들만의 전유물도 아니다. 이미 한국 중산층의 주택도 친환경적인 스마트 홈으로 개조되고 있다.
　그러나 정작 중요한 것은 스위트 홈이나 스마트 홈이 아니고 '어트랙티브 홈attractive home'이다. 현대의 가정을 기술적 차원에서 이야기하면 스마트 홈이 되지만, 기술과 정서와 감동과 지성의 측면이 합쳐지면 어트랙티브 홈이 된다. 다른 말로 하면 '예술적인 가정'이다.

'트로피 와이프trophy wife'라는 말이 있다. 1980년대 말 미국의 격주간 종합경제지 〈포천Fortune〉이 커버스토리로 보도하면서 널리 알려진 용어다. 기사는 주요 회사의 CEO들이 수십 년 동안 함께 살아온 조강지처를 버리고 화려하게 잘 꾸민 젊은 여자와 재혼하는 이야기로 가득하다. 이들 40여 명의 CEO들과 그들의 두 번째(혹은 세 번째, 네 번째) 부인들의 이름과 나이까지 밝혀 큰 화제가 되었다. 사회·경제적으로 성공한 중장년 남성들이 마치 부상으로 트로피를 받는 것처럼 몇 차례의 결혼 끝에 젊고 아름다운 아내를 얻는다는 뜻에서 '트로피 와이프'란 말이 나온 것이다. 지금도 미국에는 대기업의 최고경영자나 경제적으로 성공한 남성들 가운데 젊고 아름다운 여성과 재혼해 초호화 주택에 사는 사람이 많다.

이후 이 용어가 세계 각국으로 전파되면서 일반화되었고, 2000년을 전후해서는 이와는 상대되는 개념의 '트로피 허즈번드trophy husband'라는 용어까지 등장했다. 이는 여성의 사회 참여가 늘어나면서, 성공한 아내가 젊고 지적인 남자와 재혼하는 경우를 가리킨다. 트로피 허즈번드는 아내를 위해 기꺼이 가사와 육아를 책임진다.

나는 '이혼은 충분히 존중받아야 한다'는 〈포천〉식의 자기합리화를 주장하려는 게 아니다. '자신을 위해 좀 더 나은 선택을 할 수 있는 것 아니냐?'는 논리에도 흔쾌히 동의할 수 없다. 잘나가는 유망한 CEO는 죄책감을 느낄 필요도 없고, 쌓아 올린 업적을 상징하는 '트로피'로서 두 번째 부인을 얻는 것은 당연히 따라야 할 유행이라는 생각에도 거부감을 갖고 있다. 오히려 나는 조강지처 스스로 매력적 변신을 꾀하자는 운동을 벌이고 싶다. 우리 주부들에게 '조강지처는 원래가 매력이 없다'는 편견에 도전하자고 말하고 싶다.

내친 김에 조강지처의 의미를 다시 한 번 생각해보자.

중국 후한시대 광무제光武帝는 누님이 일찍이 과부가 되어 쓸쓸히 지내는 것을 보고, 마땅한 사람이 있으면 다시 시집을 보낼 생각으로 그녀의 의중을 떠보았다. 그녀는 풍채가 당당하고 덕성이 있는 송홍에게 호감을 갖고 있었다. 이 사실을 알고 광무제는 누님을 병풍 뒤에 숨기고 송홍을 불러 그에게 넌지시 물었다.

"흔히들 지위가 높아지면 친구를 바꾸고 집이 부유해지면 아내를 버린다고 하는데, 인지상정 아니겠소?"

그러자 송홍은 이렇게 대답했다.

"폐하, 황공하오나 신은 '가난하고 천할 때의 친구는 잊어서는 안 되며, 지게미와 쌀겨를 먹으며 함께 고생한 아내는 버려서는 안 된다'고 들었습니다."

이 말을 들은 광무제와 누님은 크게 실망하고 말았다.

나는 송홍의 조강지처가 여성으로서의 매력과 지혜를 갖추지 못했다는 말을 듣지 못했다. 그녀에 대한 송홍의 사랑은 100퍼센트 도덕적인 것이었을까? 추측이지만 그녀는 아마도 매력을 갖춘 여성이었을 것이다. 현대의 조강지처도 마찬가지가 아닐까? 나름대로의 매력과 자신의 세계를 갖추고 남성과 당당히 소통하며 예술적 상상력으로 가정을 꾸려 갈 수 있어야 한다.

예술적 상상력이란 거실에 고흐의 그림을 걸거나 저녁마다 바흐의 음악을 튼다는 식의 판에 박은 예술 취향만을 의미하는 게 아니다. 일상생활 전반을 창의적 감성으로 꾸려나갈 수 있도록 꾸준히 예술적 감성을 연마한다는 의미다. 예술의 어떤 특정 장르에 취미를 갖자는 것이 아니라 생활을 예술의 차원으로 해석할 수 있는 감성 훈련이 중요하다는 얘기다.

남편 역시 마찬가지다. 할리우드의 유명 배우 니콜라스 케이지가 주연한 영화「월드 트레이드 센터」는 남편 된 사람들에게 많은 생각거리를 던져준다. 이 영화에서 존 맥라글린은 뉴저지 항만경찰청의 경사로 부인과 네 자녀를 두고 있는 평범한 가장이다. 아들의 생일을 앞두고 9·11 테러라는 날벼락을 만나기 전까지 그는 흔히 어디서나 볼 수 있는 무뚝뚝하고 평범한 남편이자 아버지였다. 죽음을 눈앞에 둔 시점에 이르러서야 그는 아침에 아내를 따뜻하게 안아주지 않았던 것 등을 떠올리며 비로소 잊고 있던 가족의 사랑을 깨달아간다. 어두컴컴한 잔해 속에서도 아내와 아이들 이야기를 하며 용기를 잃지 않으려 애쓰는 모습에서 나는 진정한 우리 세대의 가장을 보는 듯 가슴이 찡했다.

나는 우리 시대의 남편들이 평범한 일상 안에서 더 깊은 사랑과 배려를 실천해야 한다고 믿는다. 죽기 직전에서야 겨우 깨닫고 후회한다는 것은 그 자체로 비극이 아닐 수 없다. 일상 속에서 담담하게 행해지는 사랑과 배려야말로 진정한 의미의 부부애다. 일상을 떠난 현실이 도대체 어디에 존재한다는 말인가.

톨스토이의 『안나 카레니나』는 러시아 상류사회의 귀부인 안나의 불륜을 중심으로 1870년대 러시아의 귀족사회를 해부한 애정소설이자 사회소설이다. 톨스토이는 이 작품에서 두 쌍의 남녀를 등장시켜 서로 대조적인 사랑의 형태를 극적으로 보여준다. 소설의 첫 문장은 이렇게 시작된다.

"행복한 가정은 모두 비슷하다. 그러나 불행으로 가득 찬 가정은 모두 그 나름대로의 이유 때문에 불행하다."

행복한 가정이 서로 비슷한 이유는 가정의 행복이 사실은 매우 단순하고 분명한 조건에 의존하고 있기 때문이다. 기본적인 의식주의 해결, 가족간의 사랑과 신뢰가 그 뼈대다. 안나와 청년장교 브론스키의 사랑은 관능적이고 이기적인 데 반해, 귀족지주 레빈과 공작의 딸 키치의 사랑은 기독교적이며 숭고한 자기희생 위에 존재한다. 여기서 도덕주의자 톨스토이는 레빈과 키치의 사랑을 사랑의 결정판으로 제시하고 있다.

우리의 21세기 가정은 불륜으로 물들어서도 안 되며 종교적인 사랑만을 강요할 수도 없다. 그 대안은 역시 '매력'이다. 매력적인 아내, 매력적인 남편, 그리고 두 매력적인 인간이 만드는 매력적인 가정이다.

트로피 와이프나 트로피 허즈번드가 성공한 사람의 이상적 배우자인지에 대해서는 나는 잘 모르겠다. 그러나 적어도 배우자의 성향, 즉 상대에 대한 관심과 배려와 자상함이 '어트랙티브 홈'을 만드는 데 꼭 필요한 자질임은 분명하다. 아내와 남편들이여, 매력적인 가정을 만들기 위해 당장 팔을 걷어붙이자.

조강지처인 당신은 스스로 매력적인 여성으로 변신할 수 있는가? 돈 벌어다주는 목석같은 기계로 살아온 당신은 살아 숨 쉬는 매력적인 남성으로 변신할 수 있는가? 당신은 이 질문에 긍정적으로 답할 수 있어야 한다.

가장이라는 이유로 집안에서 군림하려는 남성, 조강지처라는 것이 마치 큰 특권이라도 되는 양 매력은 포기하고 사는 여성이 있다면 그들은 매력형 가정을 파괴하는 '공공의 적'이다.

돈으로 안 되는 것이 있다

···· 매력 있는 회사, 매력 있는 제품

당신은 어떤 기업에서 일하고 싶은가? 과거에는 매출 500대 기업같이 덩치가 크고 급여수준이 높은 기업이 인기가 높았다. 그런데 이것도 바뀌기 시작했다. 탈법·분식회계·환경파괴 등의 이유로 지탄받는 기업이 생기면서 지속가능 경영, 사회적 공헌, 윤리경영이 화두로 떠올랐다.

윤리적이고 사회공헌적인 기업이 앞자리에 오고 이윤을 많이 내는 기업이 그 다음 자리에 서게 되었다. 우리 사회의 엘리트들이 일하고 싶은 기업으로 꼽은 대상은 어떤 회사들일까? 그것은 바로 '매력적인 기업'이다. 이제는 직장도 단순히 돈을 버는 곳이 아니라 매력적인 기업, 행복을 느끼는 곳이어야 한다는 인식이 확산되고 있다.

미국인들이 가장 일하고 싶어 하는 직장 1위는 구글이다. 사내에 다양한 프로그램이 가동되며 직원 개개인에게 광범위한 재량권이 부여된다. 업무시간 가운데 20퍼센트는 본인이 하고 싶은 일에 쓸 수 있다. 물론 성과를 평가해서 차등보상을 실시한다. 하지만 분위기 자체가 즐겁고 자유로우며 높은 성취감을 이끌어낸다. 한번 들어온 인재는 회사를 떠날 생각을 하지 않는다. 구글코리아는 유기농 음식을 무료로 제공하며 무료세차 시스템, 탁구대, 노래 반주기 등을 회사 안에 설치했다. 신규 직원을 채용할 때도 상사보다는 동료의 의견을 중시한다. '신도 탐내는 직장'이라는 말이 나오는 까닭이 여기에 있다. 존경받는 기업으로 흔히 GE, MS 등을 꼽지만 구글은 이보다 한발 더 나아간 경쟁력을 자랑한다. 매력적인 기업은 기능적, 도구적, 물질적인 것보다 매력적, 문화적, 심리적 가치를 훨씬 더 중요하게 생각한다.

내가 차고 있는 시계는 15만 원 정도 하는 수수한 시계다. 한번은 우리나라에서 제일 부유한 사람들과 여행을 가게 되었다. 어떤 분이 비행기 안에서 자신이 차고 있는 1000만 원짜리 시계를 보여주었다. 사람들이 일어나서 그 시계를 구경했다. 나도 그 시계를 보았는데, 역시 뭔가 달라 보였다. 고급스러운 디자인이 눈에 확 들어왔다. 이때 누군가가 "1000만 원짜리 시계는 더 잘 맞아요?"라고 농담을 던지는 바람에 모두가 폭소를 터뜨렸다. 그 질문은 기능주의적, 도구적 질문이다. 1000만 원짜리 시계와 15만 원짜리 시계는 정확성 면에서 별 차이가 없다.

옆에 있던 사람이 내게 다가와 "윤 박사님, 저 시계 어떻게 생각하십니까?"라고 묻기에 나는 "좋긴 좋은데 비싸서 살 수 있겠습니까?"라고 대답했다. 그 사람은 내게 말했다. "저런 시계를 사면 손해 보기 쉽습니다."

그의 논리는 단순하고도 깊었다. "기왕 소장용 시계를 사려면 1000만 원짜리가 아니라 최하 5000만 원짜리를 사야 합니다. 명품시장에는 나름의 시장논리가 있거든요. 우선 확실한 명성을 가지고 있는 브랜드인지, 몇 년도에 어떤 콘셉트로 몇 개가 한정판으로 나왔는지, 과거 실적이 어떤지 등을 따져서 투자해야 하는데, 그런 용도로 5000만 원짜리를 구입하면 5~15년 후 최소한 주식투자한 것 이상으로 올라갑니다. 그런데 1000만 원짜리는 세월이 지나면 감가상각되어서 500만 원도 받지 못합니다."

나는 그의 말을 듣고 우리도 이제 명품을 기획하고 만들어야 한다는 생각이 강하게 들었다. 나 같은 사람이야 이처럼 비싼 시계를 살 만큼 경제적 여유도 없고 살 생각도 없지만, 기왕 시계를 만들어 팔려면 이런 고부가가치를 지닌 매력상품으로 눈을 돌려야 한다는 것이다. 이제는 그냥 시계를 팔지 말고 명품 시계를 팔아야 한다.

대형마트도 싼 맛에 이끌리던 시대는 지났다. 제3세대 마트를 보면 그 해답이 나온다. 마트 안에 와인바, 골프연습장, 첨단기술 서비스를 갖춰 고객을 유혹한다. 요즘 홈플러스 이승한 회장은 예술과 첨단기술을 접목시킨 제3세대 대형마트를 만드는 작업을 야심차게 추진하고 있는데, 그의 경영실적은 실로 탁월하다. 고객의 편의를 고려하는 단계를 지나 국가와 지구촌 전체의 미래를 생각하는 친환경 경영으로까지 눈을 돌리고 있다. 요즘 홈플러스 잠실점은 세계적 유통전문가들이 끊임없이 견학하러 오는 대형마트의 명소가 되었다.

월마트가 한국에서 철수한 이유도 자명하다. 한국형 할인점의 매력적인 서비스, 그 빠르고 담대한 변신을 월마트가 따라올 수 없었기 때문이다. 순간에 가격을 결정하는 스피드, 인정을 담은 서비스, 정서적 욕구를 채워주는 갤러리 같은 문화공간이 마련된 한국의 대형마트를 월마트 정도의 문화와 서비스로는 도저히 이겨낼 재간이 없었던 것이다.

　기능주의적, 물질적으로 대응하면 우리는 중국 같은 신흥국가들을 당해낼 수 없다. 기능을 팔 것이 아니라 문화를 팔고, 디자인을 팔고, 브랜드를 팔고, 매력을 팔아야 한다. 명품이란 매력적 작품, 끌리는 작품, 홀리는 작품, 그리고 심리적 가치가 있는 작품이다.

국가 브랜드를 높여라

···· 군사강국 – 경제강국 – 매력강국

매력은 국가의 이미지와 영향력, 궁극적인 파워에도 강력한 변수로 작용한다. 2008년 초 티베트 사태 직후 중국은 베이징올림픽을 위한 성화봉송이 어려울 정도로 세계 여론의 비난에 직면했다. 급속한 경제발전과 적극적인 원조외교 등을 통해 축적된 국가 이미지에 상당한 훼손을 입었다. 올림픽 후에는 멜라민 파동으로 국가 이미지가 더 망가지고 말았다. 국가 브랜드에 치명적 손상을 입은 것이다.

  국가적 위신이 실추되기는 이라크전쟁 이후의 미국도 마찬가지다. 이라크전쟁 이후 일방주의 성향의 외교노선 강화, 아부그라이브 교도소와 관타나모 포로수용소의 포로 학대와 고문, 반이민 정서 증가, 국토안보 관련 국내 도청 등은 자유주의 이념에 기초한 나라라는 미국의 이미지를 퇴색시켰다. 자유와 풍요의 나라, 꿈과 기회의 나라라는 매력이 실종되고 국민들의 자긍심도 상처를 입었다.

다른 국가의 국민이 어떤 특정 국가를 매력적으로 보고 있는지 여부에 따라 그 나라의 영향력과 파워가 결정된다. 군사력을 바탕으로 한 하드파워의 우위가 소프트파워, 국가의 품격, 국가브랜드 지수, 국가 총매력 등을 대체할 수 없다는 결론이 이미 도출되고 있다.

한국도 타국에서 어떻게 인식되고 있는지를 파악할 필요가 있다. 한국에 대한 외국 국민의 인식이 우리가 적극적으로 투사하고자 하는 이미지와 차이가 있을 때 이를 발견하여 수정하고 적극적으로 새로운 이미지를 홍보해야 한다. 부정적인 국가 이미지가 야기하는 유·무형의 불이익이 너무도 크기 때문이다.

2008년 7월 취임 후 처음으로 한국을 방문한 반기문 유엔 사무총장이 "한국이 국제사회에서 인권을 선도하는 모범국가가 되기를 기대한다"고 밝힌 것도 같은 맥락이다. 그는 또한 한국의 국가적 매력이 국제적 기대에 미치지 못하고 있음을 지적하기도 했다.

"한국이 경제성장과 민주주의 분야의 발전에도 불구하고 국제사회에 대한 기여가 부족하고 다문화사회에서 이주노동자의 복지와 인권문제 등에 적극적으로 나서지 못한 측면이 있다."

정치인들은 선거 때마다 일하기 좋은 나라, 기업 하기 좋은 나라를 공약으로 내세운다. 이 같은 공약에 반대하는 사람은 없을 것이다. 그러나 그러한 공약의 달성만으로 살기 좋은 나라가 되는 것은 아니다. 일하기 좋은 나라이면서 놀기도 좋고 쉬기도 좋은 나라가 매력 있는 나라요 선진국이다.

　나는 오세훈 서울시장이 '맑고 매력 있는 세계도시 서울'이라는 비전을 선포한 것에 박수를 보낸다. 하지만 사실 서울의 매력을 어떻게 추구할 것인가는 간단한 일이 아니다. 서울의 외관을 아름답게 디자인하고, 서울에서 살거나 서울을 방문한 사람들이 편하게 머무르면서 먹고 즐기고 쉴 수 있도록 만들며, 전통문화와 현대예술이 곳곳에서 어우러져 펼쳐지게 하고, 창의와 상상력이 넘치게 함으로써 서울은 매력적인 도시가 될 수 있을 것이다.

　중동의 중심으로 급부상하고 있는 두바이는 우리가 본받기에 좋은 예다. 약점을 극복하면서 하나둘 매력적 성취를 이어가고 있기 때문이다. 세계 유일의 7성급이라는 돛단배 모양의 버즈 알아랍 호텔은 두바이의 랜드마크다. 바라보는 시간과 각도에 따라서 달라진다는 외양도 유명하지만 이 호텔이 결정적으로 유명해진 것은 타이거 우즈의 인기를 활용한 광고 덕분이다. 세계의 언론들은 타이거 우즈가 이 호텔의 헬기장에서 샷을 날리는 모습을 보도하지 않을 재간이 없었다. 당연히 이 호텔은 전 세계에 그 이름을 알렸고 덩달아 두바이도 다시 한 번 중동의 중심으로 세계인의 뇌리에 각인되었다. 무한한 상상력의 구현으로 세계의 이목을 끄는 두바이의 매력, 그 정체에 대해서는 뒤에 가서 다시 상세히 살펴볼 것이다.

　아부다비는 두바이와 달리 '환경'을 한껏 살리는 방향으로 개발되고 있다. '아부다비 2030계획'은 세계인의 이목을 집중시킬 만한 야심찬 개발계획이다. 이 계획은 아부다비를 세계의 금융 중심지로 만들고 또한

'림 아일랜드' 프로젝트를 통해 자연 섬인 림에 고급주택과 호텔, 쇼핑몰, 사무실, 골프장, 해양스포츠 시설 등을 지어 세계 최고의 관광휴양지로 조성한다는 것이다. 이와 함께 아부다비를 중동의 '문화 허브'로 만들겠다는 '사디야트 아일랜드' 프로젝트도 추진하고 있다. 이 섬에는 앞으로 프랑스 루브르박물관의 분관인 '루브르 아부다비'를 비롯해서 공연예술센터, 해양박물관 등이 들어설 예정이다. 아부다비 관광개발투자공사TDIC의 바셈 테르카위 부국장은 "2018년 사디야트 섬 개발이 끝나게 되면 아부다비는 문화도시로 거듭날 것"이라며 "사람들은 문화를 향유하며 살고 싶어 하기 때문에 결국 비즈니스맨들도 우리 도시로 몰려들 것"이라고 말했다. 두바이가 외국이 투자하는 돈으로 개발에 나서면서 '거품론' 등의 각종 우려가 나오고 있는 것에 비해 아부다비는 대규모 건설에 필요한 돈을 자체 충당하고 있다. 세계인의 이목이 아부다비에 집중되고 있는 이유도 이 때문이다.

막강한 오일 달러를 기반으로 두바이와 아부다비가 매력을 디자인하느라 한창이다. 물론 돈의 힘으로 매력을 살 수는 없는 노릇이다. 그들도 호화로운 건물과 놀라운 시설이 아니라 다른 곳에서 절대 경험할 수 없는 새로운 것을 창조하는 것만이 매력을 발휘하는 첩경이라는 사실을 잘 알고 있다. 그래서 그들은 오늘도 쉬지 않고 상상하며 모험에 나선다. 우리가 부러워해야 할 것은 오일 달러가 아니라 바로 이것이다.

과거에 막강한 군사력으로 세계 곳곳을 식민지로 만들어 자원과 식량을 약탈하던 '군사강국' 시대가 있었고, 경제적 우위를 앞세워 영향력을 행사하던 '경제강국' 시대가 있었다면, 이제는 시대의 패러다임이 '매력강국'으로 바뀌었다. 매력이 있어 사람과 돈이 모이고, 국민들이 행복하게 살아갈 수 있는 곳이 바로 매력강국이다. 선진국을 비롯한 모든 국가의 목표와 시선이 모두 '매력 있는 국가' 브랜드를 지향하고 있다.

2장

왜 그에게만 사람들이 몰릴까

— 매력형 인간의 초상

쓰러져도 일어나 다시 나누리라

···· 김장훈의 '영성적 매력'

우리나라 사람들이 가장 좋아하는 가수는 누구일까? 아마 나이나 취향에 따라서 그 대답은 다양할 것이다. 그러나 존경할 만한 가수를 꼽아보라면 요즘 첫손에 꼽힐 가수는 아마 김장훈이 아닐까 싶다.

　20여 년에 이르는 가수 생활 동안 50여억 원에 달하는 거금을 청소년 및 불우이웃 돕기에 기부해왔지만 정작 그는 아직도 월세 아파트에 살고 있다고 한다. 처음 그의 존재를 알았을 때, 나는 그의 순수성을 100퍼센트 확신하지 못했다. 무언가 프로모션적인 의도가 있지 않은가, 하는 의심을 하기도 했다.

　지금 나는 그의 순수한 의도를 100퍼센트 신뢰한다. 그의 행위를 위선으로 보기에는 그의 일관된 선행의 기간이 너무도 길고 선행의 과정이

ⓒ 하늘소엔터테인먼트

너무도 투명하며 그의 태도가 너무도 순수하고 정직하기 때문이다.

그의 선행은 사회적 이슈에 대한 깊은 성찰 때문에 더욱 값지다. 나는 그가 공연 중 쓰러졌던 2008년 7월의 '서해안 페스티벌'을 관심 있게 지켜보았다. 이 페스티벌은 김장훈이 서해안 기름 유출 피해지역 자원봉사자들에게 감사를 표하고 지역경제 활성화를 돕기 위해 직접 자비를 들여 준비한 행사였다. 그가 쓰러진 것도 이 행사의 성공을 위해 에너지를 소진했기 때문이다. 이 가상한 젊은이가 지닌 순결한 매력은 1장에서 언급한 '영성적 매력'의 표본이다.

건강을 회복한 뒤 다시 공연을 가지며 건재함을 알렸던 김장훈은 2008년 7월 9일자 〈뉴욕타임스〉에 아무도 생각지 못한 광고를 게재하여 전 국민을 또 감동시켰다. 그는 이 신문 A15면에 'DO YOU KNOW?당신은 아십니까'라는 제목의 독도 광고를 냈다. 독도와 동해에 대한 이 광고를 통해 전 세계에 한국의 역사를 제대로 알림과 동시에 일본 정부에 정확한 역사 인식을 촉구했다. 놀라운 일이었다.

김장훈은 여기서 그치지 않고 독도와 동해를 주제로 예산 50억여 원을 들여 국내외 교수, 민간 사학자, 대학생 등을 대상으로 독도와 동해 관련 논문 저술을 지원하는 '세계 논문 페스티벌'을 기획하기도 했다. "광고는 짧고 굵게 화제가 될 뿐"이라며 "장기적으로 세계인의 인식을 바꿀 방법을 찾던 중 세계 논문 페스티벌을 여는 아이디어를 떠올렸다"고 한다. 그 생각의 깊이에 절로 고개가 숙여진다.

김장훈은 선행을 실천에 옮기기 전까지는 웬만해서는 외부에 알리지 않는다. 또 선행 사실이 알려진 후에는 그 일을 하게 된 배경에 대한 자신의 생각을 가감 없이 밝힌다. 대의에 공감하는 자신의 의도를 솔직하게 밝히는 것이다.

서해안 기름때 벗기기 작업 때는 사전에 이 계획을 외부에 알렸다. 이 사업에는 더 많은 자원봉사자가 필요하다고 판단했기 때문이다. 그 외의 사안에서는 측근들조차 그의 선행을 알지 못할 정도로 보안을 유지한다. 이 점에 관한 한 그의 입은 '천근만근'이라는 평가다.

선행하는 천사도 매력적이지만 입이 무겁고 솔직한 천사는 더 매력적이다. 그는 〈뉴욕타임스〉 광고와 관련하여 자신의 미니홈피에서 이렇게 고백한다.

"그 일들을 하는 그분들께 정말 매료되었고 또 그분들을 진심으로 존경합니다. 그래서 반크VANK, 사이버 외교사절단를 찾아가 홍보대사를 자청했고 약 1년여의 심사 끝에 임명장을 받았습니다······ (중략) 저는 단지 그분들의 조력자이며 친구일 겁니다.

원컨대, 오랫동안 동반자를 꿈꾸고요······ (중략) 열심히 노래하고 무대를 만들고 사람들에게 웃음과 눈물을 주고 그게 저의 본연일 테고, 이렇게 친구로서 또 대한민국 딴따라로서 조금씩 도움을 드릴 수 있다면 행복이죠. 많은 분들의 응원을 맘에 깊이 새기며 그 모든 감사를 노래와 무대로 갚도록 하겠습니다."

참으로 아름다운 '영성적 매력'이 아닐 수 없다.

김장훈은 실향민인 홀어머니 곁에서 강하게 성장했다. "사내가 비겁하거나 특히 돈 때문에 쫀쫀해지면 안 된다"는 것이 어머니의 가르침이었다고 한다. 매력적인 아들 뒤에 매력적인 어머니가 있었다. 한때 어머니의 사업 실패로 빨간 차압딱지를 3번이나 목격해야 했을 정도로 어려운 시절을 보냈지만 '아버지 없는 자식'이라는 소리를 들을까봐 그랬는지 어머니의 가정교육은 엄격하기만 했다.

이런 분위기 속에서 개성 강한 소년이 반발하지 않았을 리 없다. 그는 한 언론사와의 인터뷰를 통해 "힘들고 어려울 때 가출하기도 했고 고교를 중퇴하고 끝없는 방황과 탈선의 길을 걸어봤다"고 털어놓은 적이 있다. "그런 경험들이 지금에 와서 생각해보니 너무 뜻 깊게 느껴진다"고도 했다.

자신의 가출 경험을 비슷한 처지의 후배 청소년들을 선도하는 데 활용한다는 대목도 감동적이다. 청소년 시절의 가출은 대개 탈선의 시작이지만 때로는 성장의 훌륭한 자양분이 되기도 한다는 것을 김장훈은 잘 알고 있다. 그는 2007년부터 가출 청소년의 잠자리 제공과 상담을 위한 '쉼터 버스'를 직접 운영하고 있다. 버스 이름 '꾸미루미'는 '꿈을 이루는 사람'의 줄임말이라고 한다. 가출한 청소년들이 언제든 편하게 들를 수 있게 버스 안에 간이침대, 책상, 의자, 냉장고 등을 비치했다. 또 밖에서 보이지 않게 창문에 커튼까지 달아놓는 등 세심한 배려를 잊지 않았다.

영성적 매력을 갖춘 사람은 자신의 선행을 통해 스스로 행복해짐을 만끽한다. 그는 한 인터뷰에서 이렇게 말했다.

"평소에 신용카드도 없고 주머니에 넣고 다닐 지갑과 돈을 모아둔 통장도 없이 살지만, 항상 잘 먹고 행복하게 지내요."

김장훈은 현재 보증금 5000만 원짜리 월세 아파트에서 살고 있다. 취미생활도 다양하다. '화초 치료실'까지 둘 정도로 분재에 흠뻑 빠져 있고 양초도 열심히 수집한다. 자신을 녹여 다른 것을 밝혀주는 양초가 좋아서라고 한다.

절약정신도 대단하다. 닳고 닳은 구두와 헌 옷이 이른바 '김장훈 패션'이다. 그 흔한 자동차도 한 대 없다. 음악성이나 인기 면에서 어느 가수에게도 뒤지지 않는 톱스타 반열에 있으면서 자동차 없이 산다는 건 정말 놀라운 실천이다.

이 매력적 천사의 가치를 높이는 결정적인 미덕은 '겸손함'이다. 그는 이렇게 말한다.

"기부는 제가 한 것이 아니고 공연을 보러 온 팬들이 저를 통해 한 셈입니다. 저는 그냥 중간에서 전달하는 '휴먼뱅킹'에 불과합니다."

가슴이 따뜻하고 겸손한 이 사나이도 무대에만 서면 예인의 광기를 강하게 발산한다. 내지르듯 노래하고 거침없이 행동하는 카리스마를 내뿜는다. 자신이 가진 가수로서의 매력을 마음껏 드러낸다. 온갖 스캔들이 난무하는 연예가에서 가수 김장훈은 새벽의 샛별처럼 영롱한 빛을 발한다.

영성적 매력을 지닌 이 사나이의 노래가 자꾸 듣고 싶어진다.

부드러운 남자 욘사마

···· 배용준의 '감성적 매력'

지난 수십 년 동안 내가 본 드라마 속 주인공 중에서 가장 감성적 매력이 풍부한 스타를 꼽으라면, 나는 주저없이 「겨울연가」의 주인공 배용준을 꼽는다.

배용준의 매력이 일본을 강타한 데 이어 중국으로까지 번지고 있다. 전 아시아를 들끓게 하고 있는 한류 스타 배용준의 매력은 과연 어디에 있는 것일까? 얼마 전 배용준의 베이징 방문에는 4000여 명의 일본 팬들과 2만여 명의 중국 팬들이 운집했다고 한다. 이들의 안전을 위해 300명 이상의 중국 경찰이 투입되기도 했다.

최근 한류에 의한 문화 잠식과 일방적인 한국 문화 수입을 걱정하고 있는 중국 언론도 배용준의 존재만큼은 인정하고 있다. 치솟는 그의 인기에는 그럴 만한 이유가 있으며 중국 연예인들도 배용준과 같은 프로 의식이 있어야 한다고 지적하고 있다.

한류가 시들해졌다는 일본에서도 배용준의 인기만큼은 여전하다. 2008년 봄에는 「태왕사신기」의 NHK 방영을 기념하기 위해 일본을 방문한 배용준의 행보가 연일 화제였다. 그가 나타나는 곳마다 '욘사마'를 연호하는 팬들의 함성이 뒤따르고, 일본 언론은 그의 일거수일투족을 기사화하며 뜨거운 취재 열기를 보였다. NHK 관계자도 "이런 정도일 줄은 몰랐다"며 탄복했다고 한다. 일본인 누구를 붙잡고 물어봐도 일본 내 배용준의 인기에 대해서만큼은 확실하게 인정하고 있으니 "한류는 죽어도 욘사마는 살아 있다"는 말이 나올 법도 하다.

일본 여성들이 배용준의 매력 가운데 1위로 뽑는 것은 바로 '부드러움'이다. 배용준의 이러한 부드러움을 극대화한 광고가 일본에서 붐을 일으키기도 했다. 2005년 코카콜라는 치열한 일본 음료시장을 뚫기 위해 부드럽고 맑은 이미지의 배용준을 모델로 내세워 음료수의 광고를 찍었는데 그 음료수가 그해 상반기 신제품 판매량 5위를 기록하기도 했다.

배용준의 광고효과는 만점이다. 그의 매력이 소비자들을 끌어모으기 때문이다. 일본에서 업계 4위 수준이었던 모 안경업체가 그가 출연한 광고를 방영하고 나서 2위로 급부상한 적도 있다. 매력이 곧 상품이 되고, 그것이 바로 돈이 되는 자본주의 시스템에서 그의 매력은 큰 위력을 발휘하고 있다.

배용준은 너그럽고 부드러워 보이지만, 자기관리에 철저하고 연기에 쏟아붓는 열정 또한 대단하다. 대본이 너덜너덜해질 때까지 보고 또 보며 맡은 역할에 몰입한다. 노력은 그에게 생활의 전부다. 함께 일하던 스태프 중 한 사람이 못하는 일이 없는 그를 보고 천재 같다고 하자, "나는 천재가 아니고 노력하는 거야"라고 대꾸했다고 한다. 그는 '최선을 다하면 신께서 나머지를 채워주신다'는 신조를 갖고 있다. 소프트파워를 가진 이런 외유내강형들은 대체로 쉽게 화내고 쉽게 풀어지는 사람들보다 젊게 사는 편이다. 한 번 옳다고 믿으면 번복하는 일이 드물기 때문에 마음의 갈등이 적고 정신이 맑고 투명하기 때문이다.

몇 년 전 배용준과 함께 골프를 칠 기회가 있었다. 나는 그가 약간 짧은 파5에서는 어김없이 투온에 성공하는 것을 보고 속으로 깜짝 놀랐다. 호리호리해 보이는 외모에서 어떻게 그런 힘이 나오는지 의아했다. 그가 겉보기와는 달리 오래 단련된 몸짱이라는 사실을 미처 몰랐기 때문이다. 꾸준하고 철저한 관리로 그는 자신의 몸까지 예술로 만들어놓았던 것이다.

배용준의 매력은 아주 고통스러운 시련을 겪은 후에야 개화한 것이다. 말이 없고 수줍음을 잘 타는 내성적 성격이었던 그는 고등학교 시절 혹독한 방황의 시절을 거쳤다. 공부는 등한시한 채 영화에 빠지면서 배우의 길을 가기로 결심한 그는 충무로에 뛰어들었다. 한 영화사에서 잔심부름부터 시작하여 이윽고 1994년 「사랑의 인사」로 데뷔한 그는 이듬해 이종원, 하희라, 전도연 등과 호흡을 맞춘 「젊은이의 양지」를 통해 스타성을 검증받았다. 깔끔하고 이지적인 외모와 의지력 강한 캐릭터에 시청자들은 대번에 호감을 느꼈다. 「겨울연가」는 배용준의 인생에서 빼놓을 수 없는 작품이다. 반항적이면서도 내면에 아픔을 간직한 1인 2역의 역할을 호소력 있게 소화함으로써 그는 우리나라는 물론 아시아의 스타로 우뚝 서게 되었다.

배우가 드라마나 영화에 나와 '대박'을 터뜨리면 그에 따르는 후폭풍은 정말 대단하다. 촬영지역은 관광상품이 되고 극중의 소품은 히트상품의 반열에 오른다. '매력이 곧 산업'이라는 말은 상징이나 과장이 아니다.「겨울연가」에서 배용준이 둘렀던 목도리는 불티나게 팔렸고 드라마를 촬영한 춘천지역은 일거에 명소가 되었다. 우리나라 사람뿐 아니라 일본 관광객을 수없이 끌어들였다. 배용준이 창출한 경제적 가치는 한국과 일본에서 각각 1조 원이 넘는 것으로 평가되고 있다.

한류 열풍이 시들해진 지금, 앞으로 어떻게 변화를 꾀해나갈 것인지는 그에게 만만치 않은 숙제로 남아 있다. 그는 영화나 드라마 말고 다른 방식으로 팬을 찾아가는 방식을 연구하고 있다고 한다. 그중의 하나가 요즘 그가 미쳐 있는 사진이다. 그가 찍은 팬들의 사진을 묶어 사진집을 발간하는 계획을 추진하고 있다. 팬이 스타를 바라보는 것이 아니라 스타가 팬을 바라보는 방식이다.

나는 팬의 한 사람으로, 비즈니스맨의 한 사람으로 배용준의 변신을 주목하고 있다. 어떤 또 다른 매력을 창출할 수 있을지 몹시 궁금하다. 도전하고 창조하지 않는 매력은 오래 지속하기 힘들다는 것을, 그도 잘 알고 있을 것이다.

「겨울연가」의 배용준은 여전히, 햇볕이 쨍쨍 내리쪼이는 무더운 한여름에도 사람들 마음속에 눈보라를 일으키고 이내 가슴이 시려오게 하는 존재다. 어쩌면 달콤한 첫사랑의 기억보다 더 진한 감정을 가져다주는 배용준이야말로 '감성적 매력'의 표본이다.

그의 도전에는 거칠 것이 없다

···· 박진영의 '도발적 매력'

나는 박진영의 음악은 잘 모른다. 다만 나도 오랫동안 방송생활을 해오면서 그가 가수로서 보여준 그간의 행보에 대해서 어느 정도 알고 있을 뿐이다. 나는 거침없이 밀고 나가는 그의 저돌성에 무한한 매력을 느낀다. 이토록 거침없는 '괴물'이 나타나다니! 그것은 한국이 드디어 국제사회의 일원으로 대중문화 분야에서도 그간 축적된 힘을 한껏 발휘하게 되었다는 것을 의미한다. 나는 그래서 박진영이란 인간의 출현을 하나의 '문화사적 사건'으로 정의한다.

그는 '한류의 주인공' 중 한 사람이기도 하다. 하지만 편협한 의미의 주인공이 아니다. 오히려 그 반대다. '한류'라고 하는 멍에를 스스로 던져버리려 노력한다. 그는 '문화는 섞이고 섞이며 돌고 도는 것'이라는 대범한 발상의 소유자이다. 그 대범함과 스케일이 박진영이 가진 매력의 본령이다. 나는 그가 거인처럼 느껴진다.

박진영은 한류를 벗어나려 노력함으로써 오히려 가장 선두에 나선 한류의 중심인물로 간주되곤 한다. 2007년 국제문화산업교류재단은 한류 열풍에서 가장 주목할 만한 행보를 보인 인물로 가수 겸 프로듀서인 박진영을 꼽았다. 이 재단의 김준희 미국통신원은 "한국의 뮤지션이 미국 시장에서 받아들여지기가 쉽지 않은데, 박진영은 이 난관을 미국 유명 프로듀서들의 이름을 얹어서 가는 방법으로 절묘하게 돌파하려 하고 있다"고 밝혔다. 그는 영리하고, 전략에 밝으며, 무엇보다 비즈니스를 아는 인물이다. 가수에, 프로듀서에, 사업가의 기질까지 갖춘 이 사나이는 팔방미인적 매력의 화신이다.

박진영의 방법은 절묘하다. 글로벌 스탠더드에 미달된다고 생각하면 글로벌 스탠더드의 틀을 가진 포장지로 싸면 되는 것이고, 내용물은 그 다음이라고 그는 생각하는 것 같다. 미국 뉴욕에 자신의 법인 'JYP USA'를 설립하여 한국 가수들의 미국 음반시장 진출 작업을 시도하고 있는 그는 현재 미국에서 가장 영향력 있는 아티스트 겸 프로듀서들과 공동 프로젝트를 진행한다. 한국 가수들의 장점과 미국 프로듀서의 노하우를 적절히 조합해서 자신만의 차별화된 전략을 세우고 있는 것이다.

그는 엔터테이너로 출발했다. 가수라기보다는 우리의 눈과 귀를 즐겁게 해주는 엔터테이너라는 말이 더 어울려 보였다. 그러나 그는 달라졌다. 음악뿐 아니라 무대, 스타일, 안무까지 대중이 무엇을 원하는지를 알고 그 틈을 노릴 줄 아는 뮤지션이자 CEO가 되었다.

박진영은 대범하다. 음악적 생산물을 예쁘게 포장한 다음 그렇게 포장한 음악에 대해 변명하거나 부끄러워하지 않는다. 대중문화의 가벼움을 비하하는 사람들도 그의 솔직함에는 두 손을 든다. 역시 대범하기 때문에 솔직해질 수 있는 것이다. 음악의 질이 조악한 것도 아니다. 그의 음악은 상당한 질을 담보하고 있다고 들었다. 멜로디의 흐름은 대중의 호응을 이끌어내는 힘이 있고, 선정적이라고 비난받았던 가사는 보기에 따라서 신선하고 발랄하다. 젊은이들은 그가 무대에서 입은 옷에 대해 폭발적인 관심을 보이고, 그의 실험적인 퍼포먼스는 젊은이들 사이에 화제를 불러일으킨다.

세계화에 대한 그의 생각은 단순하고도 독특하다. "한국 사람들은 모두 나가야 한다"는 것이 그의 지론이다. 혹자는 자기의 강점을 모든 사람에게 강요하는 것이 아닌가 하며 반발하기도 하지만, 그의 미국 시장 도전은 그야말로 '땅을 박박 기는' 처절함을 바탕으로 이루어졌다. 발매한 앨범 모두가 빌보드차트 1위에 오른 인기 가수 알 켈리를 만나기 위해 박진영은 그의 집 앞에서 4일 밤낮을 기다린 적이 있다. 이렇게 치열하게 살고 있기에 그의 말에는 힘이 있다. 그는 한국에 온 스타를 만나려고 호텔에서 기다릴 것이 아니라 세계 각국으로 나가 자신이 만나기를 원하는 사람 집 앞에서 4일 밤낮을 버텨보라고 말한다. 그러면 모두 1등 할 수 있다는 것이 그의 세계화론이다. 주저 없이 부딪치고 그 부딪침 속에서 힘을 키우라는 것이다.

그가 미국 시장의 문을 두드린 것은 2004년이었다. LA 주택가의 방 한 칸에 세 들어 살면서 발로 뛰며 자신이 만든 음악을 들고 흑인음악의 거물들을 무작정 쫓아다녔다. 그런 밑바닥 생활 11개월 만에 마침내 윌 스미스의 음반에 자신의 곡을 수록시켜 주목받기 시작했다.

나는 박진영이 창출한 가장 커다란 성과 중의 하나인 원더걸스에 주목한다. 나와 같은 세대의 사람들도 흥얼거리는 원더걸스의 노래 '텔미'와 '노바디'는 박진영이 작사·작곡하고 안무도 맡았다. 박진영은 세대를 초월하여 대중의 사랑을 받는 스타가 존재할 수 있다는 것을 원더걸스를 통해 보여주었다.

박진영의 매력과 창조성은 이런 데서 나온다. 세대를 초월하는 재미를 창출할 줄 아는 것이다. 이를 위해 기존의 방식과 문화를 과감하게 뒤집고 통쾌하게 파괴한다. 도발적이고 창의적인 발상과 이를 실천에 옮기는 대담함 없이는 불가능한 일이다. 작품의 완성도를 향한 열정 또한 못 말리는 수준이다. 온 몸이 마비될 정도의 추운 날씨에 강행된 수중촬영에서도 스스로 만족할 때까지 재촬영을 요구하고 또 요구했다는 후문은 그의 집념이 어느 정도인지를 잘 말해준다.

최근의 경제 위기는 박진영도 비껴가지 않았다. 미국 엔터테인먼트 회사들과 함께 준비해온 프로젝트가 갑자기 연기되었고, 그의 회사의 한국 주주들은 일단 위기가 진정될 때까지 잠시 아시아 시장에 집중하는 게 어떻겠느냐고 권유했다.

박진영은 고민 끝에 '이렇게 어려울 때가 오히려 기회'라고 판단, 공격적으로 나가기로 마음먹었다. 그러나 투자자를 구하기가 어려웠다. 이 대목에서 보통 사람이라면 어떻게 했을까? 역시 박진영은 남달랐다. 그는 한국에 있는 사옥과 아파트까지 모조리 담보로 잡혀 돈을 끌어 모앉다. 박진영은 이렇게 외친다.

"하늘이 내린 저주인지 기회인지는 이제 내 손에 달려 있다. 난 이제 빚더미를 안고 있는 작은 나라의 작은 회사 경영자이지만 모든 걸 걸고 감히 미국 시장에 도전해서 싸울 것이다. 난 올해도 뛴다."

최근 나는 연예계에서 박진영 같은 통쾌한 매력남을 본 적이 없다. 영리하고 열정적이기까지 하니 이보다 더 좋을 수는 없다.

나는 박진영에게 내 모든 재산을 투자하고 싶다.

함께 있고 싶다

.... 유재석의 '편안한 매력'

 유재석은 표정만 봐도 마음이 편안하고 따뜻해진다. 그는 늘 웃는 얼굴이다. 재치와 순발력도 출중하지만 무엇보다 남을 배려하고 소통하는 마음이 돋보인다. 그는 공격수라기보다는 수비수다. 상대를 곤혹스럽게 만드는 것이 아니라 공격당한 자신과 타인을 구하기 위해 재치를 사용한다. 폭소를 자아내는 발언에도 상대를 무안하게 하는 독성이 전혀 없다. 무독성 남자 유재석은 그래서 국민MC라는 별명을 얻었다.
 그에게는 '메뚜기'라는 별명이 있는데 정말 닮았다는 생각이 들기도 한다. 내세울 것 없는 풍채의 이 사내가 전 국민에게 위안과 기쁨과 재미를 주고 있는 현상을 보면서 나는 소프트파워의 위력과 매력을 다시 한 번 실감한다. 유재석의 놀랄 만한 언변의 바탕에는 항상 따스함이 깔려 있다. 그가 결혼 전 최고의 사위감으로 꼽히기도 했다는데 나는 그 평가에 100퍼센트 공감한다. 그의 매력은 최고의 평점을 받을 만한 자격이 있다.

유재석은 무려 9년에 걸친 '지독한 무명 시절'을 겪었다고 한다. 그가 데뷔할 무렵에는 이봉원, 김미화, 이경규 등이 개그계를 주름잡고 있었고 MC계를 휘어잡은 서세원, 주병진의 아성은 결코 깨지지 않을 것처럼 보였다. 대학개그제 동기인 남희석, 신동엽 등이 승승장구하고 있을 때에도 유재석은 존재감이 별로 없는 주변인일 뿐이었다. 그는 동기들이 활약하는 모습을 먼발치에서 바라보는 역할에 만족할 수밖에 없었다. 나도 각종 시사·오락 프로그램에 초청을 받아 웬만한 연예인들은 다 만나보았지만 유독 그와는 방송에서 마주친 적이 한 번도 없었다.

결국 그는 성공의 길을 MC에서 찾았다. 당시 개그 프로그램에서만 활약하던 다른 개그맨들과 달리 유재석은 MC로 자신의 영역을 특화시켰다. 방송가의 트렌드가 버라이어티 프로그램으로 이동하기 시작했는데, 그 흐름을 그가 본능적으로 감지했다는 것이 방송가의 평이다. 물론 메인 MC로 우뚝 서기까지 우여곡절이 없을 리 없었다.

스튜디오 안에서 진행되는 프로그램에 집착하지 않고 해병대 훈련, 새벽 도서관 등 현장에 직접 뛰어드는 힘든 역할을 자처하며 어떠한 고생도 마다하지 않았다. 그러면서 유명 MC의 말투와 표정, 출연자의 멘트를 보고 배우며 그들의 장점을 빠르게 자신의 것으로 흡수해나갔다. 그의 말솜씨는 눈에 띄게 늘었고 프로그램을 리드하는 역할이 점점 두드러지게 되었다. 결국 감초 같은 그의 존재가 프로듀서들의 눈에 띄면서 단독 MC의 자리를 차지하게 되었고 「동거동락」이 히트를 치면서 단숨에 스타덤에 올랐다.

스타가 된 후에도 소리 없이 차근차근 진행 실력을 쌓아나간 유재석은 무언가 허점이 있는 미완의 캐릭터들을 융화하여 독특한 재미를 만들어내는 데 강한 면모를 보였다. 평소 겸손한 자세로 상대방의 상처를 어루만질 줄 아는 태도와 품성이 그의 역할에 부합했기 때문일 것이다.

ⓒDY엔터테인먼트

「무한도전」은 유재석의 '겸양과 배려의 진행'이 더욱 빛을 발한 프로그램이었다. 박명수, 정준하, 노홍철 등 내로라하는 스타들이 유재석의 '섬기는 진행' 아래 자신들의 끼를 유감없이 발휘했다. 그는 인기를 얻었고 천생의 배필도 만났다. 「무한도전」에서 처음 만난 나경은 아나운서를 아내로 맞이한 것이다. 두 사람의 결혼식은 동료 연예인들뿐 아니라 많은 국민의 축복을 받으며 축제 분위기 속에 거행되었다. 결혼식 후에도 유재석에게는 칭찬 일색이었다. 대중매체의 과도한 관심에도 그는 불편함을 내색하는 법이 없었고 연예인들에게 흔히 따르는 잡음도 일으키지 않았다. 예컨대 그는 연예계의 관행처럼 되어 있는 화려한 '협찬결혼식'을 하지 않았다고 한다. 협찬결혼식이란 업자들이 광고 효과를 노리고 스타들의 신혼여행, 신혼집 인테리어 등을 무료로 해결해주는 서비스를 지칭한다. 유재석은 이 같은 금전적 이익을 거절하고 팬들의 신뢰와 사랑을 선택했다. 역시 유재석이다.

뛰어나게 잘 생긴 것도, 뛰어나게 재미있게 생긴 것도 아닌 그가 경쟁이 치열한 방송가에서 생존을 위해 남 몰래 기울였을 피나는 노력은 짐작이 되고도 남는다. 유재석은 늘 웃음을 잃지 않고 모든 상황과 사람들을 허심탄회하게 받아들이는 자세가 돋보인다. 튀지 않는 말과 행동, 겸손함, 자연스러움은 다른 동료 MC들과 확연히 구별되는 유재석만의 강점이다. 그에게는 거부감이 끼어들 여지가 전혀 없어 보인다. 그의 라이벌로 거론되는 강호동조차 "흠집을 내고 싶어도 정말 흠이 없는 사람 중 한 명이다"라며 그를 극찬했다. 그러면서도 프로그램 전체의 흐름을 읽는 눈은 비상하다. 자신을 내세우지 않으면서도 어색한 분위기가 연출되면 그것을 순간의 재치로 반전하는 능력이 뛰어나다. 이런 지경이니 그가 연예인 가운데 이른바 '안티 집단'이 거의 존재하지 않는 스타로 알려진 이유를 짐작할 만하다.

그는 늘 겸손하지만 방송가와 전체 국민을 상대로 한 영향력에 있어서는 막강한 힘을 행사하는 진정한 스타다. 그 영향력이란 다름 아닌 매력이다. 매력이란 절대로 무력에서 나오는 것이 아니다. 카리스마 중에서도 부드러운 카리스마가 최고다. 유재석은 누구나 인정하는 '국민MC'가 되기까지 상대를 높이고 자신을 낮추면서 성장해왔다. 그는 또한 자신이 가야 할 길을 잘 아는 연예인이다. '낮춤으로써 높아지는 성공의 역설'을 써온 유재석의 편안한 매력이 앞으로 어떤 길을 걸을지 기대된다.

세상을 기분 좋게 홀리다

.... 마술사 이은결의 '창조적 매력'

대한민국의 마술을 대표하는 이은결의 변신이 놀랍다. 최고의 마술사로 인기를 누리다 2007년 군에 입대했던 그가 국제마술축제 행사를 총지휘하는 연출가로 데뷔한 것이다. 부산국제매직페스티벌BIMF 조직위원회는 2008년 제3회 국제매직페스티벌의 총연출과 사회를 맡는 키맨으로 그를 지목했다. 나는 이 번개머리 사나이가 지난 10년간 보여주었던 놀라운 성취와 변신의 매력에 감탄을 금치 못한다.

이은결은 지난 2001년 일본에서 열린 세계마술대회 그랑프리를 시작으로 해마다 세계적 권위의 마술대회에서 좋은 성적을 거두었다. 세계무대에서도 그의 존재감이 묵직해졌다는 이야기인데, 그가 어느덧 마술이라는 종합 공연을 연출할 만한 실력과 재능을 과시하고 있는 것이다.

라스베이거스의 공연 기획자들이 그 도시에 가장 어울릴 만한 마술사에게 주는 '라스베이거스 특별상'을 받은 게 그는 무엇보다 기분이 좋았다고 한다. 이 상을 받으면 세계 최고 마술사들이 모이는 라스베이거스의 '월드 그레이티스트 매직쇼'에 자동 초청되는 영예를 갖게 된다.

그의 트레이드마크는 훤칠한 키와 바짝 세운 '번개머리'다. 이 박력 있는 사나이가 한때 소심하기 짝이 없는 내성적인 소년이었다는 이야기가 잘 믿기지 않는다. 그가 마술에 입문하게 된 계기도 그의 성격을 고쳐보고 싶었던 부모의 희망이 작용한 결과라고 한다.

그는 어린 나이였지만 마술을 통해 어렴풋이 '삶의 의미' 같은 걸 알게 되었다고 한다. 마술을 할 때만은 '온 세상이 내 것'인 양 행복했고 '내가 정말 살아 있구나' 하는 생각이 들었다는 것이다.

그는 고등학교 2학년 때 마술계에 데뷔했다. 대학로에서의 첫 공연이 큰 성공을 거두게 되면서 이름이 알려지기 시작했다. 워낙 어린 나이에 데뷔했기 때문에 초기에 마술대회에 나갔을 때는 늘 "선생님은 어디 계시냐?"는 질문을 받았다고 한다. 그렇게 어린 친구가 대회에 출전했을 리가 없다고 생각한 것이다. 그의 최대 고민 중 하나는 '어떻게 하면 나이가 들어 보일까'였다. 그런 고민 끝에 탄생한 것이 바로 그의 트레이드마크인 '번개머리'다.

국제대회에 나가면 외국인들이 '이은결'이라는 이름은 기억하지 못해도 머리 스타일로 그를 기억해준다고 한다. 번개머리를 했을 때 그의 태도와 분위기는 아주 적극적인 모습을 띠게 된다. 스타일은 이렇게 중요한 것이다. 때로는 내용이 형식을 규정하는 것이 아니라 형식이 내용을 규정한다는 것을, 그의 머리 스타일을 통해 알 수 있다.

이은결 이전의 한국 마술은 독자적인 장르가 아니었다. 잘해야 큰 공연의 단막극에 불과했고 여흥이나 단순한 기술로 대접받았다. 가끔 한국을 방문하는 세계적인 마술인들의 TV공연이 한국 대중이 접한 마술 세계의 거의 전부라 해도 과언이 아니었다. 이은결이 등장하면서 마술은 그 자체로 하나의 종합예술로서의 가능성을 인정받았다.

이은결의 후학들이 3000명이나 공부하고 있고 전국적인 마술팬의 규모가 200만 명을 넘었다는 통계도 있다. 프로급 실력을 가진 아마추어들이 대거 출현하여 병원, 교도소 등을 다니며 봉사 공연을 하기도 한다. 안정된 직장을 그만두고 마술사가 되기 위한 수련에 정진하는 사람들도 생겨났다. 무엇보다 마술이 엄청나게 매력 있는 엔터테인먼트가 될 수 있다는 것을, 사람들은 이은결의 존재를 통해 확인했다.

내가 마술에 주목하는 것은 마술이라는 예술이 경영학의 혁신이란 개념과 부합하는 측면이 있기 때문이다. 마술사는 새로운 아이디어를 산출하거나 어떤 문제를 해결하기 위해 기발한 아이디어나 대안을 생각해야 한다. 그리고 아이디어가 경영에 접목되기까지 다양한 액션플랜이 필요한 것처럼 마술 역시 아이디어를 무대에서 성공시키기 위한 피나는 수련 과정이 필요하다.

마술은 또한 적응성과 융통성을 담보해야 한다. 변화와 다양성에 대해 개방적인 태도를 취하지 못하는 사람이 마술사로 성공하기는 어렵다. 도전적인 목표를 설정한 후에 이를 달성하기 위해 노력해야 하고 장애물이 나타났을 때 포기하지 않고 계속 참고 견디는 노력이 필요하다.

타인과 의미 있는 유대관계를 형성할 수 있는 사회성을 갖추는 것도 마술사의 덕목 가운데 하나다. 혁신, 적응성, 인내와 노력, 사회성이 필요한 분야인데, 이은결은 이 같은 자질에 놀라운 창의력까지 겸비했으니 우리나라 마술계에 큰 물건이 나타난 것은 확실하다.

그는 지난 10년간 피나는 수련 과정을 거쳤다. 마술 연습과 아이디어 고민에 홀로 연습실에서 밤을 새운 날도 많다. 마술은 무엇보다 손끝 움직임이 중요하기 때문에 술, 담배도 일절 하지 않는다. 말초신경에 악영향을 미치는 일은 아주 사소한 것이라도 해서는 안 된다. 어찌 보면 수도승의 고행 같은 과정이라 할 수도 있다.

고등학교 3학년 때부터 본격적으로 마술공부에 나선 그는 비디오를 보며 마술을 연구했다. 숱하게 밤을 새워가면서 열심히 연습한 결과 수능시험을 마치고는 최연소 프로마술사가 되었다. 초반에는 설움도 많이 겪었다. 가수 사인회에 지장이 된다는 이유로 무대를 뺏기고 계단에서 공연을 하기도 했다. 고작 6명을 앞에 두고 공연을 한 적도 있었다. 일부 상식 없는 사람들은 공연 중 테이블 위에 있는 마술도구를 들춰보기도 했다.

이은결은 마에스트로가 될 가능성이 충분하다. 마술에 대한 그의 인식이 넓고 크고 미래를 지향하기 때문이다. 한마디로 그랜드 디자인을 간직한 예능인이다. 그는 한 언론 인터뷰에서 이렇게 말했다.

"마술은 불가능을 가능케 하는 꿈이라고 생각해요. 현실에서 보여줄 수 있는 가장 큰 판타지인 셈이죠. 이 판타지를 구현시키려면 종합예술이 될 수밖에 없어요. 마술 공연을 하려면 의상과 음악 선정도 잘해야 하고 조명도 알아야 하고 대본도 잘 써야 하고 자기 나름의 철학도 있어야 해요. 과학도 잘 알아야죠. 마술이라는 게 과학의 원리로 과학의 원리를 깨는 것이거든요. 아주 복잡한 원리로, 널리 알려진 단순한 원리를 깨는 거죠. 정말 해야 할 게 산더미 같아요. 신타로라는 일본 마술사가 일본에서 최고예술가상을 세 번이나 탈 수 있었던 것도 이 같은 점을 인정받았기 때문입니다."

무명 시절 대학로에서 길거리 마술을 했던 청년 마술사는 이제 다시 길거리 마술공연을 꿈꾼다. 나는 바로 이런 태도가 이은결의 매력, 그의 비범함이라고 생각한다. 화려한 무대만을 동경하는 상업적 마술사가 아니라 대중과 소통하고 그들과 교감하는 마술사가 되겠다는 의지다. 길거리 무대에서 쌓이는 노하우는 첨단기술이 동원되는 대규모 무대공연과는 또 다르다는 것이 이은결의 생각이다.

마술이 매력적인 것은 그것이 무한한 소통을 지향하기 때문이다. 이념이나 고정관념 등 어떤 벽도 존재하지 않는 세계가 마술의 세계다. 그 자신의 표현처럼 사람과 사람 사이의 벽을 허물기에 마술만큼 좋은 것은 없다. 이런 까닭에 선진국에서는 마술이 하나의 산업으로 확실히 정착되어 하와이나 라스베이거스 같은 세계적 휴양지에는 예외 없이 마술 전용 공연장이 마련되어 있다.

이은결의 매력은 소프트파워의 가치를 알고 그것에 투신한다는 점이다. 그는 마술을 산업으로 발전시킬 생각을 하고 있다. 이 영웅에 의해 조만간 한국의 마술은 세계무대에 우뚝 서게 될 것이다.

그녀의 집중하는 모습이 아름답다

···· 박세리의 '쿨한 매력'

2007년 11월, 박세리 선수가 마침내 LPGA 명예의 전당에 자신의 이름을 올렸다. 아시아인으로서는 첫 번째다. LPGA 명예의 전당 회원이 되면서 세계 골프 명예의 전당에도 자동으로 등록되었다.

지난 IMF 외환위기 시절 나는 KBS 제1라디오 '생방송 오늘'을 진행하고 있었다. 한국경제의 회생을 위해 프로듀서와 함께 매일매일 토론하면서 방송을 진행할 때였다. '국가 부도 위기', '10년 내 회복 불가능' 등 비관적 견해가 난무하여 모두들 암울한 상황이었다. 이때 혜성같이 나타나 우리에게 자신감을 심어준 사람이 바로 박세리 선수다.

그녀가 1998년 US오픈에서 극적인 우승을 이끌어냈을 때 우리 모두는 감격하지 않을 수 없었다. 연못에 발을 담근 채 그린을 향해 절묘한 샷을 날린 박세리의 '맨발의 투혼'은 외환위기의 시름을 단박에 날려버린 감동의 드라마 그 자체였다. 그때 그녀는 단지 한 사람의 운동선수가 아니라 국민적 영웅이었다. 한국인이 LPGA 메이저 대회에서 우승하는 것이 얼마나 어려운 일인지는 명예의 전당에 가입하면서 박 선수가 한 인터뷰에 잘 나타나 있다.

"미국에 처음 왔을 때 한국 선수를 인정하지 않으려 했다. 메이저 대회에서 2승을 했는데도 그들은 행운으로 여겼다."

1994년 국내 주니어대회 여고부 정상에 오르며 일찌감치 박세리 시대를 예고했던 그녀는 1996년 프로에 입문하여 1998년 LPGA 무대에 데뷔했다. 그해 7월 US오픈을 석권하며 말 그대로 '골프계의 신데렐라'로 세계무대에 등장한 것이다. 그로부터 10년 후, 마침내 그녀는 동양인으로서는 최초로 LPGA 명예의 전당에 당당히 입성했다.

그러나 모든 사람의 인생이 그렇듯 그녀에게도 장밋빛 영광만 있었던 것은 아니다. 지난 2004년 명예의 전당행을 예약한 박세리는 이후 극심한 슬럼프에 빠졌다. 욱일승천의 기세로 더 이상 오를 곳이 없는 것처럼 보였던 이 영웅의 좌절은 국민 모두의 아픔으로 다가왔다. 80대를 넘기는 스코어를 기록하는 어처구니없는 순간도 있었고, 결선에도 오르지 못하는 최악의 상황도 이어졌다. 그녀는 당시를 이렇게 회고하고 있다.

"지금 생각해도 그때 내가 왜 그랬는지 모르겠다. 문제를 풀면 답이 있어야 하는데 답이 없었다. 그저 답답하기만 할 뿐이었다. 그러나 곰곰이 생각해보면 이유가 없었던 것은 아니다. 잘하고 싶은 욕심이 너무 앞섰다. 그 욕심이 부담으로 이어진 것이었다."

그녀는 긴장이 연속되는 투어의 와중에서 스스로의 여유를 찾지 못했다. 여유가 없으니까 게임이 안 풀리고, 게임이 안 풀리니까 자꾸만 자기 잘못을 남의 탓으로 돌리게 되고 원망하게 되었던 것이다. 여유를 갖는다는 것 자체가 정상의 스타에게는 우승만큼이나 쉽지 않은 일이었을 것이다.

그녀는 이제 한층 성숙해진 모습으로 우리 곁에 돌아왔다. 골프에만 눈이 트인 것이 아니라 인생의 원리에 대해서도 개안을 했다. 그녀는 이렇게 말한다.

"승리에만 지나치게 집착하다 보면 단기간 승부에서는 성과를 낼 수 있을는지 모르지만 선수 생명은 그만큼 짧아진다. 게임에 한 번 졌다고 골퍼로서의 생명이 끝나는 게 아니다. 그런 면에서 외국 선수들은 일단 게임이 끝나면 그것이 우승이 됐든, 컷오프가 됐든 훌훌 털고 또 다음 경기에 매진한다. 순간순간 내가 행복하다고 느끼고, 바로 그 행복을 만끽하는 게 중요하다. 그런 면에서 우리는 행복한 시간이 주는 여유를 모르고 지내는 때가 많은 것 같다."

박세리의 매력은 바로 이렇게 '쿨'한 데 있다. 매력은 끌어당기고$_{attractive}$, 사랑스럽고$_{lovely}$, 섹시하며$_{sexy}$, 쿨$_{cool}$한 요소를 갖추고 있다. 그는 명예의 전당 입회식에서 이렇게 말하기도 했다.

"모든 사람들이 나를 한국 여자골프의 선구자라고 말한다. 선구자는 정말 힘들고 압박감도 심하다. 그러나 내 뒤를 따르는 많은 후배에게 올바른 길, 최선의 길을 열어줘야 한다는 책임감을 느꼈고 그게 나를 더 강하게 만들었다."

　이 말은 박세리처럼 선구자의 길을 걷는 스타들이 얼마나 쿨해지기 힘든가를 한마디로 대변해준다.

　박세리가 성공할 수 있었던 요인은 무엇일까? 아버지의 열정과 삼성그룹의 체계적인 지원 프로그램도 뒷받침이 되었겠지만 무엇보다도 본인의 피나는 노력이 크게 작용했을 것이다. 목표를 정하고 그 목표에 매진하는 그녀의 모습은 정말 아름다웠다.

　오늘날 우리나라가 골프강국이 된 것은 바로 박세리 선수의 성공신화 덕분이라고 해도 과언이 아닐 것이다. '제2의 박세리'를 꿈꾸는 '박세리 키드'들이 그녀의 뒤를 따라 세계무대로 진출하였고 연이은 성공신화를 만들어냈다.

　얼마 전 나는 지인들과 함께 주말 골프를 하면서 박세리의 성공요인에 관한 이야기를 나눴다. 한 중견기업의 회장인 K씨가 "한국인 중에 진정한 글로벌 스타는 박세리 선수, 박찬호 선수 그리고 반기문 유엔 사무총장이다"라고 말하자 모두가 공감을 표했다. 나도 그의 말에 고개를 끄덕이면서 차범근 선수도 빼놓을 수 없다고 한마디 거들었다. "그럼, 그렇지" 하며 모두들 맞장구를 쳐주었다.

　이들의 공통점은 무엇일까? 바로 큰 꿈을 가지고 있었다는 것이다. 박세리 선수는 "미국에 올 때 정말 꿈만 가지고 왔다. 하루하루 앞만 보고 달려왔는데 벌써 10년이 됐고, 열심히 노력하다 보니 명예의 전당까지 왔다"고 말했다.

　고등학교 시절 나의 담임이었던 이은성 선생님은 교실 뒤에 이런 글을 써 붙여놓으셨다.

"이상은 최상급만이 이상이다. 원급과 비교급의 이상은 이상이나 이상이 아니다."

선생님은 우리들에게 최고의 이상을 가지라고 가르치셨다.

"큰 목표를 정해놓고 최선을 다해라. 꿈은 이루어진다."

선생님의 이 말을 가슴에 받아들인 친구들과, 시골학교에서 무슨 사치스런 소리냐고 외면하던 친구들은 40년이 지난 지금 서로 달라진 인생을 살아가고 있다.

얼마 전 정신과의사인 이시형 박사를 초빙해서 강의를 들었다. 그는 성공하려면 '고독력'이 있어야 한다고 말했다. 고독력이란 '혼자서 버티는 힘'을 말한다. 목표를 정해놓고 난관이 있어도 흔들리지 않고 자기 자신을 관리해가는 능력이 고독력이다. 박세리 역시 정말 고독했을 것이다. 그러나 그 고독을 이겨냈기에 그녀는 명예의 전당에 이름을 올릴 수 있었을 것이다.

큰 꿈과 고독력이 박세리의 성공요인이라는 데 동의한 우리에게 K회장은 또 다른 결론을 끄집어냈다.

"요즘 우리는 큰 꿈도 없고 결코 고독하지도 않다. 이것이 바로 우리가 평범하게 살 수밖에 없는 이유가 아닐까?"

그러나 진정한 의미의 매력은 고독을 참는 힘도, 가열찬 노력도, 남들을 깜짝 놀라게 하는 성공도 아니다. 매력은 그 모든 것을 한 번쯤은 초월하는 여유에서 나온다. 그래서 나는 박세리의 고독과 집념과 노력과 성공할 수 있는 내면의 힘을 사랑한다. 그녀에겐 지옥을 한 번 맛본 사람의 평화와 여유가 있기 때문이다. '쿨한 여자' 박세리는 아름답고 매혹적이다. 그리고 그 누구보다 믿음직스럽다. 그녀는 이미 살아 움직이는 '역사적 인물'이다.

"죽이고 싶지만 덮어두겠다"

···· 클린턴의 '소통의 매력과 성적 매력'

빌 클린턴은 미국 역사상 최고의 매력적 대통령으로 꼽힌다. 그와 매력을 다퉈 승리할 수 있는 대통령은 존 F. 케네디 정도일 것이다. "둘 중 우열을 가리기 힘들다"고 말하는 사람도 많다. 둘은 여성과 스캔들을 일으킨 점에서도 서로 닮았다.

클린턴의 매력의 본질은 그의 지성 속에 감춰진 성적 매력, 혹은 지성을 감싸고 있는 성적 매력의 화려함이다. 그의 통찰력과 논리가 성적 매력을 배가시키는 요소로 작용하고 있는지도 모른다.

그런데 클린턴의 매력을 구성하는 요소는 더 다양하다. 그의 매력에는 '소통할 줄 아는' 성숙한 공인으로서의 매력이 있다. 그 힘은 남의 말을 주의 깊게 경청하는 데서 나온다. 그는 수많은 사람들로부터 '커뮤니케이션의 달인'이라는 칭송을 듣고 있다. 정치인에게 소통의 능력처럼 확실한 성공을 보장하는 미덕은 없다. '감응력'이라 표현할 수 있는 그의 출중한 소통 능력은 정치인 빌 클린턴의 지속적인 성공을 보장한 위대한 무기였다.

그 유명한 섹스 스캔들은 현직 대통령이었던 그에게는 치명적인 것이었다. 그는 이 스캔들을 통해 인간적, 가정적, 정치적 위기를 맞았다.

그는 그 상황에서 가능한 최대한의 솔직함을 드러내면서 이 위기를 극복했다. 그는 퇴임 후 발간한 자서전을 통해 자신의 스캔들이 "내 삶의 가장 어두운 부분을 드러냈다"고 고백하고, 스스로 그 행위에 대해 '부도덕하고 바보 같은 일'이란 평가를 내렸다.

미국의 스피치 전문가 마크 샌본은 빌 클린턴의 소통 능력을 높이 평가하는 사람 중의 하나다. 샌본은 민주당 지지자가 아니었지만 우연한 기회에 그의 강연을 듣고 그의 열성팬이 된 인물이다. 그는 당시의 상황을 이렇게 회고했다.

"그의 강연을 듣기 전 나는 클린턴이 도도하고 오만하리라고 생각했다. 사실 그는 충분히 그럴 만한 위치에 있었다. 강연 도중 누군가 그에게 무례하게 비난에 가까운 질문을 퍼부었다. 예상치 못한 일로 강연회장이 술렁거렸는데, 클린턴은 그 질문자에게서 눈을 떼지 않았다. 그는 손으로 마이크를 감싸고서 질문자를 향해 몸을 기울였다. 그리고는 그윽한 눈길로 경청하는 태도를 보였다. 질문하는 사람에게 최대한 집중하며 그가 편하게 말할 수 있도록 배려하는 것이었다."

물론 최고 권력자가 집무실에 여자를 끌어들인 것은 비난받아 마땅하다. 그러나 사랑과 연애도 소통이고 커뮤니케이션이다. 그의 지성과 배려와 소통하려는 의지에 여성들은 반했을 것이다.

사실 바람둥이에게는 종종 '치명적인 매력'이 있다. 배우자와 자녀 등 주변 사람들을 고통에 몰아넣기도 하지만, 실상 그 배우자는 그 바람둥이의 '치명적 매력'에 이끌려 결혼했을지도 모른다. 도덕적 잣대를 들이대기 이전에 그 매력의 본질이 그의 '본성'에서 기인하는 것인가를 살필 필요가 있다.

사고를 몰고 오는 그 치명적인 매력이 본성인가 후천적인 것인가, 아니면 불성실한 인간성에 기인하는 것인가를 구분하기란 매우 어려운 일이다. 클린턴의 경우도 그렇다. 의붓아버지의 폭행과 비행을 목격하며 불우한 어린 시절을 보낸 클린턴이 자신의 과거를 완전히 극복하지 못한 결과가 '바람기'로 나타났다는 분석도 있다. 꽤 그럴듯한 분석이지만 이것으로 클린턴의 바람기를 온전하게 설명했다고 보기는 어렵다. 그의 넘치는 생명력, 거기에서 기인한 주체할 수 없는 성적 호기심이 그의 바람기를 형성했다고 보는 편이 자연스럽다. 최근 외신을 보면 대통령직에서 물러난 후에도 그의 여성 편력은 그치지 않은 것 같다. 심지어 아내 힐러리가 버락 오바마와 힘겨운 대선 예비선거를 치르고 있었던 와중에도 그는 여성들과 밀회를 즐겼던 모양이다. 그가 스캔들 이후 보여주었던 참회와 반성이 철저하지 못했거나, 아예 거짓 반성을 했을 가능성마저 있다. 그럼에도 그는 '치명적인 매력'을 간직한 사나이다.

외판원이었던 그의 친아버지는 그가 태어나기 석 달 전 교통사고로 세상을 떠났다. 가장 불행한 아이의 상징으로 자주 거론되는 '유복자'의 운명을 타고난 것이다.

클린턴의 진정한 매력은 이 모든 불행을 거뜬하게 극복하고 세계 최강국 미국의 대통령에까지 올랐다는 점이다.

슬픔과 역경을 딛고 일어선 클린턴의 자질은 사실 그의 어머니로부터 비롯되었다고 볼 수 있다. 그녀는 첫 남편을 잃고 나서 오랫동안 힘든 시기를 살았다. 로저 클린턴과 재혼했지만 그는 알코올 중독자였으며 자주 술에 취해 아내를 폭행하고 빌리_{클린턴의 어린 시절 이름}를 학대했다. 그녀는 아들이 계부의 성을 따르는 것에 반대하고 잠시 이혼하기까지 했다. 그러나 가정의 안정을 위하여 로저 클린턴과 다시 결합했고 빌리는 법적으로 클린턴이라는 성을 사용하게 되었다. 그녀는 30년의 간호사 생활로 가족을 부양하는 동안 4명의 남자와 결혼했으며 이중 3명의 남자와 사별했다. 그녀의 인생 역정은 아들 클린턴을 강하고 매사에 적극적인 인물로 만들었다. 힐러리는 그녀의 자서전에서 "버지니아_{클린턴의 어머니}는 오랫동안 너무 많은 시련을 견뎌왔다. 그런데도 슬픔과 역경을 딛고 다시 일어나는 그 대단한 회복력에는 놀라지 않을 수 없었다. 나는 빌한테서도 똑같은 자질을 발견했다"고 적었다. 클린턴의 어머니는 아들을 키우면서 항상 '사랑한다'와 '너를 믿는다'는 두 마디를 강조했다고 한다.

어려운 환경 속에서 어린 클린턴은 타협과 조정의 기술을 터득해나갔다. 그것은 그에게 생존의 법칙과도 같은 것이었다. 그는 "식구와 싸우고 집을 뛰쳐나오는 것보다 타협하고 협력하는 방법이 더 낫다고 생각했다"고 술회했고 "상대에게 악감정을 심어주지 않고, 세상이 끝장나거나 내 삶의 기반이 흔들릴 것을 걱정하지 않으면서, 어떻게 갈등에 대처하고 그것을 표현하며 반대의사를 표명할까를 배우는 것이 성장 과정에서 겪은 가장 큰 문제였다"고 고백했다.

정치에 관심이 많았던 그는 고교 시절에 아칸소 주 학생 대표로 뽑혀 케네디 대통령을 만나기도 했으며, 이를 계기로 정치적 이슈에 더욱 몰두하게 된다. 그러면서 "정치 초년생 시절 사람들과 좋은 관계를 유지하려 애썼고 반대 세력과도 잘 지내야 한다는 필요성을 인식했다"고 한다.

클린턴은 프랭클린 루스벨트 이후로 두 번의 임기를 모두 채운 첫 번째 민주당 대통령이었다. 그의 당선으로 인해 12년간 연속된 공화당 정권이 막을 내렸고, 민주당은 지미 카터 이래 최초로 의회 및 행정부를 포함한 연방정부의 실권을 완벽하게 장악했다.

클린턴은 권력을 잡기 전부터 초점집단을 아주 잘 활용했다. 주요 이슈에 관해 여론조사원들이 보통 사람들로 구성된 초점집단과 심층면접을 실시하고 그들의 생각과 행동을 비디오카메라에 녹화하면, 전문가들이 이것을 연구 분석하여 보고서를 낸다. 염문설이 불거졌을 때도 그는 초점집단의 반응을 보고 언론에 정면대결하는 전략을 택했고 결과적으로 성공적으로 돌파할 수 있었다. 유세 내용을 다듬고, 말하는 방식을 터득한 것도 초점집단과의 면담을 통한 것이었다. 드라이로 결을 살린 머리가 너무 모양을 낸 것 같아 싫다는 의견이 나오자 모양을 덜 부린 커트 형태로 바꾸었고, 다소 뚱뚱하게 보인다는 지적에 여성표를 겨냥하여 조깅하는 모습을 광고에 자주 내보냈다.

클린턴은 8년간의 재임기간 내내 연속적인 경제호황을 이끌었다. 그는 국민의 삶을 개선하고자 하는 단호한 결의, 외교문제를 포함한 정치적 이슈에 대한 탁월한 이해를 바탕으로 역사상 가장 매력적인 대통령의 반열에 올랐다.

클린턴은 결코 도덕적인 인간은 아니다. 바람꾼이라 해도 틀린 말은 아니다. 이 때문에 그는 사고를 냈고 탄핵 위기에 몰리기까지 했다. 가정도 흔들렸다. 그러나 그에게서는 전혀 악당의 이미지가 떠올려지지 않는다. 음흉하거나 얄팍한 속임수를 쓰는 인간으로 보이지도 않는다. 어린 시절의 애정 결핍에서 기인한 '정서적 흠집이 있는 명품'으로 보인다. 어쩌면 그는 자신의 불완전함을 통해 타인의 불완전함을 이해하고 관용하는 관점을 획득하기에 이르렀는지 모른다. 이것이 쉽게 이해되지 않는 클린턴의 '특이하고도 치명적인 매력'이다.

그는 "모든 사람에겐 하나의 스토리가 있다"고 말한다. 그 스토리는 발단과 전개와 갈등과 결말이 있다. 이 플로차트의 한 부분을 절단해 그를 평가할 수 없다는 것이 그의 인생론의 결론이기도 하다. 그의 자서전 중 가장 매력 있고 아름다운 부분도 바로 그런 이야기를 들려주고 있다.

"나는 증조부를 비롯한 친척들이 들려주는 이야기에서 많은 것을 배웠다. 아무도 완벽하지는 않지만 대부분은 선하다는 것, 최악의 순간이나 가장 약한 순간에 한 행동으로 사람을 판단할 수 없다는 것, 가혹한 심판은 우리 모두를 위선자로 만든다는 것……. 웃음은 종종 고통과 맞서는 가장 좋은 방법이며, 가끔은 유일한 방법이기도 하다는 것, 어쩌면 내가 배운 가장 중요한 것은, 모든 사람에게는 하나의 이야기가 있다는 것이었는지도 모른다."

"시효가 있다면 원칙이 아니다"

···· '착한 자본주의' 워런 버핏의 '지혜의 매력'

단지 주식투자만으로 세계 최대의 부를 거머쥔 사람이 있다. 열한 살에 주식투자를 시작하여 여든에 가까운 지금까지도 투자에만 열중하고 있는 그는 '투자의 신'이라는 별칭을 달고 다닌다. 바로 워런 버핏이다. 연평균 투자수익률 25퍼센트라는 전무후무한 기록을 세운 그는 투자계의 살아 있는 전설로 통한다.

2006년 6월 25일, 이 투자자는 또 하나의 기록을 세운다. 재산의 85퍼센트약 32조 원를 기부하기로 함으로써 역사상 최대의 자선가가 된 것이다. 이로써 버핏은 단순히 성공한 투자자를 넘어 한 시대를 대표하고 이끄는 위인이 되었다.

1930년 미국에서 증권 세일즈맨의 아들로 태어난 버핏은 컬럼비아대학 경영대학원에서 경제학을 공부했다. 그의 학문적, 정신적 사부 벤저민 그레이엄은 '가치투자'라고도 불리는 과학적 주식투자 방법을 세계 금융계에 소개한 '가치투자의 창시자'이다.

1956년 100달러로 주식투자를 시작한 그는 1965년 버크셔 해서웨이를 인수하면서 투자지주회사의 경영인이 되었다. 그는 가치 있는 주식을 발굴해 매입한 다음 이를 오랫동안 보유하는 것으로 유명하다. 그는 1990년대 신경제 바람으로 인터넷 기술주가 급등할 때 "미국 주식은 80년대의 일본과 같이 버블로 터져버릴 것이다"라는 버블론을 강력히 주장했다. 그후 인터넷주와 신경제에 대한 거품론이 확대되고 나스닥시장이 하락하게 되자, 철저하게 내재가치만을 따져 투자종목을 선별했던 워런 버핏의 평범한 투자전략이 다시 인정받게 되었다. 사람들은 뉴욕에서 2000킬로미터 이상 떨어진 자신의 고향 네브래스카 주 오마하를 거의 떠나지 않으면서도 주식시장의 흐름을 훤히 꿰뚫는 혜안과 검소와 절약, 기부가 몸에 밴 그를 '오마하의 현인'이라고 부른다.

워런 버핏은 담담하기 그지없는 마음으로 유장한 투자방식을 실천해 성공한 사람이다. 그는 주식투자를 할 때 단기간의 요행을 바라는 투기성 투자를 철저히 배격했다. 큰 안목을 갖고 먼 미래를 내다보며 주로 전통적인 대기업에 투자했다. 그를 성공으로 이끌었던 최고의 미덕은 바로 순리에 따르는 지혜로운 사고와 흔들림 없는 인내력이다. 이를 단적으로 보여주는 유명한 일화가 있다.

1990년대에 그가 미국의 한 기업가와 골프를 칠 때 있었던 일이다. 당시 그 기업가는 2달러를 걸고 홀인원을 한다면 1만 달러를 주겠다는 획기적 내기를 워런 버핏에게 제안했다. 하지만 그는 "그렇게 확률이 낮은 내기는 안 한다"며 거절했다. 비록 확률이 낮다고는 하지만 2달러를 걸고 1만 달러를 거머쥘 수 있는 기회를 거부한 워런 버핏을 통해 우리는 무엇을 깨달을 것인가.

워런 버핏의 성공비결 중 최고는 결코 쉽게 떨쳐버리기 힘든 '욕심'을 배제한 담담한 마음에 있다고 해도 과언이 아닐 것이다. 지금도 시세표를 앞에 두고 시름에 잠겨 있는 혹자는 '설마' 하는 의구심을 가질 수도 있겠지만, 그의 투자기법은 사실 그렇게 복잡하거나 어렵지만은 않은 것이다. 그의 발언을 음미해보면 그의 사업가적·인간적 매력을 동시에 발견할 수 있다.

"나는 가치투자를 해온 35년 동안 가치투자의 주장이 일반적 경향으로 받아들여지는 것을 본 적이 없다. 인간은 쉬운 것을 어렵게 만들기를 좋아하는 심리가 있는 것 같다."

-1985년 컬럼비아 경영대학원

"구덩이에 빠졌을 때 해야 할 가장 중요한 일은 구덩이 파기를 멈추는 일이다."
-1990년 사업보고서

"100미터 수영을 빨리 하기 위해서 필요한 것은 빨리 나아가는 연습이 아니라 물의 흐름에 따라 수영하는 것이다."
-1991년 주주총회

"이력서의 기준으로 멋져 보이는 직업이 아니라 당신이 좋아하는 직업을 가져라. 여러분이 부유해지더라도 선택하고 싶어할 그런 직업 말이다. 돈이 아니라, 함께 일하는 사람들을 좋아하는 것이 중요하다."
-1998년 마이애미 헤럴드

"자신이 하는 일을 즐길 때에는 많은 일을 해도 고되지 않다. 즐기며 일을 할 때는 힘에 부치지 않는다. 오히려 일을 함으로써 활력이 생긴다."
-2002년 포천

"당신은 무엇이든 되고 싶은 대로 될 수 있다. 당신이 서른이든, 마흔이든, 쉰이든 갖고 싶은 자질을 키울 때는 바로 지금이다. 우리의 몸과 마음은 하나밖에 없다. 따라서 잘 돌봐야 한다. 인생에 되감기 버튼은 없다."
-2004년 조지 워싱턴 경영대학원

버핏은 버크셔 해서웨이를 운영하면서 단 한 푼의 차입금도 사용하지 않았다. 부채가 부를 창출하는 지렛대가 되기도 하지만 파괴력 또한 크다는 사실도 잘 알고 있었기 때문이다. 부채가 없는 그는 투자자이지만 마음이 편하다고 한다. 미국의 투자은행들이 온갖 파생상품을 개발해 운영하면서 결국 엄청나게 큰 함정에 빠져 세계 경제를 위태롭게 한 것과는 아주 대조적인 모습이다.

2008년 세계 금융위기의 진앙지는 미국의 월스트리트였다. 그리고 이 월스트리트를 움직이는 주역은 하버드대학, 스탠퍼드대학 등 세계적인 명문대학 MBA 출신들이었다. 세상이 모두 자기 것인 양 승승장구하던 이들은 위기가 폭발하면서 하루아침에 지탄의 대상이 되었다. "전략만 있고 영혼은 없다"는 낙인을 피할 수 없었다. 좋은 머리로 실체가 없는 온갖 금융공학적 파생상품을 만들어내서 결국은 거품을 담보로 큰돈을 벌어온 사람들이라고 비난을 받았다.

버핏이 세계의 부호 가운데서도 특별하게 존경받는 이유는 목표에 이르는 과정과 방법이 합리적이고 도덕적이었기 때문이다. 그는 원칙을 정하면 반드시 고수했다. "원칙에 시효가 있다면 그것은 원칙이 아니다"라는 것이 그의 지론이었다. 그의 위대한 점은 "명성을 쌓는 데는 20년이라는 세월이 걸리지만, 명성을 무너뜨리는 데는 5분도 걸리지 않는다. 그것을 명심한다면 행동이 달라질 것이다"라는 말처럼 도덕성과 책임감, 그리고 창조성을 스스로의 삶 속에 통합한 것이었다.

나는 그가 기회 있을 때마다 자본주의에 각성을 촉구하는 것에 감동한다. 그는 "나를 포함해 미국에서 행운의 티켓을 거머쥔 특권층은 그만한 행운을 못 가진 이들을 부양할 책임이 있다"고 했다. 빌 게이츠의 자선재단에 기부하기로 한 2006년의 결정 역시 이런 철학의 연장선에서 나온 것이다. 동시에 인류가 고안해낸 최고의 경제 시스템인 자본주의를 수호하고자 했던 그의 노력에도 감동한다. 그는 유망한 기업들의 성장을 돕는 투자의 대부로서 미국이라는 자본주의 사회의 발달에 긍정적으로 기여한 공로자 중 한 사람이다.

버핏은 영혼과 전략을 함께 가진 사람이다. 영혼이 빛나는 착한 자본주의의 선도자, 매력적인 부자, 그가 워런 버핏이다.

타인의 삶을 변화시키는 힘

···· 김동호 장군이 보여준 '인품의 매력'

나는 지금까지 살아오면서 내게 정신적으로 영향을 주고 내 인생을 바꾼 귀인들을 많이 만났다. 돌이켜보니 그 귀인들이 바로 매력형 인간이었다. 내 인생의 가장 깊은 차원에서, 가장 근원적인 만남을 통해 매력을 느낀 첫 번째 인물은 김동호 장군이다.

나는 1975년도에 대학을 졸업한 후 시험에 합격하여 공군사관후보생 70기로 임관, 4년 5개월 동안 장교로 복무했다. 이 4년 5개월은 내 인생이 바뀌고, 직업이 바뀌고, 가치관이 바뀌는 기간이었다. '어쨌든 시간만 때우자' 식이 아니라, 마치 석·박사 과정을 다닌 것과 다름없는 귀한 시간을 보냈다. 그것은 전적으로 김동호 장군이라는 분이 있었기에 가능했다.

공군에 가게 된 첫 번째 동기는 친구의 권유였다. 중학생 시절 동네친구 중에서 단짝친구가 있었다. 비록 고등학교는 서로 다른 곳으로 진학했지만 이웃이다 보니 고등학교 때까지 계속 친하게 지냈다.

이 친구가 어느 날 공군 사병으로 입대했다. 고등학교를 졸업하고 바로 공군 사병으로 간 것이다. 내가 대학을 다닐 때 가끔 외출 나온 이 친구를 만났는데, 그때마다 이 친구가 "너도 공군이 좋겠다"면서 공군 입대를 강력하게 권유하는 것이었다.

그 당시에는 공군교육사령부가 대전에 있었다. 나는 대전에서 중·고등학교를 다녔기 때문에 늘 공군장교들이 군복 입고 돌아다니는 것을 많이 봐서 공군에 대해 친근감을 갖고 있었다. 친구의 권유와 익숙했던 공군의 이미지가 작용해 대학을 졸업하고 공군장교 시험을 보게 되었고 운 좋게 합격을 했다. 5개월간 훈련을 마친 후 소위 계급장을 달고 부임한 첫 번째 근무지는 김해비행단이었다. 처음에는 부산 구포역 근처에서 하숙을 하면서 출퇴근했다.

청년 시절, 객지에 나와서 간섭하는 사람도 없이 혼자 읽고 싶은 책을 마음껏 읽는 꿈같은 세월을 보냈다. 아침에는 하숙집을 나와 통근버스 타고 가서 근무하고, 저녁에는 낙동강이 바로 보이는 하숙집 2층 내 방에서 석양에 물든 낙동강을 바라보며 자연의 감동을 느끼는 생활이 이어졌다. 갈대밭이 펼쳐진 낙동강 둑으로 나가 곰장어 구워 소주 한잔 마시고, 방에는 귀 잘린 고흐의 초상화와 소설책, 시집을 잔뜩 갖다 놓고 밤새워 독서를 했다. 가끔 서울 가서 부모님을 뵙는 것이 유일한 나들이였다.

비행단장 시절의 김동호 장군

그러던 어느 날, 중위로 진급할 무렵 부대장이 바뀌었다. 그때 비행단장으로 온 분이 바로 김동호 장군이었다. 어느 날 인사처장이 찾는다고 해서 갔더니, 새로 온 비행단장은 부관을 데리고 다니지 않는 분이기 때문에 전 부관은 그 부대에 남았고, 지금 우리 부대에서 부관을 새로 뽑아야 한다는 것이었다.

군대에서 부관은 사회로 따지면 전문비서 같은 자리다. 부관을 소위나 중위 중에서 뽑아야 하는데, 부대장이 내세운 조건에 합당한 사람이 나라면서 해보라는 것이었다. 당시 나는 부관이라는 자리를 창살 없는 감옥으로 여기고 있던 터라 달갑지 않았다. 24시간 영내에 대기하며 관사에 살아야 하고, 남들은 크리스마스다 명절이다 연말연시다 해서 즐거워할 때 부대 안에서 더 바빠야 하고 개인시간은 엄두도 내지 못하는 팍팍한 생활이라는 것을 전임 비행단장의 부관을 하던 동기생을 통해 익히 알고 있었기 때문이다. 나는 인사처장에게 사관학교 출신도 아니고 못하겠다고 말했으나 "자네가 부관의 기준에 맞으니 다른 소리 하지 말라"며 정 못 하겠으면 비행단장에게 가서 직접 얘기하라며 막무가내였다.

결국 나는 김동호 장군의 호출을 받았다. 행사 때나 먼발치서 보던 하늘같은 분을 직접 만나게 됐는데, 아주 단정한 인상에 위엄이 있었다. 나는 마음속으로 죽어도 부관만은 못 하겠다고 얘기할 작정이었다. 아무리 군대지만 강제로 시키기야 하겠는가 하는 배짱이었다. 그러나 나의 예상은 보기 좋게 빗나갔다.

김 장군은 나의 군대식 인사를 기분 좋게 받으며 앉으라고 하고는 자기소개부터 시작했다. "인사처장에게 내가 이러이러한 사람을 부관으로 추천해달라고 얘기했더니 자네를 추천하더군. 만나서 반갑네" 하면서 "지금부터 나를 소개하겠다" 이러시는 게 아닌가.

충북 영동군 심천면 각계리에서 태어났고, 몇 년생이고, 대전사범학교를 나왔고, 공군사관학교 2기로 몇 년도에 임관을 했고, 전투기는 어떤 기종을 다루었고, 결혼을 몇 년도에 했고, 아들 하나 딸 둘에 현재 서울의 집은 어디에 있고, 그리고 딸들은 무슨 여고 무슨 여중 다니고, 아들은 무슨 중학교 다니고…. 듣는 내가 놀랄 정도로 상세하게 자기소개를 하더니, 다음에는 부관을 데리고 다니지 않는 이유를 설명하기 시작했다. 부관이 되면 아무래도 자기보다 나이와 경험이 많은 상관과 생활을 하기 때문에 여러 모로 배울 것이 많다, 하지만 너무 오래 하게 되면 오히려 부작용과 역기능이 나타날 수도 있다, 그래서 본인한테도 피해가 간다는 생각이 들기 때문에 굳이 부관을 데리고 다니지 않는다고 했다.

김 장군은 먼저 자신에 대한 소개와 설명을 마치고 나서 내게 물었다. 고향이 어디냐, 부모님은 어디에 사시냐, 종교와 취미생활은 뭐냐 등등을 물어본 다음에, 자신의 부관을 맡아준다면 인생의 보탬이 될 수 있도록 적극 노력을 하겠다, 한번 해볼 생각이 있느냐고 다시 묻는 것이었다.

명령과 복종으로 돌아가는 군에서 인간적인 진지한 관심과 진실함으로 다가오는 장군의 모습에 나는 큰 감동을 맛보았다. 솔직히 당황했다는 표현이 더 맞을 것이다.

자신이 먼저 마음의 문을 열고 다가오면서 경직된 조직에서 인간적 예의까지 갖추어 부관을 해보면 어떻겠느냐는 장군의 자상한 권유에, 절대 안 하겠다고 다짐했던 나의 결심은 자연 흔들리게 되었다. 그 부드러운 인간적인 충격 때문에 나는 "하겠습니다!"라고 대답할 수밖에 없었다. 그리고 그때부터 내 마음을 움직인 '귀인' 김동호 장군으로 인해 내 인생은 큰 전환점을 맞게 되었다.

예상대로 부관 생활은 업무의 강도가 높아 큰 부담이 되었다. 처음에는 엄청난 스트레스 때문에 신경이 극도로 예민해졌다. 생활도 자유롭지 못했다. 그럼에도 불구하고 보람과 자긍심을 느끼며 때로 크나큰 행복감까지 맛볼 수 있었다. 내가 중요한 일을 하고 있으며, 존경하는 분을 모시고 국가를 위해 헌신할 수 있다는 것이 얼마나 벅찬 일인가를 깨달아갔기 때문이다. 그때 내가 깨달은 진리가 내 인생을 바꿔놓았다. '존경받고 사는 것도 좋지만 존경할 대상이 있으면 더 행복해진다.'

장군은 '지덕체'를 겸비한 사람이 어떤 사람인지 실천적으로 보여주었다. 영국에서 3년 동안 무관생활을 하면서 닦은 품격이 느껴지는 영어는 물론 일어까지 능숙하게 구사하는 데다가 수준 높은 서예실력을 겸비했으며, 정신적으로 성숙한 종교인이자 검도 유단자였으니, 말 그대로 '지덕체의 전형'이었다.

단정하면서 약간 강인한 인상인데 실제로는 굉장히 부드럽고 덕이 있는 분이 김동호 장군이었다. 아무리 부하가 잘못해도 험한 말로 대한 적이 없었고, 일이 잘못됐을 때도 냉철하게 대처하면서 상대방이 스스로 반성하게 만드는 스타일이었다. 그리고 바쁜 업무 중에도 독서나 공부를 소홀히 하지 않는 분이었다. 늘 책을 가지고 출근하고 점심식사 후에 또 짬을 내서 책을 읽었다.

장군의 그런 모습은 젊은 시절의 내게 신선한 충격을 주었다. 독서 범위도 아주 다양했다. 주로 역사, 철학, 시사적인 내용이 많았고, 완벽한 영어를 구사했음에도 불구하고 영작문 시리즈를 처음부터 다시 공부하는 등 늘 학습하는 자세를 잃지 않았다.

장군은 딱딱하고 위엄 있어 보이는 별판이 붙은 1호차 대신 가끔 자전거를 타고 부대 순시를 다녔다. 본인이 전투기 조종사이면서도 조종사들이 으레 갖기 쉬운 우월감을 드러내지 않았다. 자신이 근무하는 수송기 부대의 중요성을 꿰뚫고 있었고 조종사들의 사기 앙양을 위해 애썼다. 일부러 수송기 기종 전환 훈련을 직접 받은 다음에 수송기를 몰고 다니기도 했다. 전임 부대장들에게서는 찾아볼 수 없는 일이었다. 그러면서 장군은 조종사들과의 공감대를 형성해나갔다.

운 좋게도 나는 그런 분과 가까이서 함께 호흡하면서 정확한 판단력, 성숙한 인격과 외교관의 면모가 십분 발휘된 대인관계를 배울 수 있었다. 외교관이 아닌 군 부대장 중에 이렇게 스마트한 사람이 있을까, 할 정도로 장군은 실력과 에티켓, 그리고 매력을 겸비하고 있었다.

장군의 이런 면들을 보고 배우면서 나는 드디어 존경심이라는 것이 무엇인지를 느낄 수 있었다. 마음에서 자연스레 우러나는 그런 존경심을 느끼면서 가슴이 꽉 차는 행복감을 맛보았다. 그리고 '희망'이 생겨났다. '인간은 평범하게 태어났더라도 노력을 하면 얼마든지 의인이나 성인의 경지까지 올라갈 수 있다'는 희망을 읽은 것이다.

김 장군은 충청북도의 시골마을에서 태어나 공군사관학교에 들어가서 본인의 노력으로 외국어 실력, 전투기 조종 실력, 지휘 능력, 강인한 체력, 온후한 인품 등을 갖추어 장군에까지 이르렀다. 언젠가 자신의 성공비결을 알려달라고 부하 지휘관과 참모들이 부탁하자 "단지 책을 남들보다 더 본 것 같다"며 겸손하게 대답하던 모습이 떠오른다.

한미연합사 창설준비위원회가 생기면서 장군은 초대 정보참모부장으로 갑자기 발령이 났다. 없던 부대가 새로 생긴 터라 장군은 부관인 나를 불러 "윤 중위, 같이 가자. 나는 지금까지 부관을 데리고 다닌 적이 없지만 이번에는 신설 부대이기 때문에 예외다"라며 선뜻 제안했다. 집이 서울이었던 나는 감지덕지한 마음으로 장군을 따라 서울로 오게 되었다.

한미연합사는 미군 반, 한국군 반으로 육·해·공군과 해병대가 다 같이 근무하는 곳이다. 공군비행단이 연못이라면 한미연합사는 태평양에 해당하는 큰 곳이었다. 어깨너머로 배웠지만, 지구촌 곳곳의 돌아가는 모습과 방대한 정보의 흐름을 보며 갑자기 너무 넓어진 시야 때문에 정신적 충격을 받기도 했으나 많은 것을 배울 수 있었다. 특히 각 군에서 가장 우수하다는 사람들만 와 있던 터라 정말 많은 것을 배우고 결코

김동호 장군(가운데), 존 베시 주한미군사령관(오른쪽)을 수행하며(뒷쪽이 필자)

흔치 않은 경험을 할 수 있었다. 장군은 초대 정보참모부장을 지내다가 나중에 참모장 겸 군사정전위원회 한국군 수석대표가 되었다.

초대 한미연합사령관 존 베시 대장은 김 장군에게 노골적인 칭찬을 아끼지 않았고, 육·해·공군의 장성들이 김 장군을 진정으로 존경하고 따르는 것을 보고 있으려니 부관으로서 하루하루가 배움의 연속이었고 나는 늘 더없는 기쁨과 행복감을 느꼈다.

그러던 어느 날, 나는 제대할 때가 다가오면서 사회에 나갈 준비를 위해 장군의 허가로 공군본부 감찰감실로 가게 되었다. 그리고 얼마 지나지 않아 장군은 공군본부 작전참모부장으로 발령이 났다. 공군본부 작전참모부장은 공군본부 내에서는 참모총장, 참모차장, 그 다음에 선임

참모부장으로 서열 3위의 자리였다. 내게 연락이 왔다. 중요 보직을 맡게 됐으니 다시 부관을 맡아달라는 요청이었다. 나는 제대 말년에 다시 부관생활을 하게 되었다. 공군 전체의 작전과 살림이 돌아가는 것을 배울 수 있는 소중한 기회였다.

1979년 9월 30일 나는 전역을 하게 되었다. 그날은 토요일이었다. 나는 토요일 오후 3시까지 근무했다. 말하자면 초과 근무였다. 단 하루라도, 단 한 시간이라도 더 내가 존경하는 분을 보필하며 당당하고 떳떳하게 업무를 마무리하고 싶었다. 단기 장교 중 제대 마지막 날까지 초과 근무를 하고 나간 사람은 공군에서 전무후무하다는 이야기를 나중에 들었다.

나는 군생활을 통해 실로 많은 것을 배웠다. 복무 기간을 '때운' 게 아니라 선진국으로 유학을 갔다 온 느낌이었다. 조직의 원리, 시스템, 국제적 감각 등 여러 가지를 배웠지만, 실제로 내게 가장 큰 배움은 김동호 장군의 생활 구석구석에서 배어 나오는 역량과 인간적인 매력이었다.

공군으로 입대하지 않았더라면 내 인생이 지금과는 달랐을 것이다. 사실 대학을 졸업할 때에도 세상이 어렴풋이 보이는 듯했다. 그러나 공군장교 생활을 하면서 세상이 돌아가는 방식을 알고, 사는 방식을 배우게 되었다. 그리고 존경할 사람이 있다면 행복하게 살 수 있다는 것을 깨닫게 되었다.

김 장군은 그 뒤에 전역을 하셨다. 10.26과 12.12 사태 이후 군의 정치적 개입을 반대한 것도 한 원인이 되었다. 모두 다 참모총장감이라면서 아쉬워했다. 전역 후에 장군은 재향군인회 사무총장, 부회장을 역임했고 공군에 대한 자문과 조언을 하면서 보람 있고 명예로운 생활을 하고 있다.

나는 요즘 바쁘게 산다는 핑계로 그분을 거의 찾아뵙지 못하고 있다. 오히려 그분이 가끔 연락을 주신다. 내가 방송을 할 때 목소리가 조금 처지는 듯하면 전화가 걸려온다. 그리고 감기에 걸리지 않았는지 물으시며 힘내라고 격려해주신다. 그러면 이상하게도 힘이 솟아난다. 그분과의 정신적인 교감이 여전히 끊이지 않고 있기 때문일 것이다.

청년 시절 김동호 장군을 만나지 못했더라면 나의 삶은 우물 안의 개구리로 끝났을지도 모른다. 그저 대학 나와서 가지고 있는 얕은 지식으로 대충 살았을지도 모른다. 그분을 통해 인간이 가지고 있는 역량 중에서 학력과 지식도 중요하지만, 인격과 인품과 리더십, 이런 것들이 얼마나 중요한 것인가를 알게 되었다. 그런 점에서 이분은 내게 진정한 스승이다. 공군에서 장교생활을 하고 김동호 장군 같은 귀인을 만나서 대변신을 하게 된 것에 대해 나는 늘 하느님께 감사한다.

김동호 장군의 인생 전체에서 뿜어져나오는 매력의 힘을 나는 요즘도 생생히 느끼고 있다.

3장

안 사고는 못 배긴다

―매력적인 상품은 무엇이 다른가

무엇이 절대지존을 만드는가

···· 삼성 파브의 '디자인'

세계 디지털TV 시장의 경쟁은 치열하다. 말 그대로 '총성 없는 전쟁'이다. 이 냉혹한 시장에서 삼성전자의 파브는 좀처럼 선두를 내주지 않고 있다.

물론 파브가 직면한 현실은 그리 녹록치 않다. 국내외 경쟁 제품이 무수히 쏟아지면서 판매가 하락과 성장률 둔화의 이중고를 겪고 있다. 그러나 악화되는 시장 상황에도 불구하고 파브는 소비자에게 높은 평가를 받으며 세계 디지털TV 시장에서 연속적으로 '절대지존' 자리를 고수하고 있다.

파브의 승리는 '보르도TV' 신화로부터 시작되었다. 파브의 LCD TV 보르도는 2007년 3분기 기준으로 전체 TV, 평판 TV, LCD TV 시장에서

전 세계 1위를 차지했다. 2위와의 점유율 격차도 점차 벌리고 있다. 세계적인 가전회사 소니와 샤프를 2, 3위로 내몰았다. 보르도 LCD TV는 출시 1년 4개월여 만에 글로벌 누계판매 500만 대를 돌파했다. 세계 TV 업계에서 유례를 찾아보기 힘든 기록이라고 한다. 놀라운 성취다.

파브의 이 같은 성공비결은 우선 그 디자인에서 실마리를 찾을 수 있다. 삼성전자는 제품개발 시작 단계부터 소비자의 선호를 파악하는 디자인 선행 개발을 내세웠다. 상품의 콘셉트를 먼저 정하고 나서 그에 따라 상품을 기획하고 개발하는 체제다. '선 개발, 후 디자인'이라는 기존 업계의 방식을 뒤집은 것이다. 파브의 매력은 이처럼 상식을 뒤집는 디자인 전략에서 나왔다고 해도 과언이 아니다. 보르도TV는 소비자들의 라이프스타일을 철저히 분석하여 탄생한 '디자인의 승리'다. 화질과 음질 등의 기능보다 감성을 중요시하는 소비자의 기호를 만족시키기 위해 와인 잔 모양의 '감성적 디자인'에 초점을 맞춘 것이다. 신상홍 삼성전자 전무는 "보르도TV는 고정관념을 뛰어넘기 위한 작품이었던 만큼 디자인 콘셉트를 100퍼센트 만족시켜야 한다고 생각했다"며 "디자이너들이 요구한 사양을 맞추기 위해 수차례의 설계변경이 이뤄졌다"고 설명했다.

이 디자인 하나로 보르도TV는 세계적 히트 상품 목록에 그 이름을 올렸다. 미국과 유럽 등 해외에서도 '아름다운 TV'로 호평을 받았다. 고객의 마음을 사로잡는 매력을 창조했기 때문이다. 당시 이건희 삼성그룹 회장도 "창조경영의 대표적 작품"이라며 칭찬을 아끼지 않았다고 한다.

물론 아름다운 디자인 안에는 차별화된 제품력이 튼실하게 자리 잡고 있다. 파브는 TV와 인터넷을 모두 즐기려는 소비자들의 욕구를 포착하여 TV를 시청하면서 실시간으로 인터넷을 검색할 수 있는 '인포링크' 기능이 탑재된 LCD TV를 출시했다.

미래를 내다본 마케팅 전략도 큰 힘을 발휘했다. 북미, 유럽 등 선진시장은 물론, 향후 성장 잠재력을 보고 중국과 인도, 중동 등 신흥시장을 집중 공략한 것이 주효했다. 현대자동차의 소형차가 인도를 거점으로 성공을 거둔 것과 같은 맥락이다. 삼성전자는 인도 북부의 노이다에 이어 첸나이에 TV 공장을 준공, 서남아 시장 공략의 고삐를 바짝 죄고 있다.

나는 2008년 파브의 전략이 가장 두드러진 곳이 광고 분야라고 생각한다. 파브의 광고 전략가들은 베이징올림픽을 '황금의 기회'로 삼았다. 국내에서도 마찬가지였다. 올림픽에서 애니메이션 「쿵푸판다」의 캐릭터 '포'는 파브 보르도와 손을 잡고 대한민국 선수단을 열렬히 응원했다. 만두를 향한 집념으로 양궁 금메달을 따고 역기를 들다가 바지가 찢어지는 포의 모습을 익살스럽게 표현하여 '올림픽의 감동을 파브와 함께하라'는 메시지를 강하게 전달했다.

이 같은 광고 전략은 2007년 10월, 삼성전자의 한 작은 회의실에서 시작되었다. 파브의 마케팅팀과 쿵푸판다의 배급사인 CJ엔터테인먼트가 만나 영화를 보며 공동마케팅을 논의했다. 그들은 당시만 해도 이러한 시도가 시장에 큰 반향을 일으키는 하이브리드 마케팅의 새 지평을 열게 될 줄은 상상하지 못했다고 한다.

판다는 중국인은 물론이고 세계인의 사랑을 받는 동물이다. 쿵푸판다는 스토리라인이나 상영 시점 등이 절묘하게 베이징올림픽과 맞물리며 세계적인 돌풍을 일으켰다. 이보다 더 좋을 수 없는 마케팅 소재를 활용하여 파브, 쿵푸판다, 올림픽이라는 요소를 적절하게 접합시킨 것이다.

파브의 마케팅 전략에서는 색상에 대한 혁신적 발상도 중요한 위치를 차지했다. 이른바 '블랙마케팅'이다. 블랙패널은 파브의 핵심기술로 빛의 반사를 최소화하여 색감과 이미지를 풍부하고 선명하게 재현하는 것이 특징이다. 삼성전자는 대대적인 '파브블랙 캠페인'을 활발하게 전개하며 평판TV 시장을 석권했다.

사소한 것처럼 보일 수도 있지만 소위 '애칭 마케팅'도 매력적인 착안이었다. LCD TV에 '보르도'라는 애칭을 사용하여 재미를 톡톡히 본 것이다. LCD TV는 '보르도', PDP TV는 '깐느'로 통일하여 소비자들이 쉽게 익숙해지게 하는 전략을 구사했다.

파브의 성공은 감성적 디자인, 입체적 마케팅과 아이디어의 집적으로 이루어진 것이다. 초일류 상품이 갖는 매력은 상품의 질만으로는 설명되지 않는다. 나는 무엇보다 파브의 전략이 미래를 지향한다는 것에 높은 점수를 주고 싶다. 제품의 질을 지속적으로 향상시키는 한편, 그 제품이 미래 소비자의 마음에 어떤 위치를 점할 것인가를 예측하고 그에 따르는 마케팅과 서비스 차원의 기법을 끊임없이 업그레이드함으로써 소비자를 행복하게 해주기 때문이다.

500만 명을 유혹한 플라스틱 머니

···· 현대카드의 '상상력'

현대카드M이 단일 카드 상품으로는 처음으로 500만 명의 유효 회원을 확보하는 이정표를 세웠다. 단일 카드회원 500만이라는 숫자는 일부 소형 카드사의 전체 회원 수에 육박하는 엄청난 수준이다. 카드시장의 치열한 경쟁을 고려할 때 이것은 블루오션을 창출한 것이나 마찬가지라고 해도 과언이 아니다.

나는 현대카드의 상품기획과 마케팅, 특히 CEO의 능력에 높은 평점을 주고 싶다. 모든 매력적인 사람과 사물 속에는 '독특한 미덕의 결합'이란 요소가 있다. 뛰어난 CEO는 그 결합을 진두지휘하는 오케스트라의 지휘자다.

현대카드M은 카드이기 이전에 하나의 '과학'이다. 고객성향과 시장에

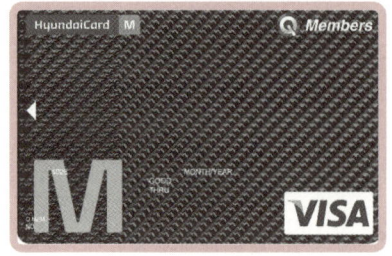

대한 과학적인 분석에 입각하여 서비스 체제를 구축했다. 현대카드M의 포인트 마케팅이 성공한 것은 결코 우연이 아니다. 상품 설계부터 고객의 소비 패턴, 국내외 카드시장의 트렌드 등을 종합 분석, 최적의 포인트 조합을 만들어냈다.

뿐만 아니라 신용판매 위주의 사업구조를 정착시키기 위해 다양한 거래처와 포인트 마케팅을 제휴했다. 그리고 가입자들에게는 확실한 혜택을 부여했다. 카드는 결국 '소비자의 주머니를 노리는 애물단지'라는 기존 관념을 파괴한 것이다.

내가 현대카드M이 블루오션을 창출했다고 언급한 이유는 이 카드가 시장선점 전략에서 엄청난 성공을 거두었기 때문이다. 현대카드M에는 유난히 '최초' 시도가 많다. 제조원가가 30배나 비싼 투명카드, 아시아 최초의 미니카드, 네이밍, 알파벳 마케팅 등 시장의 법칙을 바꿔온 실험을 줄기차게 추진했다.

현대카드의 마케팅은 가히 혁명적이라 할 만하다. 신선하고 기발한 광고는 탈권위주의 조직이 아니고는 결코 실행할 수 없는 마케팅이다. 현대카드는 '알파벳 송'과 '아버지 송'을 연이어 히트시키며 광고업계에 로고송 열풍을 일으켰다. 정태영 사장은 "현대카드M을 필두로 한 알파벳 마케팅의 결과, 고객들이 카드사가 아닌 '브랜드'를 선택하기 시작했다"며 기업이 아닌 '상품'을 내세운 기법을 마케팅의 성공요인으로 꼽았다.

현대카드M의 주요 성공요인으로 꼽히는 포인트 마케팅을 들여다보자. 그 마케팅은 바로 '최대 적립처, 최고 적립률'로 요약할 수 있다. 카드 이용액의 0.5~3퍼센트씩 적립되는 현대카드M의 적립률은 국내 최고 수준이었다. 제휴처에 따라서는 최고 11퍼센트까지 적립해주기도 했다. 또한 현대·기아차 구입 시 최대 50만 원까지 포인트로 선 지급하는 '세이브 포인트' 제도 등 차별화된 포인트 마케팅 전략을 구사했다.

현대카드는 카드에 의해 변화되는 라이프스타일이 무엇인가를 먼저 고려해 상품을 설계했다. 그래서 다양한 계층에서 열렬한 지지를 얻을 수 있었다. 세계적인 컨설팅 기업인 베인 & 컴퍼니는 현대카드M이 순고객추천지수$_{\text{NPS, Net Promoter Score}}$에서 카드업계 1위, 금융계 2위라는 평가를 내렸다.

현대카드의 과거는 크게 내세울 것이 없었다. 지난 2003년까지 6,273억 원의 적자를 기록한 부실기업 중 하나였다. 도무지 회생하지 못할 것 같던 현대카드를 살린 것이 현대카드M이었다. 적자를 면치 못하던 현대카드는 2005년을 기점으로 흑자로 돌아서며 2007년 2,810억 원이라는 이익을 남겼다.

현대카드의 변화의 중심에는 정태영 사장이 있다. "카드 디자인 하나로 성공했다"는 질시도 있지만, 그의 경영기법을 가만히 들여다보면 매력적인 요소가 한두 개가 아니다.

그의 경영기법은 탈권위주의, 상상력, 소프트파워에 입각해 있다. 내가 이 책을 통해 주장하고자 하는 매력경영의 이상에 상당히 근접해 있다고도 볼 수 있다. 그는 2003년 취임 후 각종 회의를 줄이고 서열주의를 없애는 대신 신속한 의사결정과 통념을 깨는 상상력으로 회사를 이끌었다. 업무보고를 위한 주간회의를 없애고 대신 일주일에 한 번 이슈가 되는 사안을 토론하는 '포커스 미팅'을 열었다. 사장에게 보고하는 내용도 사내게시판을 통해 공유했다.

변화의 바람은 먼저 임원실에서부터 불기 시작했다. 현대카드의 임원실은 모두 같은 크기로 되어 있으며 밖에서 안을 들여다볼 수 있게 유리로 칸막이를 만들었다. 임원실의 크기를 줄이고 직원용 공간을 늘리며 임원이 투명하게 열심히 일하는 것을 보여주자는 정 사장의 생각에서였다. 바로 이것이다. 나는 이런 경영철학이 21세기형 매력기업을 창조한다고 확신한다.

정 사장의 철저한 현장주의, 경험주의에서 그의 경영철학을 엿볼 수 있다. 그는 국내의 모든 카드사의 회원인 것으로도 유명하다. 카드 발급부터 해지까지 자신이 직접 해본다. 어느 회사 콜센터가 가장 친절하게 응대하는지, 어느 곳이 해지 신청 고객을 끈질기게 붙잡는지 훤히 꿰고 있다. 경쟁 카드사의 카드를 실제로 사용해봐야 그 카드의 장단점을 알 수 있다는 것이다. 카드를 지나치게 많이 소유한 것 때문에 한때 그의 신용등급은 6등급으로 떨어졌고, 한 카드사로부터는 카드 발급을 신청했다 거절당한 적도 있다. 그는 심지어 대부업체 대출까지 시도한 적이 있다. 그래서 요즘도 대부업체로부터 하루 5~6건의 스팸 문자를 받는다고 한다.

현대카드 본사의 엘리베이터는 일반 엘리베이터와는 구조가 다르다. 미리 복도에서 가고자 하는 층을 선택해 버튼을 누르게 되어 있다. 물론 엘리베이터 안에는 버튼이 없다. 아무 생각 없이 그냥 탔다가는 낭패 보기 십상이다. 대기 시간과 이동 시간을 줄이기 위해 특별 제작된 것이다. 닫힘 버튼을 누르지 않아 에너지 절약 효과도 있다. 작은 부분이지만 현대카드의 경영철학을 그대로 엿볼 수 있다.

현대카드의 혁신적인 변화는 청와대와 서울시, 그리고 수많은 기업들이 벤치마킹할 정도로 주목을 끌었다. 각 대학 경영학과에는 현대카드의 경영기법을 케이스스터디하는 강의가 생기기도 했다.

정태영 사장은 새로운 성장동력으로 해외 진출과 인수·합병$_{M\&A}$을 꼽고 있다. "카드사라고 해서 M&A를 못할 게 없다"는 것이 그의 생각이다. GE그룹과의 제휴도 성공적으로 이끌었다. GE가 해외기업에 투자하면서 경영권을 가져오지 않은 경우는 현대캐피탈과의 합작이 유일하다. 현대카드가 관심을 기울이는 또 하나의 블루오션은 지방세, 국세 등 그동안 현금 납부가 관행으로 굳어져 있는 미개척 시장이다. 일단은 고객의 편익 증진 차원에서 접근할 계획이다.

현대카드의 혁신은 오늘도 계속되고 있다. 당초 현대카드M의 'M'은 자동차$_{Motor}$를 의미했다. 끊임없는 혁신을 통해 현대카드M은 다양한 혜택과 카드적 기능이 더해진 자기증식적 제품으로 변신하고 있다.

매력은 갖추기도 어렵지만 지켜내는 것이 더 어렵다. 계속해서 매력에 매력을 더해나가는 것이 매력을 지키는 유일한 길이다. 또한 상품의 매력적인 진화는 고객의 진정한 혜택을 배려할 때 지속될 수 있다. 현대카드는 이 점을 아주 잘 알고 있는 듯하다. 현대카드의 매력과 그 매력적인 진화가 상당 기간 지속될 것이라는 예감이 든다.

살고 싶다, 사고 싶다

···· 래미안의 '브랜드 자부심'

성공한 브랜드는 저마다 명확한 목표, 즉 '브랜드 비전Brand Vision'을 갖고 있다. 그 목표를 내부 구성원이 충분히 이해하고 각자 자신의 역할을 정확히 알고 있다. 브랜드 비전은 고객들에게 어떠한 의미와 가치를 제공하는 브랜드로 성장할 것인가에 대한 합의이자 미래에 이루고자 하는 브랜드의 꿈이다.

　삼성 래미안의 비전은 2단계로 이루어져 있다. 첫째는 국내 업계 최고의 주거문화 대표 브랜드가 되는 것이다. 둘째는 글로벌 스탠더드에 부합하는 세계적 수준의 주거문화 브랜드로 성장하는 것이다. 적어도 지금까지의 성과로 볼 때 래미안의 브랜드 비전은 성공을 거두고 있는 듯하다.

래미안의 브랜드 철학은 바로 '자부심'이다. 래미안은 차별화한 브랜드와 혁신적인 기획으로 고객들이 최고의 아파트에 살고 있다는 자부심을 느끼게 한다. 삼성건설은 광고 등 커뮤니케이션 캠페인을 통해 래미안에 살고 있는 사람으로서의 '프라이드'와 상대적으로 래미안에 살고 있지 않은 사람의 '부러움'을 표현했다.

래미안은 등장 초기부터 화제를 낳았다. 한자를 잘 안 쓰는 시대에 '올 래來, 아름다울 미美, 편안할 안安'이라는 한자를 한글과 병기함으로써 단숨에 소비자의 시선을 끌었다. 한글로만 쓴 글에 한자를 집어넣어 시각적 효과를 극대화한 것이다. 뜻도 좋았다. 회사측은 "래來는 첨단기술을 통한 미래 지향, 미美는 인테리어·익스테리어 차별화 및 삶의 질 향상을 위한 아름다움, 안安은 편안함과 휴식을 주는 공간을 추구하는 것"이라고 설명한다. 브랜드 자체가 특이하고 한자어를 사용한 까닭에 묵직한 느낌

ⓒ 래미안

을 준다. 어쨌거나 사람이 사는 집은 묵직하고 튼튼해야 한다.

'래미안'은 자타가 공인하는 국내 최고의 아파트 브랜드다. 2008년 NCSI 국가고객만족지수 조사 아파트 부문에서 11년 연속 1위에 올랐다. NCSI 조사에서 11년 연속 1위를 차지한 아파트 브랜드는 래미안이 유일하다.

살고 싶고 사고 싶은 욕구를 자극하는 래미안의 성공비결은 어찌 보면 당연한 이야기겠지만, 지속적인 품질과 서비스 향상이다. 브랜드에 걸맞은 품질관리에 성공했고 소비자들에게 최고 품질의 이미지를 철저하게 각인시켰다. 이를 위해 삼성물산 건설 부문은 2005년 업계 최초로 '헤스티아'라는 서비스 브랜드를 도입하여 고객 서비스를 강화했다. 아파트 브랜드와 함께 서비스팀의 브랜드화를 시도한 것이다. 헤스티아는 그리스 신화에 나오는 난로·불의 여신으로 가정생활과 행복을 관장한다. 헤스티아 전담직원은 입주 전부터 입주 후 1년까지 고객이 제기하는 모든 애로사항과 애프터서비스를 전담한다. 입주 전과 입주기간, 입주 후로 나누어 하자 보수는 물론 고객들에게 그때그때 실질적인 정보와 도움을 제공하고 사소한 불편사항까지도 신속하게 해결해준다.

사내에 디자인실을 두고 새로운 트렌드를 주도하기 위해 각종 공모전 등을 적극 활용하는 '디자인 경영'도 래미안을 최고 브랜드로 만드는 데 한몫했다.

래미안은 아파트 문화의 정착에도 역량을 집중했다. 상설 주택문화관을 설치하여 주부와 어린이를 대상으로 하는 강좌와 서비스를 제공하는 한편, '래미안 갤러리'를 열어 공연과 전시회, 세미나 등 다양한 문화 프로그램이 가동되는 문화공간으로 운영한다. 고객과의 의사소통을 강화하는 한편 거주하는 공간에서 문화와 감성을 창출하는 공간으로 아파트의 개념을 바꾸어나가는 마케팅의 일환이다.

래미안의 이미지를 끌어올리는 데 큰 기여를 했다는 평가를 받는 '21세기 주택위원회'도 주목의 대상이다. 다양한 거주와 업무 경험이 있는 주부들을 위원으로 위촉하여 아이디어를 제공받고 타 아파트와의 비교, 평가 활동을 벌이게 하고 있다. 이들의 의견이 반영되면서 고객의 자부심과 만족감이 상승하는 효과를 거두었다. '21세기 주택위원회'는 고객의 욕구를 어떻게 파악할 것인가에 대한 래미안식 대응방식이라 할 수 있다.

가격정책도 고급화를 지향한다. 값싼 아파트를 지어 무작정 분양가를 낮추는 것이 아니라 다소 높은 분양가를 지불하더라도 질 높은 주거환경을 원하는 소비자들의 취향을 고려했다. 타사에 비해 약간 높은 분양가를 유지하고 있지만 높은 품질과 수준 있는 서비스로 가격에 대한 저항감을 상쇄하고 있다.

업계 1위를 달리는 브랜드에 가장 큰 적은 바로 자신이다. 이상대 삼성물산 사장은 "현재에 안주하지 않고 첨단 기술과 감성, 자연이 함께하는 아파트를 짓겠다"며 "래미안에 산다는 것만으로도 자부심을 느낄 수 있도록 끊임없이 도전할 생각"이라고 말한다. 실제로 삼성물산은 친환경·초절전형 아파트 모델인 'E-큐빅'을 이미 선보였다. 래미안은 아파트를 파는 것이 아니라 명품 브랜드를 팔겠다는 확고한 신념으로 큰 성공을 거둔 대표적 사례다.

나는 아파트의 진화를 기대한다. 좁은 땅 위에서 어차피 아파트가 피할 수 없는 주거 형태라면 인간의 얼굴을 한 아파트를 지어야 한다.

송파 래미안 아파트의 작은 실천 사례가 나를 감동시킨다. 이 아파트는 보통 '경비 아저씨'로 불리는 관리 직원들을 위해 별도의 휴게실을 운영하고 있는데, 개인별로 휴식공간이 주어진다고 한다.

거주민과 직원들, 그리고 이웃과 함께하는 아파트 문화가 진정한 명품 아파트의 조건이다. 그런 측면에서 래미안과 한국의 유수한 아파트 브랜드의 성공은 아직 미완성이다. 매력적인 아파트는 주변의 환경과 조화를 이루고, 이웃들과 소통하는 공간이다. 그래야 아파트도 진정한 품격을 갖춘 명품으로 탄생할 수 있을 것이다.

중요한 것은 재미가 아니라 본질이다

···· 최고를 향한 메가스터디의 '고집'

온라인 교육의 최강자 메가스터디는 2007년 3월 26일 시가총액 1조 원을 돌파했다. 2004년 12월 코스닥 상장 이후 2년 3개월 만의 일이다. 교육서비스 업체가 아시아나항공과 맞먹는 시가총액을 이루어냈다는 것은 그야말로 기적적인 일이었다. 당시 전문가들은 "1000원어치를 팔아 300원 넘게 남길 정도로 영업이익률$_{31.9퍼센트}$이 높다는 것도 인상적"이라고 분석했다. 메가스터디의 실적은 2008년에도 혁혁하다. 1/4분기까지의 매출액은 전년 동기에 비해 34.3퍼센트 성장했고, 순이익도 무려 66.1퍼센트나 증가했다. 사업의 특성상 비수기에 해당하는 2008년 2/4분기에도 플러스 성장을 이어갔다.

메가스터디가 온라인 교육사업 분야 최고의 매력상품이 된 배경에는

서울 잠실실내체육관에서 열린 메가스터디 주최 '대학 입시설명회' 현장. 메가스터디는 매년 다섯 차례 입시설명회를 개최하는데 해마다 수만 명의 수험생과 학부모들이 운집한다.

창업주 손주은 대표이사의 존재감이 결정적으로 작용했다. 손 사장의 놀라운 성공은 아마도 전무후무한 일로 기록될 것이다. 치열하고도 오랜 현장 경험, 흔들리지 않는 신념, 거기서 나온 그의 사업전략은 메가스터디를 일약 정상의 교육상품으로 우뚝 서게 했다. 입시학원의 존재 가치에 대해 사회적 논란이 일었을 때도 그는 "입시학원에서 배운 지식도 실력이다"라는 주장을 조금도 양보하지 않았다. 어차피 습득해야 할 지식이라면 효율적이고 체계적인 학습방법으로 학생을 도와야 한다는 것이 그의 지론이었다. 그는 자신의 트레이드마크인 외골수에 가까운 집념으로 명품을 만들어내고야 말았다.

사업 초기에 메가스터디의 소속 강사들은 교육에 엔터테인먼트 개념을 접합시킨 에듀테인먼트 프로그램을 제공하자고 주장했다. 그렇게 하지 않으면 '요즘 학생'들의 지지를 받지 못할 것이란 논리가 다수였다. 그러나 손 사장은 "엔터테인먼트는 공부의 본질이 아니다"라는 주장을 굽히지 않았다. 솔직하게, 있는 그대로 입시 강의의 진면목을 보여주어야 한다는 것이 그의 지론이었다. 결과적으로 손 사장의 이런 지론은 학생들에게도 보약이 되었고 그의 사업에도 득이 되었다.

메가스터디의 성패는 스타 강사 영입이 관건이었다. 그는 '손사탐 사회탐구를 가르치는 손 선생님'이란 별명으로 학원가의 제왕으로 통했던 자신의 과거 경력을 효과적으로 활용했다. 학원 수강생들은 보통 두 개 이상의 과목을 듣는다. 스타 강사의 강의 앞뒤에 배치된 강의가 일찍 마감되는 것도 그 때문이다. 그는 메가스터디에 참여하는 강사에게 자신의 강좌 앞뒤 시간을 배정해주었다. 그리고 꼭 필요한 대형 강사는 삼고초려를 마다하지 않고 직접 섭외에 나서기도 했다.

학원강사에서 일약 3000억 원대의 주식부자로 화려하게 변신한 손 사장의 인생은 그리 평탄치 못했다. 그는 서울대 서양사학과 출신으로 한때 유학을 가려고 과외를 시작했다. 그가 가르친 학생들이 좋은 성적을 얻게 되면서 주변의 권유로 학원강사의 길로 접어들게 되었다. 그러던 중 사고로 자식을 잃는 아픔을 겪었다. 그는 당시 자신이 겪어야 했던 비극적 사건과 그 이후의 삶을 이렇게 설명했다.

"자식 둘을 교통사고로 잃었다. 너무 갑자기 당한 일이라서 한동안 아무엇도 할 수 없었다. 하늘이 나를 버렸다는 생각에 밥이 입으로 넘어가지 않았고 잠도 오지 않았다. 하지만 어느 순간 무작정 슬픔에 빠져만 있을 수는 없다는 생각이 들었다. 고통을 잊기 위해 무엇인가 몰두할 일이 필요하다는 데 생각이 미쳤다."

그는 다시 학원에서 강의에 몰두했다. 평일에는 저녁 6시부터 새벽 2시 30분까지 수업을 계속했다. 주말에는 오후 1시에서 새벽 1시까지 수업을 했다. 쉬는 날은 없었다. 새벽 2시 30분에 수업이 끝나도 공부를 제대로 안 하면 새벽 4시에서 5시가 넘어갈 때까지 혼을 낸 뒤 귀가시켰다고 한다. 학생에게도 자신에게도 고행이나 다름없었다. 아이를 데리러 온 부모들은 차 안에서 몇 시가 되었건 수업이 끝날 때를 기다려야 했다. 학부모들이 이런 고생을 마다하지 않은 건 그의 열정적인 수업의 가치를 인정했기 때문이다. 그의 열강은 빠르게 입소문을 타고 학생들을 불러모았다. 손사탐을 모르면 간첩이라는 말까지 나왔다.

그가 수행했던 지옥훈련도 끔찍하다. 방학 중 9박 10일간 과외팀원 중 한 학생의 집을 빌려 매일 한 과목씩 암기과목을 마스터해나가는 프로그램이다. 함께 밤을 새우며 25점 만점에 20점 이상을 받아야 잠을 잘 수 있게 허락했다. 이렇게 공부시킨 학생들은 대부분 명문대에 합격했다. 뼈아픈 고행을 통해 그는 명성을 얻었고 창업자금을 마련했다. 결과론일는지 모르지만 그를 강인한 사업가로 만든 건 그의 개인적 불행이었는지 모른다.

손 사장이 '동네 학원'을 '기업'으로 바꾸겠다고 결심한 것은 1998년 무렵이었다. 손 사장은 무심코 켠 홈쇼핑 TV 프로그램에서 새로운 사업 아이템을 떠올렸다. 소비자들이 매장을 방문하지 않고 전화로 물건을 주문하는 것처럼 온라인을 통해 강의하는 것도 가능하겠다는 생각이 들었다. 그때부터 그는 당시 명성을 떨치고 있던 당대 최고의 강사들을 모으기 시작했고 이들과 함께 메가스터디를 세웠다. 스타 강사의 영입이 효과를 발휘하는 데는 많은 시간이 필요하지 않았다. 후발주자라는 불리한 입지에도 불구하고 메가스터디는 문을 연 지 채 1년도 안 되어 업계 1위로 올라섰다.

메가스터디는 어떻게 명품의 반열에 올라 진화를 거듭하고 있을까? 이 매력적인 기업의 상품 안에는 이 상품의 구매자들이 간절히 원했던 '그 무엇'이 들어 있었다. 그가 설명하는 '그 무엇'의 정체는 이런 것이다.

"나의 전략은 대치동 학원가를 통째로 온라인상에 옮겨오는 것이었다. 오프라인보다 집중력이 떨어지는 온라인강의에서 학생들의 눈길을 사로잡을 수 있는 길은 명강사를 쓰는 방법이 유일했다. 대치동의 특급 강사들을 설득해 강사진을 짰고 그것이 성공의 열쇠로 작용했다."

최고 전략을 펴서 최고가 된 손 사장은 지금, 메가스터디를 종합 e러닝기업으로 키우는 작업에 몰두하고 있다. 초등학교부터 성인들까지 교육 대상을 수직계열화하는 작업이다. 온라인과 함께 오프라인 학원을 병행, 확장해나가고 있다. 2005년 말 노량진학원을 오픈한데 이어 지난 11월 신촌 메가스터디학원까지 모두 7개의 오프라인 직영학원을 열었다. "온라인과 오프라인은 시너지 효과가 있기 때문에 같이 가야 한다"는 것이 그의 전략이다.

메가스터디 역시 경쟁자들이 있다. 이투스, 비타에듀, 유웨이중앙교육, 대성마이맥 등 수험생을 위한 온라인 강의를 제공하는 기업들이 속속 등장했다. 그러나 메가스터디는 전체 시장 매출의 70퍼센트를 장악하며 부동의 1위에 올라 있다. 시작 단계부터 꾸준히 브랜드 구축에 공을 들인 결과, 소비자는 메가스터디 하면 '스타강사 집합소', '인터넷 강의 전문기관'으로 인식하게 되었다.

　내가 메가스터디의 진정한 매력이라고 생각하는 것은 사이트 전체를 '공부하는 사이트'로 자리매김한 대목이다. 집중하기 힘들고 강의 자세가 불성실할 수 있다는 온라인 강의의 취약점을 극복하기 위한 전략이 성공했다. '학습 스케줄 관리', '목표 대학 가기', '수험생 응원가 만들기' 등 학습 관련 서비스를 제공했고, 상업적인 부분은 철저히 배제했다. 이런 전략에 따라 교복업체 등의 배너 광고 제안, 포털들의 제휴 제의 등도 모두 거절했다. 역시 본질에 충실하자는 손주은 사장의 고집이 만든 매력형 상품의 면모를 알 수 있다.

CEO들이 원하는 AMP는 따로 있다

•••• 'Spiritual Class'를 지향하는 aSSIST 4T CEO AMP과정

"돈은 다 쓰고 죽지 못할 만큼 많은 게 사실이다."
"아는 사람이 너무 많아 종종 불편하다."
"시간이 너무 없다."
"가진 것이 많은데도 이상하게 마음의 여유가 없다."

어떤 사람들이 이런 말을 했을까? 다름 아닌 우리나라에서 가장 성공한 CEO들이다.

나는 2005년 서울과학종합대학원대학교에 국내에서 가장 매력 있는 최고경영자과정AMP을 개설하기로 결심하고 평소 친분이 있는 CEO들을 만나 깊이 있는 인터뷰를 진행했다. 그 결과, 그들이 공통적으로 '너무

많다'고 답한 것은 돈과 인맥이었고, '너무 부족하다'고 답한 것은 시간과 마음의 여유였다.

성공한 CEO들은 이미 아는 사람이 너무 많아 골치가 아플 지경이다. '경조사나 각종 모임에 빠지면 곧바로 비난이 쏟아진다. 직원들이야 최악의 경우 구조조정이라도 할 수 있지만, 사회생활을 하면서 알게 된 사람들은 이마저도 할 수 없는 것 아니냐. 이런 상황이니, 내 앞에서 더 이상 인맥 이야기는 꺼내지도 말라'는 것이 많은 CEO들의 속마음이다. 물론 '나보다 더 뛰어난 점이 있는 사람이라면 예외로 하겠다'는 생각들을 가지고 있기는 하지만.

그동안 성공을 향해 줄기차게 달려온 이들은 이리저리 알고 지내는 사람이 엄청나게 많다. 그러나 정상에 서 있는 지금은 시간에 쫓기고 사람에 치여 지내는 실정인 것이다. 나는 당시 많은 대학에서 운영하던 최고경영자과정이 한계점에 도달했다는 사실을 금방 알아챌 수 있었다. '다양한 최신 경영이론 학습과 좋은 인맥 구축'이라는 슬로건과 교과과정은 이미 성공한 CEO들의 현실과는 맞지 않는 것이었고, 그만큼 내가 구상하던 매력적인 최고경영자과정의 성공 가능성은 충분했다.

CEO들은 하나같이 '진짜 공부', '실질적인 최고의 인맥'을 원하고 있었다. 그것도 되도록이면 '적은 시간에' '정신적인 정'을 느껴가면서 이룰 수 있기를 바랐다. 나는 심사숙고를 거듭하는 한편 계속 주위 사람들로부터 자문을 구했다. 그리고 마침내 중대 결단을 내렸다. 'aSSIST 4T CEO 지속경영과정'을 탄생시킨 것이다. 2005년 9월의 일이었다.

aSSIST는 서울과학종합대학원Seoul School of Integrated Sciences & Technologies의

영문 약칭이고, 4T는 eThics, Teamwork, Technology, sTorytelling으로 건학 이념을 나타낸다. 결과적으로 우리의 AMP Advanced Management Program 과정은 '지속경영 최고경영자과정'이라는 이름을 갖게 되었다.

내가 이 과정을 설계하면서 세운 전략적 원칙은 5가지였다.

첫째, 시간을 최대한 단축한다. 대다수 대학교의 AMP과정은 6개월 동안 주당 2회 수업을 원칙으로 하고 있었다. 눈코 뜰 새 없이 바쁜 CEO들로서는 도저히 소화하기 힘든 일정이다. 더구나 주당 2회 수업은 주5일제가 시행되기 이전의 관행을 답습하는 것으로 수강생들에게는 가장 큰 애로사항이었다. 나는 6개월 과정을 4개월로 줄이고 주 2회 수업을 1회로 바꾸는 파격을 단행했다. 무엇보다도 수강생들이 실제로 수업에 참여할 수 있는 여건을 조성하는 것이 제일 중요하다는 판단에 따른 것이었다.

둘째, 학습 내용을 전문화한다. 수업 시간을 줄인 대신 일반교양과 백화점식 강의, 부부합동 수업, 친목행사 시간 등은 과감히 생략하고, 기업에 가장 절실한 경영이론인 '지속가능경영'을 심화학습하는 데만 집중했다. 4개월 동안 '윤리경영', '환경경영', '혁신경영', '창조경영'을 주제로 모듈식 커리큘럼을 짰다. 한 주제에 한 달씩 집중하여 최종 과정을 마치고 난 다음에는 지속가능경영을 현장에서 실현할 수 있는 단계까지 나아가게 했다. 당시 부총장이었던 내가 직접 주임교수를 맡았고, 각 주제별로 4명의 담당교수를 두어 철저한 학습 시스템을 운영하게 했을 뿐만 아니라 국내외 최고의 강사진을 구성했다. 또 이와는 별도로 '지속경영 실무 워크숍 과정'을 열어 CEO들이 속한 기업의 전략 스태프가 '지

생명의 우물 '희망 나눔의 밤' 행사에서

CEO들이 참여한 '사랑의 집짓기' 현장

기후변화 리더십 과정에 참가한 CEO들과 함께. 저자 옆이 기후변화센터 고건 이사장, 그 옆이 대한상공회의소 손경식 회장.

진지함과 열기로 가득한 4T CEO AMP과정 배움의 현장.

속경영 보고서'를 실제로 작성할 수 있게끔 구체적 이론과 절차를 교육하기도 했다. 그리고 졸업식 때 CEO가 직접 지속경영 보고서를 발표하게 했다. 반응은 아주 좋았다. 해당 기업들로부터 지속가능경영의 토대를 구축하고 신성장전략을 수립하는 기회를 얻었다는 평가를 받았다.

셋째, 봉사와 나눔의 체험학습을 강화한다. 성공한 CEO들은 돈도 많고 사회적 지위도 높다. 그런데 왜 그들은 마음이 허전하다고 말하는 것일까? 도대체 무엇으로 마음의 빈자리를 채울 수 있을까? 나는 고민 끝에 'Social Class에서 Spiritual Class로!'라는 슬로건을 생각해냈다. Social Class란 보통의 사회적 신분을 말하는 것이고, Spiritual Class란 그야말로 영적이고 정신적인 신분을 나타내는 것이다. 성공한 사람들이 원하는 것은 더 이상 사치스러움이나 호화로움이 아니다. 그러한 것들은 이미 경험해본 것이기도 하고 그 본질적 속성상 감동이 나올 리 없기 때문이다. 나는 CEO들과 함께 '해비타트 사랑의 집짓기' 현장에 가서 봉사활동을 전개했다. 작업복을 입고 직접 망치질과 페인트칠을 해가며 땀을 흘리고 국수를 나눠 먹었다. 그들의 얼굴에 기쁨과 행복이 가득했다. 4T 졸업생인 박원순 변호사가 이끄는 아름다운가게에 물건을 기증하고 직접 일일판매원으로 나서기도 했다.

이 밖에도 환경 살리기를 위한 나무 심기, 주한 외국인 노동자 자녀 돕기, 굿네이버스를 통한 세계 빈민 어린이 돕기, 고아원 방문, 국제백신연구소 지원 등 기수별로 꾸준히 봉사체험의 장을 마련했다. 체험학습은 다시 CEO들에 의해 각 회사로 전파되어 더 큰 파급효과를 불러일으켰다. 봉사와 나눔의 활동은 해보지 않은 사람은 모르는 엄청난 행복감을 안겨주었고, 고급 파티나 음주가무와 비교할 수 없는 강한 유대감과 협동심을 유발하는 소중한 경험이 되었다.

넷째, '베스트 오브 베스트'로 구성한다. 나는 늘 우리 대학의 교수들에게 '가장 능력 있는 분들을 모셔서 이분들이 더 큰 성과를 낼 수 있게 도와드린다. 그러면 사회는 더 부강해지고 성과의 일부가 어려운 이웃들에게 돌아갈 수 있다'는 점을 강조한다. 이것이야말로 내가 중시하는 '경영학의 덕목'이다. 최고경영자과정은 최고 중의 최고가 모여 사회 전체적인 부와 행복의 증대를 도모하는 기회의 자리다. 나는 가장 성공한 CEO, 가장 전문적인 CEO, 가장 인품이 뛰어난 CEO를 만나기 위해 동분서주했다. 다행히 그동안 경영컨설턴트로, 방송인으로, 사회 강사로, 저술가로 다양하고 폭넓은 사회활동을 해온 것이 큰 도움이 되었다. 이렇게 해서 4T CEO AMP과정 1기는 대한민국 AMP 역사상 제일 탁월한 분들이 모인 과정으로 인정받았다. 이후 전통과 명성이 이어지면서 우리 대학의 최고경영자과정은 단번에 국내 최고의 리더들이 모이는 명품과정으로 자리를 잡았다.

나는 정상의 리더들을 모시기 위해 백방으로 뛰면서도 1가지 기준만은 절대 엄수하고자 했다. 아무리 이룩한 업적이나 성과가 크고 전문성이 뛰어나더라도 인품이나 윤리성에 조금이라도 문제가 있는 사람은 배제한다는 것이었다. 당장의 지위나 사회적 영향력만 고려하지 않고 이 원칙을 고수했다. 내가 적용한 원칙과 기준은 '주변의 평판'과 '뉴스페이퍼 가이드라인'이었다. 사회적으로 물의를 일으켜 신문에 보도된 인물은 지원과 추천을 모두 거부했다. "태어나서 처음으로 떨어져봤다",

"도대체 내가 불합격한 이유가 뭐냐?"는 항의도 많이 받았지만 물러서지 않았다. 신뢰할 수 있는 분들의 복수 추천과 윤리적 평판을 고려한 선발은 다른 어느 곳에서도 접하기 어려운 최고의 학습 분위기를 형성하는 데 결정적인 바탕이 되었다. 게다가 CEO들은 상호학습을 통해 강사진으로부터 배우는 것 이상의 엄청난 시너지 효과를 거두게 되었다.

다섯째, 지속가능한 '학습 커뮤니티'를 만든다. 과정을 마친 CEO들은 대부분 스스로 동창회를 만들어 서로 친목을 다지고 상부상조하게 된다. 그런데 동창회장이 적극적이냐 소극적이냐, 학구적이냐 사교적이냐, 기획력이 좋으냐 나쁘냐에 따라 모임의 성격과 활동성이 크게 달라진다. 나는 졸업 후에도 이 좋은 인맥이 지속적으로 '학습 커뮤니티', '리더스 커뮤니티'로 거듭날 수 있게 하려면 어떤 시스템이 뒷받침되어야 할지를 고민했고, 마침내 외국의 사례에서 해답을 찾아냈다. 미국 하버드대학은 학교 안에 동창회 사무국을 두고 동문들을 위한 지원과 관리를 지속적으로 해나가고 있다. 일본 와세다대학의 경우는 아예 총장이 동창회장을 겸임하면서 적극적으로 동창들과의 관계를 유지하고 있다. 이렇게 되면 동창과 관련한 각종 데이터베이스가 계속해서 축적될 뿐만 아니라 각종 프로그램을 일관성 있고 짜임새 있게 기획할 수 있다. 학습과 봉사, 각종 홍보와 지원 활동을 체계적으로 전개할 수 있다. 누가 회장이 되든 큰 부담 없이 효율적으로 업무를 수행할 수 있는 것이다.

나는 1기 졸업생들의 동의를 얻어 대학 안에 '4T CEO 총동창회 사무국'을 두고 실질적 운영을 담당할 스태프와 주임교수까지 배정했다. aSSIST 4T CEO 동문들은 졸업 후에 더 단단한 팀워크를 자랑하고 더 긴

밀하게 상부상조하고 있다는 명성은 바로 이 동창회사무국 시스템에서 비롯되었다고 해도 과언이 아니다.

4T CEO 지속경영과정은 이 밖에도 몇 가지 독특한 원칙을 기반으로 차별화된 매력적 학습 커뮤니티로 발전할 수 있었다. 폭탄주 금지, 정치적 중립 유지, 부부동반 수업 및 행사 폐지, 친선 골프 대신 자선 골프, 정시 시작 정시 종료, 관광 프로그램 대신 생태환경 체험 프로그램, 철저한 강의 평가, 실용적 교안 준비, 매 시간 사진 서비스…. 부부가 함께 하는 수업이나 행사를 없앤 것은 참가자들의 시간을 아껴주고 불필요한 스트레스를 줄이려는 의도에서 시작되었다. 여성 수강생들이 남편을 대동해야 하는 부담이나 싱글인 수강생들의 고민을 덜어주었다는 측면에서도 이 원칙은 대단한 환영을 받았다.

포토 존 photo zone 을 설치하여 유명 CEO들끼리 함께 사진을 찍을 수 있게 하거나 수업 중의 발표와 청취 장면 등을 사진으로 찍어 다음 시간에 곧바로 제공한 것도 좋은 반응을 얻었다. 그동안 나도 크고 작은 행사나 강연회에 참석하여 수없이 사진을 찍혀봤지만 나중에 사진을 보내주는 곳은 별로 없었다. 나는 경험적으로 깨달았다. 사진 서비스야말로 적은 비용으로 고객만족cs을 극대화할 수 있는 최선책의 하나라는 것을. 특히나 성공한 분들은 돈 주고 살 수 있는 것보다 돈을 주고도 살 수 없는 것에서 진짜 가치를 느끼는데, 사진이 그중 하나였다.

4T CEO 지속경영과정의 성공은 여러 면에서 특별한 기록을 탄생시켰다. 웅진그룹은 윤석금 회장이 졸업한 이후로 그룹의 환경담당 이진 부회장을 비롯하여 계열사 CEO들이 매 기수마다 참여했고, 삼천리그룹

역시 이만득 회장이 졸업한 다음 계속해서 CEO들의 참여가 이어졌다. 아주그룹의 문규영 회장 추천으로 동생인 신아주그룹의 문재영 회장이 과정을 이수하기도 했다. 조창현 중앙인사위원장이 추천하여 권오룡 후임 위원장이 들어오는가 하면, 대신증권에서는 이어룡 회장 이후 노정남 사장 등 임원들의 발길이 줄을 이었다. 서울대병원장을 역임하면서 대학병원의 혁신을 주도했던 박용현 두산그룹 회장은 열성적으로 강의에 참여했을 뿐만 아니라 훌륭한 CEO들을 적극 추천해주었다. 또한 졸업 후에도 매력적 리더십으로 4T 원우들의 팀워크를 주도하고 있다.

학계에서는 이길여 경원대 총장, 오영교 동국대 총장, 강희성 호원대 총장, 이남식 전주대 총장, 윤신일 강남대 총장을 비롯한 다수의 총장들이 참여했으며, 무역협회 이희범 회장 등 주요 경제단체 대표들과 한국전력공사 한준호 사장 등 공기업 CEO들, 현직 국회의원과 장·차관 등 고위 공직자들도 함께했다.

여성 CEO들 중에는 현정은 현대그룹 회장, 김은선 보령그룹 회장, 김순진 놀부 회장, 이어룡 대신증권 회장, 유순신 유앤파트너즈 대표, 조안리 스타커뮤니케이션 대표, 강윤선 준오뷰티 대표, 안이실 영광학원 이사장, 강혜숙 한영캉가루 대표, 김정자 성정문화재단 이사장, 박경미 휴잇코리아 대표 등이 참여했다.

김태영 필립스코리아 대표, 이강호 한국그런포스펌프 대표, 김효준 BMW코리아 대표 등 국내 유수의 다국적기업 대표들도 과정을 이수했다. 뿐만 아니라 유상옥 코리아나화장품 회장, 박기석 시공테크 회장, 손병문 ABC상사 회장, 이상규 인터파크 사장, 윤홍근 제너시스 회장,

김일곤 대원주택 회장, 김두식 클리포드 회장, 하세청 케미코 회장, 김태옥 시호그룹 회장, 김신배 SK텔레콤 사장, 윤종웅 진로 사장, 조시영 대창공업 회장, 정봉규 지엔텍 회장, 박경수 PSK 회장, 김문영 알티전자 대표, 민남규 자강산업 회장, 백완규 JH케어 회장, 안종만 박영사 회장, 천호선 옥선별 대표 등 인품과 역량을 겸비한 대한민국 대표 CEO들도 대거 참여했다.

연예계에서도 최성수, 박상원, 송승환, 이경진 씨 등 인품과 덕성은 물론 대단한 학구열을 지닌 분들이 참여했다. 평소 존경하던 이강숙 전 한국종합예술학교 총장, 《객주》의 작가인 김주영 선생 등도 4T과정을 빛내준 분들이었다.

4T CEO 지속가능경영과정이 졸업생을 배출하고 나서도 대한민국 최고의 학습 커뮤니티로 발전한 데에는 역대 총원우회장들의 리더십도 큰 몫을 했다. 초대 윤석금 웅진그룹 회장, 2대 유영희 유도실업 회장, 3대 박정부 한일맨파워 회장, 4대 문재영 신아주그룹 회장이 그분들이다. 윤석금 회장은 따로 소개가 필요 없을 정도로 잘 알려진 분이다. 유영희 회장은 신학대학교를 졸업하고 신부님이 되려다가 곡절 끝에 사업가로 변신한 분이다. 성품이 맑고 깨끗하며 고유의 영성력으로 윤리경영을 펼치고 있다. 유도실업은 일반인들에게 널리 알려진 회사는 아니지만 아시아 시장 점유율 1위, 세계 시장 점유율 3위의 세계적 강소기업이다. 박정부 회장은 일본의 100엔숍을 파고들어 연간매출 1억 5000만 달러 이상을 올리는 성과로 정부로부터 산업훈장을 2번이나 받은 분이다. 하지만 늘 겸손하시다. 문재영 회장은 말수가 적고 온화한 신사로, 누구와

언쟁 한 번 벌이는 일이 없다. 부드러운 카리스마와 소리 없는 열정으로 탁월한 경영 성과를 내는 CEO다.

2008년 12월 4T CEO 총동창회에서는 '올해의 자랑스러운 원우상' 수상자로 네 분을 선정했다. 공공부문 두 분과 민간부문 두 분이다. 공공부문은 김종창 금융감독원장과 이채욱 인천국제공항공사 사장이, 민간부문은 문규영 아주그룹 회장과 윤종웅 진로 사장이 수상했다.

4T CEO 원우들은 서로의 이익을 추구하는 win-win 방식을 취하지 않는다. 여기서 더 나아가 사회와 인류에 기여하는 가치관을 담아 win-win-win을 실천하며 특유의 결속력을 다져가고 있다. 현장에서는 지속가능경영을 실천하며 보람과 자긍심을 느끼고 있다. 이들의 영향력이 국내외적으로 퍼져나가면서 4T CEO 최고경영자과정은 자타가 인정하는 매력적인 AMP과정으로 확고히 자리매김할 수 있었다.

이제는 세계에서 가장 매력적인 AMP를 만드는 것이 나의 꿈이다. aSSIST 4T AMP는 높은 학문적 수준, 시대의 흐름을 주도하는 영적 리더십, 영향력을 증대하는 최상급 네트워킹, 현장에 곧바로 적용할 수 있는 학습 시스템 등 한국의 리더들이 원하는 바로 그것을 제공하는 최고의 교육과정으로 발전을 거듭해나가고 있다.

'Social Class에서 Spiritual Class로!' 이것이 바로 이 명품 AMP의 매력적인 슬로건이다.

효율을 버리고 낭비를 선택하다

···· 세계 최고_{最古} 호텔 호시료칸의 '역발상'

매력은 한 가지 요소로만 이루어지지 않는다. 질량이나 규모를 지칭하지도 않는다. 양보다는 질에 가까운 개념이며, 역사와 문화를 포함하고 있는 개념이다. 일종의 분위기, 아우라라고도 할 수 있다.

세계화 시대에 호텔에 대한 관심과 그 수요는 폭발적으로 늘어나고 있다. 호텔은 여행객들의 임시 거처다. 그러나 호텔은 단순히 며칠을 묵어가는 임시 거처라고 규정하는 것은 이미 낡은 개념이다. 호텔은 인간의 모든 공적·사적 활동의 편의를 집약적으로 보조하는, 하나의 거대한 문화적 공간이다. 적어도 세계 일류의 호텔에는 그 나라의 문화적 수준과 역사적 향기, 경제력 등이 집중되어 있다.

여기 두 개의 호텔이 있다. 자칭 '세계 유일의 7성급 호텔'이라 자랑하는 아랍에미리트 두바이의 '버즈 알아랍' 호텔, 그리고 일본이 자랑하는 세계 최고의 호텔 호시료칸法師旅館이다. 우리는 호텔의 매력을 이야기할 때 최첨단 시설과 호사스러운 가구와 넓고 화려한 객실만을 고려하지 않는다. 호텔의 진정한 매력은 그것이 지닌 역사와 문화의 힘에서 나온다.

버즈 알아랍의 매력은 이제 익히 알려져 있다. 두바이의 경쟁력이 세계적인 관심을 끌고 있는 상황에서 이 호텔의 인기는 상한가를 치고 있다. 321미터의 높이를 자랑하는 버즈 알아랍 호텔은 하루 숙박비가 로열스위트룸의 경우 무려 3500만 원에 이른다. 벽과 기둥 장식에 금을 사용했고 세계에서 가장 큰 롤스로이스 8대와 헬리콥터가 공항에서 호텔까지의 이동수단으로 쓰인다. 레스토랑과 로비는 환상적이다. 200미터 상공에 레스토랑이 있고 잠수함을 타고 가야 하는 물밑 레스토랑도 있다. 로비는 60층짜리 수족관으로 둘러싸여 있고, 그 안에는 500여 종의 희귀 동·식물이 산다. 고객들이 새똥에 맞는 봉변을 막기 위해 이른 새벽에 매를 날려 새를 쫓는다고도 한다. 왕족이나 각 자치정부의 총독이 주최하는 만찬이 열리고, 이들을 찾아오는 각국의 정상급 국빈들이 주로 머문다.

그러나 이런 외양의 화려함이 최고의 매력을 보증하는 것은 아니다. 나는 오히려 일본 이시카와石川현 고마쓰小松시 아와즈粟津 온천의 일본 전통 여관 호시료칸의 매력을 이야기하고 싶다.

이 여관은 서기 718년 일본의 3대 영산인 하쿠산白山 기슭에 들어섰다. 건립자 다이초泰澄 대사는 하쿠산 깊은 곳에서 수행을 하다 부처의 계시를 듣는다. 물론 꿈을 통해서였다. "산기슭에서 5, 6리 떨어진 곳에 아와즈라는 마을이 있다. 그곳에 영험이 깃든 온천이 있으니 마을 사람들과 함께 파서 중생을 건강하게 하라." 부처님 계시에 따라 온천을 판 다이초 대사는 그 위에 료칸을 지었다. 제자 가료雅亮 법사가 그곳을 지키는 경영자로 임명되었다. 이렇게 건축된 호시료칸의 창업기 자체가 신비롭고 매력이 넘친다. 호시료칸은 기네스북에도 세계 최고의 호텔로 공식 기록되어 있다.

호시료칸 주변은 산으로 둘러싸여 있어 기후가 온화하다. 3미터만 파면 미네랄 성분이 풍부한 양질의 온천수가 나온다. 호시료칸의 여러 공간 중 가장 인기가 있는 곳은 다실이다. 호시료칸 특유의 일본식 정원을 한눈에 바라보며 그윽한 차의 향을 즐길 수 있는 곳이다. 건물에 에워싸인 정원은 다실과 함께 호시료칸이 자랑하는 고적한 공간이다. 정원의 역사는 400년, 호시료칸의 역사는 1300년이다. 400년을 자란 적송의 모습이 그윽하고 근처의 바위와 나무줄기까지 타고 올라간 짙은 색의 이끼는 호시료칸이 오랜 세월 쌓은 연륜을 보여준다. 그 역사의 무게, 문화의 깊이에 투숙객들은 깊은 정신적 위안을 받게 된다. 전통적으로 지역 권력자들이 보호정책을 펴왔고 주민들의 끊임없는 애정도 호시료칸의 장수의 또 다른 바탕이 되었다.

사장은 46대째 가업을 잇고 있는 호시 젠고로法師善五郎다. 그는 투숙객이 오면 가장 먼저 다실로 안내한다. 호시료칸에서 가장 전망 좋은 공간을 개조해 다실로 만들었고 다실은 호시료칸의 얼굴이 되었다.

호시료칸의 서비스 모토는 '일기일회一期一會'다. 일기일회란 일본 다도에서 생겨난 사자성어로, 이 만남이 일생에 단 한 번뿐인 만남이라는 생각으로 정성을 다한다는 뜻이다. 역시 호시료칸의 매력은 성의를 다해 고객을 모시는 주인의 마음에서 우러나오는 것이다. 기계적인 서비스, 의례적인 손님맞이가 일상화된 서구식 호텔과는 그 격조가 다르다.

호시료칸의 매력은 호시 사장의 독특한 경영 스타일 때문에 더욱 빛이 난다. 능률이나 효율, 이윤 등을 추구하는 경영원리와는 동떨어진 스타일을 고집한다. 그런데 바로 그런 철학이 호시료칸의 매력이 되어 호시료칸의 번성을 보장한다. 이것이 바로 매력경영의 불가사의다. 매력경영에는 어떤 단일한 원칙이나 방법론이 존재하지 않는다. 최상의 매력을 창조하되 그 절정에 이르는 방식은 다양하다. 상품의 본질을 파악하는 능력이 그래서 중요하다.

호시 사장의 경영철학을 자세히 들여다보자. 일본에서는 흔히 기업이 망하는 원인으로 '3무'를 꼽는다. 무다낭비, 무리무리, 무라변덕가 그것이다. 그래서 3무의 제거는 곧 경영의 합리화로 통하기도 한다. 그러나 호시 사장은 도리어 "경영이 허락하는 한 3무를 최대한 소중히 여긴다"고 말한다. 호시료칸과 같은 문화적, 역사적 상품을 경영하는 데 이 같은 역설은 당연한 경영론일지도 모른다.

일본은 1980년대 후반부터 건축기준법이 강화되있다. 시신 때문이었다. 행정당국은 지진과 화재에 약한 목조건물을 철근콘크리트 건물로 교체하라는 행정지시를 내렸다. 호시 사장은 행정기관의 조치를 상당 부분 수용하면서도 '쓸모가 없어진' 옛것을 하나라도 더 남기려고 온 힘을 다했다. 또한 료칸의 외양을 자신의 철학에 맞게 수리하고 재배치했다. '돈이 되는' 객실을 '돈이 안 되는' 다실로 개조한 것이 대표적인 예다. 그는 효율을 버리고 대신 비효율과 낭비를 선택했다.

호시료칸의 매력과 경쟁력이 낭비를 선택한 호시 사장의 선견지명에 있었음은 오랜 시간이 지난 후에야 입증되었다. 당시에는 낭비로 보였지만 지금은 그것이 다른 료칸과 호시료칸을 차별화하는 핵심자산으로 변한 것이다. 인근의 료칸이 앞다투어 투자했던 현대적 시설은 쓸모없는 시설로 전락했다. 온천관광 수요가 급감한 후 서양식 여관들은 큰 타격을 입었지만 호시료칸은 여전히 독보적인 인기와 호황을 누리고 있다.

매력경영은 합리적 경영과 반드시 일치하지는 않는다. 또 매력적인 상품은 반드시 합리적인 투자로만 창조되는 것도 아니다. 매력적인 상품은 고객의 관점에서 생각할 때 비로소 가능한 결과물이다. 매력적인 상품 중에는 오랜 기간에 걸쳐 서서히 완성되는 것도 많다.

이 같은 개별 상품의 특성을 파악하지 못하면 매력 창조는 결국 공염불이 된다.

호시 사장은 "3무를 없애는 것이 합리적 기업 정신이라면 3무를 소중히 하는 것이 1300년을 이어 내려온 가업 정신"이라 말하고 있다. 3무를 없애는 것과 3무를 유지하는 것 사이의 지혜로운 타협이 아마도 호시료칸 장수 경영의 요체인지도 모른다. "경영자가 3무를 즐길 여유가 없으면 고객에게도 즐거움을 줄 수 없다"는 것이 호시 사장의 지론이다. 온천지의 여관처럼 세월의 무게와 문화의 깊이가 관건인 상품에는 그의 지론이 매력상품 창조의 밑거름이 된다.

호시료칸은 일본 전통의 '가족주의 경영', 철저한 '장자 계승 원칙', 집안 대대로 내려온 '겸손의 미덕'이 만든 명품이다. 대대로 호시 가문에는 "물로부터 배워라", "스스로 깨달아라"라는 두 가지 가훈이 계승되었다고 한다. 첫째는 주변 온도에 따라 뜨거워지고 차가워지는 물의 특성처럼 주변에 순응하며 살라는 뜻이고, 두 번째는 말 그대로 스스로 능력을 키우라는 가르침이다.

경영권을 물려받은 아들은 이름도 호시 젠고로를 그대로 물려받는다. 현재 호시료칸은 둘째아들과 사위가 똑같이 경영수업을 받고 있다. 두 명 중 한 명이 대표가 되는 순간 '47대 호시 젠고로'란 이름을 갖게 된다. 종업원이 함께 숙식을 하지 않는 것을 빼면 호시료칸은 천년 전이나 지금이나 달라진 점이 별로 없다. 지위고하를 막론하고 호시료칸에 들어온 손님은 모두 같은 대접을 받는다는 것 또한 바뀌지 않는 전통이다. 이런 문화적 전통, 어떻게 보면 완고한 보수적 전통 속에서 명품 여관이 명맥을 잇고 있는 것이다.

호시 사장은 일흔이 넘은 나이에 한국 관광객 유치를 위해 한국어를 배우고 있다고 한다. 전통을 지키면서도 변화하는 환경에는 능동적으로 대처한다. "조상 대대로 손님에게 최선의 봉사를 하는 것이 호시료칸의 빼놓을 수 없는 경영철학"이라고 말하는 그에게서 또 다른 천년의 미래가 보이는 듯하다.

문화의 가치에 대한 깊은 이해, 가문에 대한 자긍심, 성실한 경영 자세가 매력적인 명품 호시료칸을 만드는 원동력이다. 그런 의미에서 호시료칸은 단순한 숙박업이 아니다. 그들은 매력적인 역사를 팔고 문화를 팔고 있는 것이다. 어느 업종이든 가장 가치 있게 팔 수 있는 것은 단순한 기능이 아니라 바로 매력이라는 것을 1300년 역사의 호시료칸이 우리에게 가르쳐주고 있다.

소비자를 넘어 '팬'으로 만들어라

···· 아이팟의 '매력적 편의성'

2001년 10월 23일, 애플의 전설적인 CEO 스티브 잡스는 주머니 속에 1000곡의 노래를 담고 다닐 수 있는 아이팟iPod을 내놓았다. 당시 기준으로도 MP3플레이어 시장은 이미 형성된 지 오래였기 때문에 아이팟의 성공을 예상한 사람은 별로 없었다. IT 평론가들은 "큰 실패를 맛볼 것"이라며 결코 우호적이지 않은 상품평을 내기도 했다. 그러나 잡스는 이번에도 보란 듯이 성공했다.

그로부터 7년 여의 시간이 지난 현재 아이팟은 '여전히' 잘나가고 있다. 연간 전 세계 판매량이 1억 3000만 대에 육박하는 MP3플레이어 시장에서 아이팟은 이미 수년째 1위를 고수하고 있다. 아이팟의 선전과 함께 온라인 음악 판매 사이트인 '아이튠스 스토어iTunes Store'도 진출한 모든 나라에서 디지털 음악 판매 1위를 기록 중이다.

아이팟의 매력은 사용자의 입장에서, 사용자가 요구하는 제품과 서비스를 적정 가격에 제공한다는 데 있다. 아이팟의 매력은 제품 그 자체에만 있는 것이 아니다. 아이팟은 그 자체로 하나의 문화를 형성했다. 사용자들만이 가질 수 있는 문화다. 아이팟은 새로운 기능을 추가하는 것에 연연하지 않았다. 잡스는 본질 속으로 바로 뛰어들었다. 관건은 "사용자가 진정으로 음악을 즐길 수 있도록 만든다"는 것이었다. 소비자가 가지고 있는 CD를 디지털로 바꿔서 들을 수 있게 했으며, 단돈 1달러에 노래 한 곡을 살 수 있는 24시간 온라인 상점을 열면서 불법 복제와의 싸움을 벌였다. 결과는 대성공이었다. 잡스의 직관과 상상력, 본질을 파고드는 영적인 힘은 아이팟을 세계 최고의 매력상품으로 만들었다.

잡스는 2006년 스탠퍼드대학 졸업식에서 축사를 통해 "가장 중요한 것은 자신의 가슴과 직관을 따르는 용기를 가져야 한다는 점이다. 가슴과 직관은 진실로 무엇이 되고 싶은지 이미 알고 있다"라고 말했다. 대학 졸업장도 없는 그가 세계 최고의 창조자로 평가받는 이유는 그 자신이 바로 가슴과 직관을 따르는 사람이기 때문일 것이다.

2001년 아이팟 1세대가 출시되었을 때 사람들은 애플이 제품을 발표하면서 내건 '주머니 속에 1000곡'이란 모토에 자극을 받았다. 스티브 잡스는 아이팟을 소개하는 프레젠테이션 때 늘 그래왔듯 화려한 미사여구로 관중들을 현혹시켰다. 그가 특유의 달변으로 굉장히 매력 있는 제품이라고 유혹을 하기는 했지만 시장의 반응은 기대 이하였다. 새로운 기기에 호기심이 많은 이른바 '얼리 어댑터' 성향의 소비자를 제외한 일반 대중에게는 크게 인기를 끌지 못했다.

그러나 어느 순간부터인가 아이팟이 팔리기 시작했다. 초기 모델의 단점들이 점진적으로 개선되면서 그 어떤 MP3플레이어보다 직관적이라는 장점이 부각되자 아이팟과 애플의 주가가 상승하기 시작했다. 사실 아이팟처럼 본질에 충실하면서도 갖고 싶은 욕망을 자극하는 물건도 쉽게 찾을 수 없었다.

시간이 지나면서 잡스의 통찰력은 다시 작동하기 시작했다. 시장의 요구를 읽어낸 잡스는 2005년 1월 상대적으로 작은 용량과 낮은 가격에 승부수를 건 '아이팟 셔플'을 시장에 내놓았다. 이어 2005년 9월 삼성전자의 낸드플래시메모리를 탑재한 '아이팟 나노'가 아시아 시장 공략을 위해 출시되어 '들고 뛸 수 있는' 아이팟의 탄생에 많은 사람들이 호감을 보였다.

아이팟 나노가 나오자 많은 사람들은 이제야말로 아이팟의 진화가 끝났을 것이라 예상했다. 하지만 그것은 섣부른 판단이었다. 2007년 6월 애플은 아이팟 기능과 전화, 인터넷 기기를 하나로 합친 '아이폰$_{iPhone}$'을 출시했다. 세상은 이 신기한 기계에 대해 경악을 금치 못했다.

이것은 매우 중대한 변화였다. 애플의 3세대 아이폰은 제조사의 하드웨어적 지원과는 별개로 수요자들이 직접 다양한 기능을 탑재할 수 있는 제품이었다. 따라서 소프트웨어적 지원이 보다 중요하게 되었다. 이는 모바일 시장이, 휴대폰 제조사나 통신사업자 중심에서 사용자들이 직접 자신에게 필요한 기능과 서비스를 선택하는 수요자 중심으로 변화했다는 것을 알리는 신호탄이나 다름없었다.

역시 매력 있는 상품은 수
요자가 항상 주인공이었다.
역으로 수요자 중심으로 생
각하지 않는 한 매력 있는
상품은 더 이상 나오기 어렵
게 되었다. 애플의 3세대 아
이폰은 그것을 증명했다.

아이팟이 전 세계 시민들의 사랑을 받는 이유는 다양하다. 가장 기본
적인 매력은 아이팟이 그 어떤 제품보다 사용하기가 용이하다는 점이
다. 디자인도 기능과 화학적으로 결합되어 있다. 타사의 기기들을 보면
이곳저곳 붙어 있는 버튼 때문에 불편을 느끼는 것은 물론이거니와 디
자인 자체도 일관성이 없어 그 가치가 떨어져 보이기 일쑤다. 아이팟에
는 주요 버튼 외에 일체의 버튼이 없다. 이런저런 기능을 써보기 위해서
특별한 버튼을 찾지 않아도 된다는 이야기다.

미국의 애플 매장에서 근무하는 직원들은 '지니'라는 명칭을 부여받
고 있다. 지니어스$_{genius,\ 천재}$의 줄임말이다. 고객이 제품에 대해 물어보면
언제 어디서든 답변할 수 있다는 의미에서 붙여진 이름이다. 실제로 그
들은 모르는 게 없다. 타사의 제품과 응용 방법까지도 친절하게 설명해
준다. 스티브 잡스는 "5~10분 안에 대부분의 사용법을 이해할 수 없으
면 그 제품은 실패작"이란 신념을 갖고 있다. 애플의 제품은 최첨단 기
능을 갖추고 있으면서도 일반 소비자에게 손쉽게 다가갈 수 있게 설계
되어 있다.

애플은 소비자들에게 온갖 재미를 선사한다. 손가락의 움직임에 따라 화면이 순식간에 바뀌는 아이폰 같은 제품이 그렇고, CEO인 스티브 잡스의 연설도 그렇고, 매장 직원들인 지니도 마찬가지다. 그들과 함께 애플 제품의 다양한 기능을 살펴보고 배워가는 과정은 그야말로 재미있다. 애플이 준비하는 행사 역시 영화나 뮤지컬 못지않은 기대와 설렘을 갖게 한다. "제품마다 창의성이 느껴지는데 어떻게 애플을 떠날 수 있겠느냐"는 열성 고객들이 많다.

애플의 힘은 바로 이런 데 있다. 매 순간 고객에게 즐거움을 주고자 아이디어를 짜내는 노력이 기본 실력(기술)과 어우러져 엄청난 폭발력을 발휘한다. 애플 매장에는 애플 제품만이 아니라 소니 등 다른 회사가 만든 제품들도 함께 진열되어 있다. 타사 제품이 애플 제품보다 많은 것 같은 느낌이 들 정도다. 이 이상한 현상도 따지고 보면 애플 제품의 '거역하기 어려운' 매력 때문이다. 애플 제품이 인기가 있으면 그에 딸린 부속품까지 인기가 높다.

매력 있는 상품은 고객들을 단순한 소비자를 넘어 '팬'으로 만든다. 그 파급력은 더 넓고도 깊다.

흥미 없는 사람도 끌어들여라

.... 캘러웨이의 '배려'

캘러웨이 골프 컴퍼니의 창업주 엘리 리브스 캘러웨이는 은퇴 직전까지 섬유업과 포도주 제조업에 종사하다가 1982년 힉코리 스틱이라는 소규모 골프 장비 업체를 사들여 캘러웨이 골프를 키워냈다. 50대 후반에 이르러 도전한 새로운 사업이었다. 이후 현재까지 이 회사는 80억 달러어치가 넘는 골프채를 팔았다.

그는 직원들에게 아마추어 골퍼들이 골프를 즐길 수 있도록 골프채를 만들어야 한다고 역설해왔다. 캘러웨이의 매력은 노인과 초보자, 아마추어 골퍼에 대한 배려를 상품개발로 연결시켰다는 점이다. 1992년 그는 주말 골퍼들이 보다 쉽게 공을 칠 수 있도록 고안된 '빅버샤' 골프채를 출시했다. 이 브랜드의 출시로 캘러웨이는 급성장 가도를 달리기 시작했다. 빅버사에 이어 '그레이트 빅버사' 등을 잇따라 내놓아 매년 1억 달러 이상의 매출을 올렸다.

캘러웨이의 모토는 "흥미없는 사람도 끌어들여라"였다. 자신의 상품에 전혀 무관심한 사람들을 새로운 소비자군으로 끌어들인 브랜드가 바로 캘러웨이다. 캘러웨이는 은퇴한 부자 노인들, 테니스를 즐겨 치는 노인들이 의외로 골프는 치지 않는다는 사실을 발견하고는 그 이유를 조사했다. 이들은 하나같이 '헛 스윙'에 대한 두려움을 안고 있었다. 남들 앞에서 망신이나 당하지 않을까, 하는 심리가 작용하고 있었던 것이다. 캘러웨이가 빅버사를 개발한 계기다.

원리는 간단하다. 클럽헤드를 크게 만들어 헛 스윙할 확률을 낮추는 것이다. 이렇게 해서 캘러웨이는 골프를 치지 않는 사람들을 골프를 치는 사람들로 바꾸어놓았다. 피터 드러커는 "내 고객이 아닌 고객에도 내 고객만큼이나 관심을 기울이라"고 말한 적이 있다. 잠재적 고객이 왜 제품을 안 사는가? 캘러웨이의 빅버사는 이 같은 질문에 대한 심각한 고민 끝에 탄생했다. 대중의 욕구에 정확하게 반응하는 과정에서 매력적인 상품이 개발된 것이다. 1980년대에 골프를 시작한 나도 빅버사의 애용자였다.

캘러웨이의 공헌은 골프 장비를 대중화했다는 것이다. 대부분의 골프 클럽 제조사가 창업자의 명성을 빌려 가내공업 수준을 유지했지만 캘러웨이사는 대량생산과 마케팅 개념을 도입, 상업적인 성공을 일궈내는 데 성공했다.

누구나 쉽게 골프를 즐긴다는 것은 두 가지 의미가 있다. 장비를 값싸

아마추어 골퍼들의 심리를 읽어내어 성공한 캘러웨이

게 공급하여 누구나 골프에 접하기 쉽게 한다는 의미도 있고, 또 이미 골프를 시작한 사람은 좀 더 쉽게 공을 치게 하자는 의미도 있다. 캘러웨이는 값싼 클럽을 제작하기 위해 대량생산을 통해 원가를 낮추고 중국을 통해 원자재를 조달하고 가공했다. 클럽헤드는 당시 유행하던 머슬백형에서 과감히 탈피, 초보자가 치기 쉬운 캐비티형으로 만들었다.

캘러웨이의 예는 블루오션 전략의 전형이라고 할 수 있다. '골프를 칠 만한 사람들이 왜 치지 않을까' 하는 평범한 질문에서 광대한 블루오션을 찾아낸 것이다. 매력상품의 아이디어는 멀리 있는 것이 아니라 우리 주변에 가까이 있다는 것을 알려주는 좋은 사례라고 할 수 있을 것이다.

다른 회사들이 골프를 무언가 고상한 운동으로만 생각할 때 캘러웨이는 고객의 현실적인 욕구를 냉정하게 직시했다.

캘러웨이의 샤프트를 싸구려로 생각하는 아마추어 골퍼도 많다. 그러나 값이 싼 것과 싸구려는 다르다. 캘러웨이가 값은 싸지만 질이 떨어지는 '싸구려'였다면 그렇게 오랫동안 전 세계 골퍼들 사이에서 선풍적인 인기를 끌 수는 없었을 것이다.

매력적인 상품은 대단한 틈새에서만 나오는 것이 아니다. 반드시 번듯한 마케팅 전략을 요구하는 것도 아니다. 평범하지만 항시 고객이 바라는 바에 눈높이를 맞추는 습관이 몸에 밸 때 '나만의 블루오션'을 개척할 수 있는 것이다. 캘러웨이는 그것을 해냈다.

블루오션은 아주 사소한 고객의 욕구를 충족하는 데서 출발한다. 인천의 한 비디오 대여점은 유독 손님이 많다. 크기도 15평 정도에 불과하고 인기 높은 비디오가 출시되어도 형편상 충분한 재고를 준비하지도 못한다. 그런데도 손님의 발길이 끊이지 않는 이유가 뭘까? 이 가게에는 당근이 있다. 4시간 이내에 반납하면 대여료의 반을 돌려주고, 6시간 이내에 반납하면 30퍼센트를 돌려준다. 알고 보면 대단할 것도 없는 영업 방침으로 이 가게는 블루오션을 창출했다.

캘러웨이가 던져주는 또 하나의 메시지는 "소비자의 마음을 읽으면 팔린다"는 것이다. 바로 '고객 인사이트'다. 고객 인사이트는 LG전자의 남용 부회장이 국내외에서 개최되는 각종 회의에서 빼놓지 않고 얘기하는 '경영 키워드' 중 하나다. 고객 인사이트는 다시 말해 '고객의 마음에 대한 통찰'이다. 캘러웨이가 골프장에서 망신당할까 봐 두려워하는 노인의 마음을 읽은 것, 그것이 바로 '고객 인사이트'다.

　고객 인사이트를 반영한 LG전자의 마케팅 전략은 다양한 히트상품을 내놓는 원동력이 되고 있다. 최고 히트상품인 '초콜릿폰'은 휴대폰 사용자 커뮤니티인 '싸이언 프로슈머 그룹'의 아이디어를 반영해 탄생시킨 제품이다. 출시 5개월 만에 25만 대 이상 판매된 LG전자 와인폰은 3040세대가 보고, 듣고, 누르기 쉬운 휴대전화를 선호한다는 '인사이트'를 반영한 제품이다. 와인폰 액정화면 바로 아래 있는 버튼 4개 역시 일정, 음성녹음, 휴대전화 설정 등의 기능을 가장 많이 쓴다는 설문조사 결과를 반영한 것이었다.

　캘러웨이가 2008년 출시한 레가시Legacy 드라이버 역시 그간 고객 인사이트를 통해 확보한 이 회사의 모든 핵심기술이 총망라되었다는 평가를 받고 있다. 캘러웨이의 경영모토를 물려받은, '유산'이라는 의미를 갖고 있는 이 드라이버는 아마추어 골퍼들이 흔히 범하는 비거리 손실 요인을 최소화시켜줄 뿐 아니라 드라이버로 얻을 수 있는 최고 수준의 비거리를 가능하게 만든 제품이다. 한국과 일본 골퍼들만을 위한 '레가시 아이언'도 내놓았다. 이를 위해 한국에서만 500명의 아마추어 골퍼를 대상으로 사전조사를 벌였다고 한다.

　캘러웨이가 또 다른 블루오션을 개발할 수 있을지는 알 수 없다. 그러나 초기의 캘러웨이처럼 고객의 욕구를 고객의 눈높이에서 파악한다는 것은 매력적인 상품을 창조하는 기초 문법임에 틀림없다.

무에서 유를 낳다

···· 함평 나비축제의 '경험'

　매력적인 상품은 산업적 생산물에만 존재하는 것이 아니다. 그것은 우리들의 문화 속에, 삶의 현장 곳곳에 존재한다. 나는 최근 우리나라 지방자치단체에서 벌이고 있는 갖가지 축제와 수익사업, 지방 특화 프로젝트 속에서도 매력형 상품을 발견한다. 아직 걸음마 단계인 것들도 많지만 이미 세계적 차원으로 발돋움한 프로젝트도 있다. 전남 함평군의 나비축제가 그 대표적인 예다.
　2008년 함평 세계나비·곤충엑스포를 지켜보면서 나는 잘 준비된 축제는 지역을 뛰어넘어 지구촌 모두의 축제로 확산될 수 있다는 분명한 가능성을 확인했다.
　나비는 한국과 한국인의 정서에 잘 어울리는 아이콘이다. 나비라는 작은 소재로 시작하여 곤충으로 범위를 확대한 이 축제는 어른들의 추억과 아이들의 동심을 자극했다. 2008년 함평엑스포는 추억과 동심을 환기시키는 것을 넘어 살아 있는 나비와 곤충을 소재로 한 세계 최초의 친환경 엑스포라는 점에서 세계적인 매력형 상품의 반열에 올랐다고 할 수 있다.

국내외 450종 7000여 마리의 나비·곤충 표본이 전시된 국제나비·곤충표본관과 다양하게 연출된 자연환경 속에서 살아 있는 나비 39종 33만 마리가 펼치는 화려한 군무를 감상할 수 있는 국제나비생태관은 단연 압권이었다. 한국곤충학회와 함께 국제곤충학 심포지엄도 열어 학술적 접근을 시도한 것도 매력형 상품의 질을 더욱 높이는 데 기여했다. 참석한 학자와 전문가들을 통해 엑스포를 세계에 알리는 전략도 매우 효과적이었다.

함평 나비 엑스포의 성공은 관련 통계만 봐도 금방 알 수 있다. 과거 관광을 위해 함평군을 찾은 사람은 연간 수만 명에 불과했으나 2008년 45일간 치러진 엑스포를 찾은 유료 관광객만도 무려 126만 6000여 명, 입장료 수입은 93억 4000만 원에 달했다. 관광객이 함평지역에서 음식·숙박·주유 등을 위해 직접 지출한 돈은 약 759억 원이며 건설부문 수요까지 합친 생산유발 효과는 2886억 원에 이르는 것으로 추산된다.

과거 고구마 주산지였던 함평은 원래 3무無의 고장이었다. 이렇다 할 천연자원도 없고 별다른 산업시설도 없는 데다 관광자원마저 빈약하기 그지없었다. 재정자립도는 지방자치단체 중에서 꼴찌 수준인 12퍼센트에 불과했다. 농업 종사자가 70퍼센트가량 될 정도로 남도의 오지였다.

세계적 명품이 된 함평나비축제 모습

　함평이 '고구마 시골마을'의 껍질을 벗고 한국 생태·환경관광의 1번지로 변모한 것은 이석형 군수의 '무모한' 아이디어 덕분이었다. 방송사 PD 출신으로 1998년 선거에서 군수가 된 그는 취임 후 함평군의 재정 상태를 알고 나서 앞이 캄캄했다. 잠도 제대로 자지 못하며 고민에 고민을 거듭한 끝에 그는 축제 아이디어를 떠올렸다. 함평천을 따라 꽃을 심고 이곳에 나비를 날리는 친환경 생태체험 축제를 열면 관광객을 유치할 수 있다고 생각한 것이다.

　지금이야 무에서 유를 창조한 지도자라고 크게 평가를 받고 있지만 이 군수의 출발은 힘난했다. 그가 처음 나비축제 아이디어를 내놓았을 때 주변 사람들이 보인 반응은 한마디로 싸늘했다. 공무원들은 천장만 쳐다봤다.

나비축제가 성공하려면 최소한 살아 있는 나비 5만 마리 이상이 필요했다. 하지만 당시 국내에서 나비를 집단 사육한 예는 전무했다. 특히 생육기간이 짧은 나비를 행사 기간에 맞춰 대량 사육하는 것은 결코 쉬운 일이 아니었다.

주민들은 "아무것도 모르는 젊은 군수가 엉뚱한 짓을 한다" "일 좀 해보라고 젊은 군수 뽑아주니까 아주 망해 먹으려고 작정을 해버렸다"면서 타박했다. 손발이 되어야 할 공무원들도 고개를 돌리기는 마찬가지였다. 사람들은 그를 '미친 사람'으로 취급하기 시작했다.

그러나 이 군수는 포기하지 않았다. 함평군의 절박한 현실을 바라만 보고 있을 수는 없었기 때문이다. 농업고등학교를 졸업하고 PD로 일하면서 농업 현장을 잘 알고 있었던 그는 공무원과 주민들을 독려해서 자운영과 유채꽃을 심었다. 그는 특히 자운영의 쓰임새에 주목했다. 자운영은 사료와 퇴비뿐 아니라 꿀벌의 먹이로도 매우 유용한 식물이었다.

나비 사육은 정헌천 곤충연구소장의 몫이었다. 그동안 나비를 소규모로 사육해왔던 정 소장은 몇 달 동안 가정을 포기하고 나비 사육에 몰두했고, 갖은 고생 끝에 결국 10만 마리의 나비를 키워냈다.

많은 사람들의 우려 속에 시작된 나비축제는 대성공이었다. 그러나 이 군수의 욕심은 여기서 끝나지 않았다. 함평군은 사계절 관광에 눈길을 돌려 계절별로 다른 관광상품을 개발, 관광객의 발길을 유혹하고 있다. '황금박쥐 생태관'도 함평의 독특한 아이디어다. 동굴 형태로 된 이 생태관에는 순금 162킬로그램으로 황금박쥐 조형물을 만들어 전시한다. 이러한 노력 덕분에 한 해 수만 명에 불과하던 관광객이 나비축제 이후 500만 명으로 늘어났다고 한다.

요즘은 지방자치단체마다 지역 특유의 축제를 띄우기 위해 애쓰고 있다. 함평의 나비축제는 전국 1000여 개의 크고 작은 축제 가운데서도 단연 손꼽히는 성공사례다. 내가 함평군의 나비축제를 높이 평가하는 것은 전국 어디에서나 볼 수 있는 나비를 소재로 정말 대단한 축제를 만들어낸 그 창의성 때문이다. '무에서 유를' 창조했다고 해도 과언이 아니다. 우리 주변에 널려 있는 무한한 소재들 중 하나를 날카롭게 간파한 그 안목이 놀랍다.

그동안 함평 나비축제를 벤치마킹하기 위해 관계자들을 현지에 파견한 자치단체·의회·기업이 200여 곳이 넘는다고 한다. 그들이 벤치마킹한 축제의 성공비결은 무엇일까?

무엇보다도 살아 있는 나비와 곤충이라는, 사람들의 관심을 끌기에 적합한 소재 선정을 들 수 있다. 적절한 마케팅 기법을 도입한 것도 유효했다. 나비를 직접 날리는 체험을 하게 한 것도 의도적인 이벤트였으며 국제곤충관, 국제나비생태관 등 세계 각국의 나비·곤충을 한데 모아 외국인들로부터도 큰 인기를 모았다. 또한 '함평에 가면 무엇을 볼 수 있다'는 간결한 메시지를 집중 홍보하여 방문자들에게 깊은 인상을 심어주었다.

나는 아름다운 함평 주민들의 자원봉사 활동도 크게 칭찬하고 싶다.

공무원들의 자발성도 놀랍다. 보신주의, 전시행정에만 몰두하는 일그러진 공무원상에 일대 혁명을 가져온 케이스다. 축제의 기획 및 운영 등 모든 것을 대행사에 맡기지 않고 공무원과 주민 대표가 머리를 맞대고 아이디어를 짜냈다고 한다. 지역주민들로 구성된 1000여 명의 자원봉사자들은 성공적인 행사 운영의 일등공신이었다.

나비축제의 성공사례는 지방자치단체마다 차별화한 콘텐츠를 바탕으로 이벤트를 열면 얼마든지 관광객을 유치하여 지역경제를 활성화시킬 수 있다는 사실을 보여준다. 우리나라의 관광이 설악산, 불국사 등 명소 중심의 관광에 치중되어 외국인 관광객들에게 '볼 것 없고, 먹을 것 없고, 놀 것 없다'는 부정적 인식을 주고 있는 것을 타개하기 위해서라도 지역별 축제의 활성화는 반드시 필요하다. 하드웨어적 관광으로는 자금성, 만리장성 등 중국의 방대한 유적은 물론 태국, 인도네시아 등 동남아의 휴양지에 비해 매력도가 떨어진다. 최근 지방자치단체별로 축제가 늘어나고 있지만, 나비축제 및 도자기엑스포 등 일부를 제외하곤 함량이 떨어지고 예산만 낭비하고 있다는 비판이 많다. 중앙정부와 지방정부가 머리를 맞대고 차별화한 지역별 관광자원 개발에 총력을 기울였으면 한다.

관광산업은 고용유발 효과가 제조업보다 훨씬 크다. 연간 96만 개의 일자리 창출을 목표로 하고 있는 이명박 정부는 관광산업을 핵심 신성장 동력으로 삼아야 한다. 그리고 '고용 없는 성장'을 타개하기 위해서도 전략산업으로 육성해야 한다. 관광대국으로 급부상한 스페인의 사례를 참고하면 좋을 것이다.

진짜 매력형 상품은 문화와 자연을 창의적으로 활용하여 특별한 경험을 제공하는 지혜에서 나온다. 함평 나비축제의 성공이야말로 그 지혜를 웅변하고 있다.

4장

인재에게는 연봉이 전부가 아닙니다

― 매력형 기업의 21세기 전략

노는 두뇌가 막힌 성실성보다 낫다

···· 창조의 구글

구글은 미국에서 '가장 일하고 싶은 기업 1위'다. 조사 기관이나 시점에 따라 약간의 차이가 있기는 하지만 최근 수년간 3위 아래로 처진 적이 없다. 구글은 사원 식비로 연간 7200만 달러를 쓴다. 사원 1인당 평균 식비가 7530달러라는 얘기다. 구글은 회사 내에 세차장과 미용실, 마사지 룸, 헬스클럽, 외국어 강습소, 세탁소, 탁아소, 병원 등을 두루 갖추고 있다.

구글의 시작은 미약했다. 1996년 당시 24세의 스탠퍼드대 박사과정 학생이었던 레리 페이지는 박사과정 동료인 세르게이 브린과 손을 잡았다. 자신이 연구 중인 프로젝트를 완수하기 위해서였다. 이것이 구글의 시작이었다.

사실 구글의 메인 검색 페이지는 다른 인터넷 회사와는 전혀 다르다. 그 흔한 팝업 광고는 물론이요 단 하나의 배너 광고도 없다. 더 간단히 말하면 광고가 전혀 없다. 하지만 바로 거기에 구글의 배려가 숨어 있다. 불필요한 일체의 요소를 생략하고 오로지 검색 과정에 필요한 기능들로만 프로그램을 구성함으로써 사용자의 시간과 비용을 아껴주었다.

구글을 검색할 때는 '구글 검색'과 'I'm Feeling Lucky' 두 가지 가운데 하나를 선택할 수 있다. '구글 검색'을 클릭하면 일반적인 검색엔진과 유사한 결과를 보여준다. 그런데 'I'm Feeling Lucky'를 클릭하면 검색목록을 보여주는 것이 아니라 자동적으로 검색결과 중 맨 위에 있는 항목을 바로 연결시켜준다. 사용자 입장에서는 검색결과를 클릭하는 데 드는 시간을 절약할 수 있지만 구글로서는 손해다. 광고를 건너뛰기 때문이다. 구글의 마리사 메이어 이사는 한 인터뷰에서 "온라인 기업은 너무 메마르고, 이윤만 추구하고 돈 버는 데만 신경을 쓸 가능성이 있다"며 "I'm Feeling Lucky를 통해 구글에 멋진 사람들이 있다는 사실을 상기시켜주고 싶다"고 말했다. 이런 신선한 발상에 매력을 느끼지 않을 사람이 있을까?

구글이 위대한 이유 중 하나는 경쟁이 치열한 인터넷 검색 시장에서 후발주자임에도 불구하고 초일류 기업으로 성장했다는 점이다. 1998년 브린과 페이지가 회사를 차렸을 때는 이미 전 세계 인터넷 사용자가 1억

명을 넘어선 상태였다. 검색엔진 시장 또한 포화상태였다. 시장에서는 이미 야후yahoo, 알타비스타altaviata, 익사이트excite 등이 치열하게 경쟁 중이었다.

경쟁사에 비해 우수한 검색엔진을 만들었지만 사실 브린과 페이지는 직접 사업에 뛰어들 생각이 없었다. 지금은 구글과 비교조차 할 수 없는 알타비스타나 익사이트에 기술을 팔려고 했지만 거부당했다. 이들 회사의 경영진은 단지 검색기능이 뛰어나다고 해서 사용자가 늘어날 것이라고는 생각하지 않았고 기술보다는 마케팅에 초점을 맞추고 있었다.

검색엔진 회사들이 관심을 보이지 않자 두 사람은 직접 시장에 뛰어들기로 결심했다. 투자를 받아 자본을 만들고 회사명을 구글Google로 정했다 구글은 10의 100제곱을 뜻하는 'googol'을 흔히 google로 잘못 쓰는 데서 착안해낸 이름이다. 이들이 만든 새로운 검색엔진은 입소문을 타고 빠르게 퍼져나갔다. 2001년 구글은 최강자인 야후를 누르고 검색엔진 시장의 정상에 올랐다.

구글은 새로운 계획을 추진할 때 "이 프로젝트가 이용자에게 혜택을 주는가?"를 먼저 묻는다. 그렇지 않다는 결론이 나오면 그 프로젝트는 바로 취소된다. 고객 지향의 정신을 극단적으로 밀어붙이는 것이 바로 구글의 진정한 힘이다.

구글의 제1 성공요인은 당연히 우수한 검색기술이다. 정보검색에만 집중한 것도 돋보이는 요인이다. 한 우물만 꾸준히, 그것도 지독하게 팠다는 이야기다. '사용자가 원하는 정보로 쉽고 빨리 갈 수 있게 해주는 것'이 구글의 목표다. 검색 서비스 본연의 기능에 충실하겠다는 이야기다. 검색 서비스를 자사의 사이트에 오래 머무르게 하는 수단으로 이용하고 있는 국내 포털 사이트와 비교해볼 때 구글은 매우 색다른 길을 걷고 있는 셈이다. 나는 이것이 더 중요한 성공요인이었다고 생각한다. 흔히 또 다른 성공요인으로 거론되는 검색 페이지의 심플함이나 엄격한 검색결과 표시도 모두 이런 철학에서 비롯되었다고 보기 때문이다. 구글은 검색에 방해되는 배너 광고를 하지 않았고 돈을 받은 대가로 특정 검색결과가 먼저 뜨게 해주지도 않았다. 회사의 수익보다는 일관되게 고객의 편의를 생각하는 경영방식이 구글의 성공을 일궈낸 것이다. 단기적인 이익에 연연하지 않는, 어떻게 보면 바보 같은 경영의 보답이라고 할 것이다.

다른 회사들이 쉽사리 흉내 내기 어려운 다양한 복지제도를 운영하고 있는 구글에서도 특히 눈에 띄는 복지제도가 있다. 근무시간의 20퍼센트를 회사 업무가 아닌 '딴 일'에 쓰도록 한 것이다. 이것이 선택이 아니라 반드시 지켜야 하는 의무라니 더 놀라운 일이다. 폭넓은 창의력을 발휘하도록 요구만 하는 것이 아니라 스스로 창의력을 개발할 시간을 주는 것이다. 창조적인 두뇌가 앞뒤가 막힌 성실성보다 낫다는 것을 잘 알기 때문이다.

구글이 일하고 싶은 기업 1위가 된 데에는 구글 특유의 윤리경영도 큰 역할을 했다. 구글의 대표적인 경영원칙은 '악해지지 말라 Don't be evil'이다. 인터넷 이용자를 성가시게 하는 모든 것들, 이용자를 속여서 돈을 버는 행위, 정보를 독점하거나 그 자유로운 유통을 방해하는 행위들은 모두 악이다. 그런데도 연간 광고수입은 160억 달러에 육박한다. 가치를 추구하는 행위와 이익을 좇는 행위가 이렇게 행복하게 일치할 수 있다니 참으로 대단하다.

한동안 '천하의 구글도 아시아에서는 안 된다'는 통념이 존재했다. 이제 그 통념도 깨지기 시작했다. 2008년 구글은 일본, 중국에서 점유율 30퍼센트 안팎의 성적을 올리며 토종 포털들을 압박하고 있다. 일본에서는 야후재팬에 이어 2위로 부상했다. 중국에서도 바이두baidu.com에 밀려 점유율이 줄곧 한 자릿수에 머물렀으나 2008년 6월에는 26퍼센트로 점유율을 끌어올렸다. 중국과 일본에서 성공을 거두고 있는 이유는 글로벌 서비스를 단순히 번역해서 옮기는 것에서 탈피하여 현지 실정에 맞는 개발능력을 갖추기 시작했기 때문이다. 두 나라에 연구개발센터를 설립하고 현지화 전략을 펼친 덕분이다. 우수한 토종 포털들의 선전 때문에 구글이 아직 위세를 떨치지 못하고 있는 한국에도 2007년 연구개발센터를 세워 거센 도전을 펼치고 있는데, 앞으로 우리의 토종들이 어떻게 응전할지 흥미롭다.

구글은 기술 중심 산업에서 기술을 팔지 않고 창조적 매력을 팔면서 초일류 기업이 된 것이다.

직원이 전부다

···· 직원의 충성심을 끌어내는 미라이공업

직원들의 전폭적인 헌신과 지지를 이끌어내는 회사, 사원들을 주인으로 만드는 회사라면 망하려고 해도 망할 수 없을 것이다. 일본의 미라이공업이 바로 그런 회사다. 미라이공업은 중소기업의 모범적인 생존전략을 보여주고 있다.

미라이공업은 1965년부터 전기설비를 생산해온 중소기업이다. 연매출 약 2500억 원 규모로 일본에서 동종업계 시장점유율 1위에 올라 있다. 놀라운 것은 도시바와 마쓰시타 같은 대기업들의 틈바구니에서 이루어낸 성과라는 점이다. 거인을 누른 작은 기업의 신화에 일본열도는 흥분했고 언론은 '유토피아 경영'이라는 표현을 써가며 대서특필했다.

이 회사는 처음부터 끝까지 '차별화 전략'으로 커왔다. 한국을 방문한 야마다 아키오 미라이공업 창업주는 이렇게 말했다.

"아무리 대박이 난 제품이라 해도 차별화하지 못하면 절대 따라 하지 않습니다. 제조업의 경우 제품에서 승부를 내지 않으면 살아남을 수 없습니다. 창업한 날부터 다른 회사와 조금이라도 다른 제품을 만드는 데 집중했죠."

그의 경영모토는 '차별화 전략'이지만 가장 눈길을 끄는 것은 그가 사원들을 대우하는 방식, 사원들을 회사 경영의 주체로 내세우는 방식이다. 그는 '제안박스'제를 시행하고 있다. 어떤 내용이건 안건을 내기만 하면 상금 5000원을 준다. 실용화되면 최고 30만 원의 상금을 준다.

"획기적인 안건을 기대한 것은 아니었습니다. 제안을 하는 자체를 중요하게 여겼죠. 아이디어를 낼 수 있는 습관을 만들어주기 위해 노력했습니다."

아이디어는 한번 내기 시작하면 봇물처럼 터지기 마련이다. 이 방법은 곧 효과를 발휘했다. 2만 점의 제품 가운데 무려 90퍼센트가 특허상품으로 등록되는 성과를 올렸다.

그는 또 파격적인 복지제도를 시행하고 있다. 그중 하나가 전 직원에게 해외여행을 보내주는 것이다. 800명의 직원이 5년마다 한 번씩 해외여행을 간다. 일의 의욕을 높이고 창의성을 길러주기 위한 조치다. 재미있는 것은, 미리 행선지를 가르쳐주는 것이 아니라 출발하는 날 호주, 미국, 유럽 등 행선지를 공개한 뒤 사다리를 타서 여행지를 정한다는 것이다. 이른바 '미스터리 여행'이라고 부르는 이 제도는 직원들의 사기를 높이는 데 크게 기여하고 있다고 한다. 정말 매력적인 프로그램이다.

한국의 기업들이 정년 단축을 계획할 때 미라이공업은 오히려 정년 확대를 실시했다. 법에서 60세로 정했을 때는 61세로, 65세로 연장했을 때는 70세로 높였다. 게다가 종신고용에 3년 육아휴직제도도 실시하고 있다. 그는 "67세까지 3년마다 아이를 낳을 수 있다면 단 하루도 출근하지 않고 거액의 퇴직금도 받을 수 있다"고 말했다고 한다.

물론 농담이지만 여유가 넘치고 배포가 하늘을 찌른다. 사원들을 가족같이 여기고 있다는 증거다. 이 회사에서는 잔업을 금지한다. 연말연시 각 20일, 추석과 골든위크 4월 말~5월 초에 걸친 일본의 황금연휴의 10일 연휴를 포함하여 1년에 140일의 휴일을 부여한다. 급여 수준도 대기업 수준으로 지역 최고다. 이 정도 되면 샐러리맨 생활도 정말 할 만할 것이다.

이런 대범한 경영방식은 야마다 사장의 오랜 신념이다. 기업의 최고 경쟁력은 사원들에게서 비롯된다고 그는 믿는다.

"저는 고객 이전에 사원을 감동시켜야 한다고 생각합니다. 사원이 감동해야 그 사원이 고객을 감동시킬 수 있으니까요."

그의 이런 발언은 매력경영의 핵심을 보여준다. 사장이 매력적이니 기업의 성과도 높고 기업에 대한 사원들의 애착도 대단하다.

"사원이 행복해야 회사가 잘된다"고 말하는 야마다 사장의 행보는 보면 볼수록 놀랍다. 그는 오전 늦게 출근해서 그날그날 배달되는 연극 포스터를 바꿔 끼우는 일로 하루를 시작한다. 좀처럼 사장실 바깥을 나가 공장을 돌아다니는 일도 없다. 30여 개의 공장과 영업소 중에서 '야마다' 사장이 가본 곳은 겨우 다섯 곳에 불과하다고 한다. 사장은 월급만 주면 되고 지시, 감독할 필요가 없다는 것이 그의 주장이다. 당근만 있으면 사원들은 스스로 알아서 한다고 믿는다.

야마다 사장의 '기행'은 여기서 그치지 않는다. 1991년 미라이공업이 증시에 상장될 때 그는 쪽지 하나하나에 사원들의 이름을 적고 선풍기를 틀었다. 가장 멀리 날아가는 쪽지에 이름이 적힌 사원부터 과장을 시켰다. 그후에는 볼펜을 던져 과장을 정하기도 했다.

미라이의 경영은 사원 개개인이 모두 회사의 주인이라는 철학에서 나온다. 영업이나 생산 목표도 사원들 개개인이 직접 정한다. 성과에 따른 인센티브나 경쟁적인 인사제도도 없다.

통념을 뒤집는 미라이의 경영방식에 보통 사람들은 큰 충격을 받는다. 인간의 자발적 심성을 철저하게 신뢰한다. 그가 그렇게 믿으니 회사 또한 그렇게 돌아간다. 그런 진정성이 오히려 생산성을 극대화하고 있다. 사원들의 창발성을 최대한 이끌어내는 회사 경영이다.

야마다 사장의 인간학은 인간성에 대한 깊은 이해에 바탕을 두고 있다. 어차피 기업에는 일을 잘하는 사람 20퍼센트와 평균인 사람 60퍼센트, 못하거나 안 하는 사람 20퍼센트로 이루어져 있다고 본다. 따라서 효율과 경쟁, 그리고 목표의 강조는 사장이 할 일이 아니라고 생각한다. 사원들을 믿고 감동시키면 사원은 남들과의 경쟁이 아닌 자기자신을 위해 노력하게 되어 있다는 것이다.

미라이공업에서 가장 눈에 띄는 구호는 '항상 생각하라'다. 여타의 기업에서도 많이 볼 수 있는 구호지만 미라이에서 이 구호는 의미가 다르다. '생각'은 생각할 만한 분위기 속에서만 가능한 것이다. 생각할 만한 분위기에서 나오는 아이디어들은 미라이공업의 최대 자산이다. 일본 내

시장점유율 80퍼센트인 전기스위치 박스는 기존의 박스에 알루미늄 테이프를 붙이는 작은 조치로 시장을 장악한 경우다. 휴대용 금속탐지기로 위치를 찾아내 정확히 벽을 뚫을 수 있게 하자는 아이디어에서 출발했다고 한다.

잠시 야마다 사장의 어록을 읽어보자. 가슴이 후련해질 것이다.

"인간은 말이 아니다. 당근과 채찍의 조화는 필요 없다. 단지 당근만이 필요할 뿐……. 사원들을 놀게 하라."

"기업이 커져서 사원에게 도움이 된 적이 있나? 기업은 기업 자체를 위해서가 아니라 사원을 위해 있는 거야."

"노르마업무할당량 따위는 필요 없어. 사원들은 알아서 다 해."

야마다 사장의 독특한 경영방식에는 비하인드 스토리가 있다. 그는 1965년 선친이 세운 전기설비 자재업체에서 갑자기 해고되었다. 연극에 빠져 경영을 게을리한다며 아버지가 쫓아낸 것이다. 당시 야마다 고문은 극단 동료와 함께 창업을 결심하고 극단 이름미라이자, 未來座을 따서 회사 이름미라이공업, 未來工業을 정했다. 글로벌 기업인 마쓰시타 전공이 시장을 지배하던 시기였다. 미라이공업은 후발업체로 전혀 승산이 없어 보였지만, 야마다 사장은 항상 고객의 목소리를 귀에 담고 더욱 편리한 기능의 상품을 생산하면 마쓰시타 전공을 넘어설 수 있다고 자신하고 '법이 허용하는 범위에서 고객을 만족시킬 수 있는 작은 아이디어를 실현하겠다'고 결심했다. 그리고 그는 그 결심을 실천에 옮겼다. 경쟁사들이 생산비용을 절감하기 위해 고심할 때 미라이공업은 더 가치 있는 제품으로 고객의 마음을 사로잡은 것이다.

미라이공업의 경영전략은 정말 매력적이다. 한국의 기업문화에도 던져주는 메시지가 강렬하다. 21세기 글로벌 기업의 최대 고민은 어떻게 하면 일하고 싶은 기업문화를 만들어 임직원들의 창의성을 최대한 이끌어내느냐에 맞춰져 있다. 중요한 것은 감성과 창조성과 소프트한 권위, 소프트한 리더십이다. 기업문화를 이렇게 바꾸지 못하면 지식산업 사회에서의 기업경영은 곧 암초에 걸리게 되어 있다.

나는 미국식 경쟁 시스템이 광범위하게 도입되면서 날로 살벌해지는 우리의 기업문화에 대해 큰 우려를 갖고 있다. 직원들 간의 신뢰가 무너지고 회사와 직원의 거리가 멀어지고 있다.

모든 기업이 미라이공업을 따라갈 수는 없을 것이다. 그러나 야마다 사장이 한 언론과의 인터뷰에서 했던 발언의 의미를 곰곰 새겨볼 필요는 있을 것이다. 그는 "직원은 연극무대에 선 배우다. 막이 오르면 연기는 배우에게 맡겨야 한다"고 말했다.

직원을 기쁘게 하면 매력적인 제품과 서비스가 생산된다. 고객은 기뻐하며 기업의 팬이 될 것이다. 팬이 된 고객은 기업이 조금 잘못해도 감싸준다. 고객은 돌아서지만 팬은 돌아서지 않기 때문이다.

'매력적인 기업' 미라이공업의 경쟁력은 사원을 주인으로 대접하는 데서 나온다.

우리는 상생으로 간다

···· '노사의 앙상블' 현대중공업

현대중공업 직원들은 자녀교육에 대한 경제적 부담이 없다. 유치원생에서 대학생까지 모두가 장학생이다. 취학 전 자녀에게는 유아교육 지원금으로 매 분기 10만 원씩, 중·고등학생과 대학생 자녀에게는 매 학기 등록금 전액이 주어진다. 현대중공업 임직원 자녀 모두가 장학금 혜택을 입는 셈이다. 사교육비를 과도하게 지출하지만 않는다면 큰 걱정 없이 자식농사를 지을 수 있는 것이다.

나는 요즘 TV 광고에 나오는 고 정주영 명예회장의 모습과 육성을 보고 들으며 진한 감동을 느끼곤 한다. 그렇다. 그때는 그런 열정이 있었다. 소프트파워보다 하드파워가 지배했던 시대이기는 했으나 목표를 이루기 위한 열정이 있었다.

고 정주영 회장은 이렇게 말했다.

"조선소가 들어설 백사장 사진과 거북선이 그려진 500원짜리 지폐만 들고 가서, 너희들이 내 배를 사겠다고 해주면 그걸로 차관을 얻어 조선소를 지어서 배를 만들어줄 테니 사라."

현대중공업이 1972년 황무지나 다름없던 울산 미포만에 조선소를 짓기 시작했을 때만 해도 세계 조선업계는 이를 무모한 일이라 여겼다. 오늘날 현대중공업은 당당한 세계 1등 기업이 되었다. 삼성전자와 함께 '일하고 싶은 기업' 1, 2위를 다투는 일류 기업으로 성장했다. 노사가 각자의 욕망을 적절한 수준으로 억제하며 하나가 되지 않았으면 이룰 수 없었던 꿈이다.

현대중공업의 경쟁력은 세계 시장에서 통하는 '1등 제품'을 만드는 데 있다. 현대중공업은 지식경제부가 선정하는 '세계 일류 상품'을 19개나 보유하고 있다. 특히 이동식 발전설비는 전력 사정이 좋지 않은 남미와 중동, 동남아 등에서 큰 인기를 얻고 있다.

나는 '무분규 연속 13년'의 대기록을 세운 상생의 노사관계가 현대중공업의 가장 큰 경쟁력이라 생각한다. 현대중공업 노조는 한때 강력한 투쟁력을 자랑했다. '골리앗 투쟁'과 'LNG 선상 파업' 등 한국 노동운동사의 한 페이지를 장식할 만한 투쟁을 벌였다. 1990년대 중반까지 연례행사처럼 이어진 장기 파업은 노사 모두에게 큰 아픔을 남겼다. 그 아픔을 딛고 일어나 상생하는 기업문화를 정착시킨 데에 현대중공업의 저력이 있고 매력이 있다.

"우리가 잘되는 것이 나라가 잘되는 길이고, 나라가 잘되는 것이 우리

현대중공업 노사화합의 한마당

가 잘되는 길이다."

울산 본사의 정문 맞은편 공장에 붙어 있는 문구다. 현대중공업 직원들은 출근할 때마다 이 문구를 되새기며 하루를 시작한다. 거창하게 나라를 논하지 않더라도 자신의 노동이 가족을 행복하게 하고, 이웃과 국민의 경제생활에 도움을 준다면 그것보다 더 행복한 일은 없다. 자신을 위해 하는 일이 결국 이웃에게도 큰 도움이 된다는 자각을 하게 된다.

최근 수년간 사상 최대의 실적을 기록해온 현대중공업이 풍부한 자금을 바탕으로 사업 다각화에 나서고 있는 것도 자연스런 일이다. 수익의 대부분을 차지하는 조선업의 호황이 끝나기 전에 미래 성장동력 확보를 위한 사업 포트폴리오 재편에 나서겠다는 것이다.

현대중공업은 8조 원에 달하는 현금성 자산을 동원해 태양광, 로봇, 금융 등 신성장 사업에 대규모 투자를 하고 있다. 국내 기업 최초로 유럽 시장에서 6000만 달러 규모의 태양광 발전설비를 수주하고, KCC와 합작법인을 설립하여 폴리실리콘 사업에 진출했다. 2008년 1월에는 대우버스와 공동으로 하이브리드 버스 개발에 성공하며 업계의 주목을 받았다. 조선산업에서 축적한 기술과 자본이 연관 산업으로 뻗어나가고 있는 상황을, 나는 기쁜 마음으로 목도하고 있다.

현대중공업은 2007년 100억 달러 수출탑을 받았다. 엄혹했던 유신 시절, 박정희 대통령은 국민에게 100억 달러 수출 목표를 신기루처럼 제시하며 국가를 통치했다. 불과 30년 전의 일이다. 이제는 현대중공업 한 회사가 그 목표를 훌쩍 뛰어넘었다. 전 세계 선박의 약 15퍼센트를 건조하는 놀라운 점유율이 낳은 개가다.

노사관계가 안정되고 회사의 잠재력이 더욱 커지면서 신기술에 대한 투자, 연구개발 의욕 역시 강렬하다. 최근에는 세계 최초로 개발한 '날개 달린 선박'의 탁월한 연료절감 효과가 알려지면서 선주사들로부터 큰 인기를 얻고 있다. 지난 2006년 5월부터는 세계 최고 권위의 연구기관인 미 해군연구소와 기술교류에 대한 협약을 맺고 선박의 건조공정을 획기적으로 개선할 특수도료를 공동 개발 중이다.

이 같은 현대중공업의 끊임없는 아이디어와 기술개발 등 경쟁력의 원천은 자체 선박해양연구소와 산업기술연구소, 기계전기연구소, 테크노디자인연구소 등 4개 연구소 내 500여 명의 전문 연구인력이다. 이들은 6개 사업본부에서 근무하고 있는 1000여 명의 기술개발 인력과 협력하여 신제품 개발과 생산에 필요한 기술을 뽑아내고 있다. 한마디로 현대중공업 경쟁력의 산실인 셈이다.

1990년대 치열했던 노사갈등은 결코 무의미했던 것이 아니었다. 그 과정을 통해 노사는 상대의 존재가치를 인정하게 되었다. 현대중공업의 매력은 이런 성숙함을 바탕으로 한다. '직원만족도 1위', '복지천국', '최고의 경쟁력'을 자랑하는 이 기업에는 직원들을 위한 배려가 곳곳에 넘쳐난다. 이런 작은 배려들이 사원에게 감동을 주고 사원들은 작업 현장에서 세계 최고의 상품을 만들어낸다.

　현대중공업의 노사가 흘린 땀은 그래서 아주 오랫동안 세계를 놀라게 할 고농축 자양분이 될 것임이 확실하다.

맨유가 단순한 축구클럽이라고?

···· 투자자의 미래를 보장하는 맨유

2008년 미국의 경제 전문지 〈포브스〉는 영국의 프로축구 클럽 맨체스터 유나이티드_{맨유}의 자산가치를 18억 달러_{한화 약 1조 8000억 원}로 평가했다. 축구는 물론 미국 프로풋볼, 메이저리그, NBA 등 모든 프로 스포츠 구단들을 제치고 세계 최고의 스포츠클럽으로 인정받은 것이다.

세계 최고의 부자구단 맨유를 이끄는 사람은 데이비드 길이다. 공인회계사인 그는 1981년 영국 최고의 회계전문회사 워터하우스에 입사했다. 1986년 샌프란시스코 지사 근무를 끝으로 워터하우스를 떠난 그는 이후 컨설팅 회사와 여행사를 거쳐 지난 1997년 재정국장으로 맨유에 입사했고 2003년에는 맨유의 최고경영자가 되었다.

흰머리가 희끗희끗 섞인 금발에 190센티미터가 넘는 이 푸른 눈의 영국 신사는 언제나 자신감과 활력이 넘친다. 구단을 최고의 가치로 키우고 그 가치를 지키겠다는 그의 일념은 공격적인 선수 영입과 구단 운영 스타일에서 확연히 드러난다.

데이비드 길은 맨유의 경영철학을 구단의 이니셜로 설명한다. 단결되어 있고$_{U,\ united}$, 직급에 상관없이 모든 이를 공평하게 대하고$_{N,\ non\text{-}discriminated}$, 혁신적이고$_{I,\ innovative}$, 팀워크$_{T,\ teamwork}$가 잘 이루어지고, 탁월하고$_{E,\ excel}$, 확고한 목표의식$_{D,\ determined}$을 지녀야 한다는 것이다. 데이비드 길이 밝힌 '맨유 정신'은 구단 운영, 선수 수급, 성적 등 모든 측면에서 거의 그대로 관철되고 있다.

길 사장은 "경기장 안뿐만이 아니라 그라운드 밖의 행정조직도 이 같은 원칙으로 움직여야 한다"고 주문한다. 자신이 물러난 후에도 지속적인 발전을 이룰 수 있는 조직을 만들겠다는 것이 그의 꿈이다. 맨유를 '영원한 제국'으로 건설하겠다는 것이다.

데이비드 길은 맨유가 세계 최고의 축구단이 된 비결을 "한눈을 팔지 않고 축구로 번 돈은 축구에 재투자한 것"으로 설명한다. 최근에는 세계적인 공연예술 브랜드인 '퀴담'의 광고 전문가도 맨유에 합류했다. 최고의 스트라이커 크리스티아누 호날두와 계약할 때도 거금을 아끼지 않았다. 2012년까지 주급 12만 파운드$_{한화\ 2억\ 2000만\ 원}$에 계약하고 나서도 "충분히 가치가 있었기 때문"이라며 대수롭지 않게 생각했다. 어머어마한 연봉 지급이 단순한 지출이 아닌 투자라는 점을 잘 알고 있기 때문이다.

그렇다고 해서 맨유가 무턱대고 과도한 인건비를 부담하고 있는 것은 아니다. 선수 연봉과 축구단 직원의 인건비는 전체 수입의 50퍼센트를 넘지 않는다. 데이비드 길이 하나의 원칙으로 정해놓은 가이드라인이다.

 길 사장은 축구를 항상 비즈니스의 관점에서 파악한다. 맨유의 CEO로서 너무도 당연한 태도다. 그는 매주 6만 관중 앞에서 열리는 프리미어리그는 퀴담 못지않은 대형 이벤트이며 광고 전문가의 도움이 절실히 필요한 비즈니스라고 생각한다. 축구단의 사장은 그들을 하나로 모아 조화를 이루게 하는 것이라고 그는 역설한다.

 이익의 범위 안에서 선수들에게 투자하고 재정의 안정과 구단의 발전을 동시에 추구하는 맨유의 원칙은 우리의 K리그 구단에도 적지 않은 교훈이 될 것이다. 스포츠 비즈니스 전문가들은 맨유에서 배우는 경영의 지혜를 다음과 같이 정리하고 있다.

- 최고의 기업만 살아남는다. 맨유가 사랑받는 것은 세계 최고의 팀이기 때문이다.
- 충성도 높은 고객을 확보하라. 맨유는 최고의 선수와 경기로 최고의 만족을 선사한다.
- 인재를 위해 아낌없이 투자하라. 우수한 선수를 영입하면 구단의 매출도 증가한다.
- 자신감을 불어넣어라. 맨유 선수들은 경기에 지고 있다고 해도 언제든 뒤집을 수 있다는 믿음을 가지고 어떤 상황에서도 결코 포기하

지 않는다.
- 호통 치기는 조직원들이 리더를 존경할 때만 효과가 있다. 퍼거슨 감독의 호통은 그래서 효과가 있다.

마케팅의 원칙과 기법도 눈여겨볼 만하다.

- 적절한 포지셔닝을 하라. 꿈과 희망을 주는 구단, 지구촌 모두가 응원하고 싶은 구단을 만든다.
- 브랜드 이미지는 10세 이전에 형성된다. 어린이를 충성도 높은 고객으로 확보한다.
- 상품 아닌 게 없다. 입장권만 상품이 아니다. 박물관의 역사와 추억도 상품이다. 맨유의 수입 가운데 30퍼센트는 캐릭터 상품 판매에서 나온다.
- 비즈니스의 전통적 영역을 파괴하라. 은행과 보험사도 경쟁상대다.
- 글로벌 인재를 발굴하라. 외국인 선수를 스카우트, 지역 팬들의 관심도를 높인다.

맨유는 단순한 축구클럽이 아니다. 전 세계에 1억 명의 팬을 두고 있고 구단 가치는 무려 1조 8000억 원에 달하는 세계적인 기업이다. 평균 관중 수는 7만 5655명이다. 매주 400만 명 이상의 팬들이 맨유의 경기를 TV로 지켜본다. 이들이 맨유의 지속적인 수익 창출에 큰 공헌을 하고 있음은 물론이다. 팬들은 그것을 잘 알면서도 맨유의 뛰어난 경기력은 물론 구단이 보여주는 현란한 마케팅에 대해 지지와 공감을 표하고 있다.

이만한 알짜 기업을 찾기도 쉬운 일은 아닐 것이다. 비결도 의외로 간단하지만 가만히 들여다보면 그 비결에는 맨유만의 매력이 넘친다. 맨유가 팀을 조직하고 동기부여를 통해 구성원들의 능력을 끌어올리는 과정은 기업의 일반적 비즈니스 행위와 전혀 차이가 없다. 기업의 최종 목표가 '고객만족'이라면 맨유는 부의 원천인 자신들의 고객인 팬들을 만족시키는 데 역점을 둔다.

현재보다 미래를 위해 투자하는 것도 맨유 경영의 비결 아닌 비결이다. 젊고 유망한 선수를 '맨유맨Man-U-Man'으로 만들거나 유소년을 발굴하여 최고 선수로 키워낸다. 리그 우승 10회에 빛나는 라이언 긱스나 폴 스콜스, 게리 네빌 등 맨유의 주전선수 70퍼센트가 이 시스템을 통해 성장한 스타들이다.

무한경쟁 시스템도 맨유 특유의 강점이다. 선수들은 주전 자리를 지키기 위해, 혹은 주전 자리를 빼앗기 위해 다른 선수들과 치열한 경쟁을 펼친다. 이러한 경쟁을 통해 자연스럽게 선수층이 두꺼워진다. 이 두꺼운 선수층은 상대팀의 성격에 따라, 선수의 컨디션에 따라 조직력을 재정비할 수 있는 맨유만의 강점으로 작용한다. 맨유 특유의 선수 교체 시스템이 가능해지는 것이다.

맨유의 최대 장기는 대중적 인기를 완벽하게 마케팅에 활용한다는 것이다. 맨유의 수익구조는 다양하다. 매년 수백억 원이 넘는 방송중계권료, 스폰서십, 캐릭터 상품 등 다양한 수익원을 가지고 있다.

맨유의 성공은 '최고의 선수 영입→대중의 지지→각종 수입 증가→최고의 선수에게 재투자'로 이어지는 선순환 구조로 설명될 수도 있다.

이를 일반 기업에 적용한다면 '인재 영입→가치 창조→수익 창출→인재 영입에 재투자'로 이어지는 구조다.

단지 실력으로만 보자면 맨유는 아스날, 첼시, AC 밀란, 유벤투스, 레알 마드리드, 바르셀로나 등과 어깨를 나란히 하는 팀이다. 그럼에도 불구하고 맨유가 이 모든 클럽 중 가장 잘나가는 배경은 총체적인 매력에서 맨유가 가장 앞서기 때문이다. 자산 가치, 마케팅 능력, 팬들의 충성도, 팀의 매력, 서포터의 수준 등을 고려했을 때 맨유는 역시 세계 최강이다.

매력은 단순한 실력이 아니라 '실력 플러스 알파'를 요구한다는 것을 우리는 맨유를 통해 확인할 수 있다.

상상하는 것 이상을 보여주마

···· 세계의 허브를 지향하는 두바이의 도전

두바이는 21세기 꿈의 도시다. 두바이는 도시이면서 스스로 완결된 국가이며 하나의 거대한 기업이기도 하다. 두바이는 도시와 국가와 기업을 하나로 뭉친 21세기형 콤플렉스다. 두바이는 하나의 문화현상이며 하나의 국제적 권력이다. 전 세계 정치·경제계의 리더들이 두바이를 연이어 방문하고 있고 두바이 관련 소식은 연일 세계 매스컴을 도배하고 있다. 과거 중동의 이미지로만 두바이를 판단한다면 그것은 커다란 시대착오다.

세계적인 금융위기의 쓰나미가 한창일 때도 두바이의 행진은 멈추지 않았다. 2008년 11월 두바이에서는 축구장 50개 규모의 면적에 1200개의 상점, 22개의 영화관, 올림픽경기장 규격의 아이스링크, 관람창 1개의 크기가 길이 33미터, 높이 8미터로 기네스북 세계 최대 아크릴 패널 분야에 등재될 예정이라는 거대한 수족관 등을 갖춘 세계 최대 규모의 쇼핑몰인 두바이몰이 공식 개장했다. 그야말로 거침없는 행보여서 오히려 불안감마저 자아낼 정도다. 지금까지 두바이에서 진행되고 있는 프로젝트들은 세계 최고, 세계 최대, 세계 최초를 지향한다. 두바이 브랜드는 최고의 매력을 지향하지만 그 매력의 끝은 가늠하기가 쉽지 않다. 20세기 초 미국 뉴욕의 자리를 이제 아랍에미리트의 두바이가 물려받고 있다.

두바이의 지도자 셰이크 모하메드는 두바이를 이끄는 CEO다. 그는 "이룬 것보다 이룰 것이 많다"면서 야심을 숨기지 않고 있다. 그의 강력한 카리스마와 규제가 없는 완벽한 개방정책이 두바이의 매력을 구성하는 두 축이라고 할 수 있다.

중동의 카리스마형 리더십은 그간 개방보다 폐쇄와 고립을 지향했다. 반면에 모하메드의 카리스마는 완전 개방을 지향한다는 점에서 신선하다. 그는 1985년 중동에서 처음으로 자유무역항을 설치했다. '4무 2다 정책'도 두바이의 성공을 가능하게 한 축 가운데 하나다. 4무는 세금, 외환거래 제한, 자국민 의무고용, 노동쟁의가 없는 것이고 '2다'는 다양한 물류 여건과 기업지원 시스템이다.

두바이가 세계 무대에 등장한 것은 모하메드의 등장과 때를 같이한다. "미래를 바꾸지 않으면 노예 상태로 머문다"는 그의 철학은 1995년 왕세자로 지명되면서 실질적인 힘을 얻었다. 이때부터 그의 강력한 리더십이 본격적으로 실현되었고, 두바이는 혁명적으로 탈바꿈하기 시작했다. 모하메드는 관광, 무역, 금융, 컨벤션 등 서비스업에 승부수를 던졌다. 그 결과 20여 년 전만 해도 작은 어촌에 불과했던 두바이는 오늘날 세계의 주목을 받는 도시로 도약했다.

한때 통치체제가 흔들리는 위기도 겪었다. 그는 그때마다 "먼저 상황을 지켜본다. 그리고 사람들의 표정을 읽고 결정을 내린다. 하지만 전광석화처럼 움직여야 한다"고 부하들에게 말했다고 한다. 또 자신의 친미적 성향이 도마에 오르자 "최대 강국과 맞선 나라치고 잘사는 나라가 없다"고 일축하기도 했다.

두바이의 랜드마크인 버즈 두바이는 2009년 가을 세계 건축사에 남을 기념비적 건물로 우뚝 솟을 것이다. 아직은 정확한 높이를 공개하지 않고 있지만 160층 이상, 높이 800미터 이상의 초고층이 될 것으로 보인다.

두바이 앞바다에 조성 중인 야자수 모양의 인공섬 팜 아일랜드에는 관광레저 타운이 건설되고 있다. 셰이크 모하메드의 놀라운 상상력이 실현되고 있는 공간으로, 조금이라도 해변을 늘리자는 사막 민족의 염원을 담고 있다.

미국 디즈니랜드의 2배에 달하는 초대형 테마공원 두바이랜드도 상상을 초월하는 규모다. 대형 유리돔 안에 인공으로 조성한 열대우림과 스키 슬로프, 놀이시설과 박물관 등 6개의 테마공간으로 꾸며진다. 특히 '기적의 팰콘 시티'로 불리는 테마파크는 '세계 7대 불가사의'의 기적을 그대로 복원할 예정이다. 인간의 욕망과 상상이 이룰 수 있는 극한이 현실화되는 것이다.

'테크놀로지 & 미디어 프리 존' 사업은 두바이가 무엇을 지향하고 있

바닷가에 우뚝 솟아 있는 것이 버즈 알아랍 호텔이다

는지를 잘 보여준다. 인터넷 시티, 미디어 시티, 지식마을 조성이 그 핵심인데, 두바이의 개방이 어느 정도인지를 여실히 보여주는 사업이다. 법인세는 물론, 소득세와 관세가 100퍼센트 면제된다. 부동산에 대한 소유권이 인정되고, 송금이나 환전에 대한 규제도 없다. 이 지역을 외국 기업 유치의 지렛대로 활용하면서 중동의 무역과 지식산업의 허브로 키우고 있는 것이다.

두바이는 그 자체가 하나의 거대한 실험실이기도 하다. 세금 없는 도시국가가 실제로 가동 중이다. 돈을 벌어도 세금을 부과하지 않고 부가가치세도 기본적으로 없다. 그렇다면 이 도시는 어떻게 운영될까? 국가가 사실상 소유하고 있는 항공사, 정유사, 부동산 개발회사 등이 비즈니스를 통해 벌어들이는 수익으로 나라를 운영한다.

두바이는 거대한 쇼윈도이자 매력적인 시장이다. 세계의 일류 상품들이 몰려들어 경쟁하고 있다. 자동차뿐 아니라 세상의 모든 명품이 이곳을 넘보고 있다. 한국산 자동차도 치열한 경쟁을 벌이고 있다. 삼성건설은 세계 최고 빌딩으로 등극할 '버즈 두바이'를 짓고 있다. 한국의 IT기업들도 두바이를 노리고 있다.

거대한 주식회사 두바이는 뛰어난 홍보전략을 보여준다. 특히 모하메드는 자신의 독창적인 국가전략을 포장하는 정치적 능력에 뛰어나다. 그는 외국인의 눈길을 잡아당기지 못하면 실패라고 생각한다. 그래서 '세계 최초, 세계 최고, 세계 최대'라는 구호를 만들었다. 그리고 세계 비즈니스계의 간판기업을 우선적으로 유치했다. 다른 기업들이 두바이를 도저히 간과할 수 없도록 만드는 마케팅 기법을 활용한 것이다. 세계적인 스타들을 동원하여 각종 이벤트와 대규모 국제행사를 개최하는 데도 혼신의 노력을 기울였다. 버즈 알아랍 호텔 헬기장에서 타이거 우즈가 호쾌한 샷을 날리는 모습을 홍보한 것이 대표적인 사례다.

두바이에 대한 가장 큰 오해는 그것이 오일달러의 산물이라는 인식이다. 그러나 내막을 들여다보면 오일달러는 결과일 뿐 원인이 아니다. 두바이가 가능성을 보이기 시작하면서 엄청난 오일달러가 몰려들었다는 것이 정확한 실상이다. 상상을 불허하는 랜드마크를 잇따라 세우는 것도 전 세계의 자본을 끌어들이기 위함이다. 먼저 매력을 만들고, 자본을 유치한다는 발상이다.

불투명한 국가 재정과 막대한 채무, 예측하기 어려운 중동 정세가 두바이의 발목을 잡을 것이라는 우려도 나오고 있지만, 많은 전문가들은 여전히 두바이의 승승장구를 점치고 있다. 두바이를 이끄는 모하메드의 리더십이 워낙 강력하고 기발한 데다 추진력과 함께 스피드까지 갖추고 있기 때문이다. 이미 두바이가 '규모의 경제'를 구축했기 때문에 부익부의 선순환이 어느 정도는 자동적으로 지속될 것이라는 예상이다.

두바이의 매력은 거침없는 실험과 도전 정신에 있다. 최초, 최고, 최대를 지향하는 모험에는 위험이 따르지만, 최강의 경제집단을 지향하면서 가장 수준 높은 문화를 포용하겠다는 두바이의 발상은 여전히 매력적이다. 정신과 물질, 경제와 문화 사이에서 균형을 잡는 일이 중요한데, 나는 두바이의 성패가 그런 균형감각을 유지할 수 있느냐에 달려 있다고 생각한다.

5장

당신과 함께라면 어디든 가겠다

― 매력형 리더십의 조건

돌처럼 가라앉고 싶은가

•••• 21세기가 원하는 리더

「The Times They Are A-Changin', 시대는 변하고 있다」란 노래가 있다. 1960년대를 풍미한 미국의 포크송 가수 밥 딜런이 부른 노래다. 그는 이 시대 미국인들에게 엄청난 영향을 미쳤다. 베트남 전쟁과 인권운동의 소용돌이 속에서 그는 미국이 변화하고 있고 변화해야 함을 노래를 통해 전파했다. 이 노래는 이렇게 시작한다.

> 사람들아 모여라, 어디를 다니든지 간에
> 그리고 변화의 물결이 다가옴을 인정하자
> 그 물결이 뼛속 시리게 젖어들 것임을 받아들이자
> 그대의 세월이 당신 자신에게 소중하다면

흐름에 발맞추자. 아니면 돌처럼 가라앉을지니
시대는 변하고 있으므로

'흐름에 발맞추지 않으면 돌처럼 가라앉는다'는 그의 호소는 지금 들어도 의미심장하다. 변화는 모든 '살아 있는 것'의 피할 수 없는 현상이요, 운명이다. 개인은 물론 한 국가와 사회도 변하지 않고는 생존할 수 없다.

사람들의 관계도, 사람을 조직하고 이끄는 리더십에도 새로운 변화의 바람이 불고 있다. 이 책의 1장에서 언급했듯이 권위적이고 경쟁적이며 지시하고 억압하는 리더십의 시대가 가고, 소통하고 배려하며 협력하는 리더십의 시대가 도래했다. 이러한 리더십이 바로 매력형 리더십이며 그 근간을 이루는 것은 다름 아닌 소프트파워다. 이 소프트파워야말로 21세기 리더십의 본질이다.

소프트파워 리더십, 소통의 리더십이 21세기 조직 운영의 화두로 떠오른 이유는 자명하다. 21세기는 상호의존의 시대다. 한 국가나 개인이 어떤 결정을 내릴 때 그것은 이미 '독자적인 결정'이 아니다. 모든 사물과 현상은 서로 밀접하게 연관되어 작동한다. 세계의 정치, 경제, 사회, 문화는 매우 급격하게 통합되고 있다. 최근 미국발 금융위기가 지구촌 전체의 불황으로 이어지고 있는 것도 세계가 상호의존적이라는 사실을 보여주는 한 가지 사례라고 할 수 있을 것이다.

이러한 상황 속에서 경쟁적이거나 권위적인 리더십은 존재의 근거를 잃을 수밖에 없다. 통합과 다양성의 시대에 사람, 조직의 관계는 항상 유동적이다. 새로운 리더는 이런 상황을 통찰하면서 새로운 리더십의 방법론을 고안해야 한다. 나는 이것을 매력형 리더십, 소프트파워에 뿌리를 둔 리더십으로 정의하고자 한다.

매력형 리더십은 조직 운영에서의 우선순위가 과거와는 현격히 달라졌다는 점을 직시한다. 조직 내에는 과거보다 훨씬 다양한 구성원들의 성향과 욕구가 존재하며, 그 충돌의 양상은 이전보다 훨씬 더 복잡다단하다. 최대의 이윤 창출이나 능률의 극대화라는 단일한 목표가 우선순위의 중심에 설 수 없다는 것을 통찰하는 것이야말로 매력형 리더십의 대전제다.

이제 기업인들은 주주와 고객에게 중점을 두었던 종래의 방식에서 한 걸음 더 나아가 직원들의 지적·정신적 성장에 관심을 기울이는 방향으로 시야를 넓혀야 한다. 지역사회에 대한 책임감과 함께 환경 보호, 소비자 보호에 관심을 기울여야 한다. 여성과 사회적 소수에 대해서도 관심을 기울여야 한다.

매력형 리더십은 리더 혼자만의 힘으로 얻어질 수 있는 것이 아니다. 리더의 지휘를 받는 구성원들도 매력형 조직원으로 환골탈태해야 한다. 방관주의, 순응주의, 밥그릇 지키기, 조직 이기주의, 분파주의를 극복해야 한다. 리더와 구성원의 소통도 중요하지만 구성원 간의 소통도 중요하다. 그런데 리더십의 성격이 변하지 않으면 조직의 성격도 변하지 않는다.

매력형 리더십은 '관계 지향적' 리더십이다. 목표보다 사람을 중시하고 사람을 중시하는 가운데 더 큰 목표를 달성한다. 이것이 바로 매력형 리더십의 비밀이다.

관계 지향적 리더십은 자기 조직의 구성원들이 목표를 달성하는 것을 돕는 데서 보람을 찾는다. 집단적 과업에 쉽게 참여하고 다른 사람이 목표를 달성할 수 있도록 돕는다.

매력형 리더십은 조직 구성원의 활동에 직접적으로 관여하지는 않는다. 대신 그들은 성취감을 북돋워주거나 고무한다. 그들은 스승이나 팬처럼 행동하고, 조언을 하거나 용기를 북돋워주고, 집단의 업적에 대해 큰 자부심을 갖는다.

매력형 리더십은 설득하고 권한을 위임하는 것에 익숙하다. 다른 사람을 공통의 관심사로 자연스럽게 끌어들인다. 설득을 잘하는 리더는 스스로를 어떻게 보여주어야 하는지, 시간을 어떻게 조정해야 하는지, 어떻게 극적인 순간을 연출해야 하는지를 정확하게 알고 있다. 권한의 위임이 자신의 권력을 축소할지도 모른다는 두려움도 없다. 권한을 위임받은 사람은 그 리더에게 일종의 부채감을 느끼게 된다. 이 부채감이 자신을 독려하는 자극제가 되고 그 과정 속에서 조직의 목표가 더 효과적으로 달성된다. 권한의 위임은 리더의 권력을 약화시키는 것이 아니라 리더의 진정한 권위를 더욱 강화하는 결과를 낳는다.

전체는 부분의 합보다 크다. 이것이 바로 시너지 또는 상승효과의 기초 원리다. 즉, 1+1이 2 이상의 효과를 일으킨다. 기업이 경영다각화 전략을 추진할 때를 생각해보자. 신제품을 추가할 때 기존의 유휴 설비, 동일 기술, 동일 유통망을 활용할 수 있다면 시너지 효과를 기대할 수 있다. 만일 주유소에서 건강식품을 판매한다면 새로운 점포의 설치가 필요 없으며 유통 경비도 절감된다. 신제품에 기존의 자사 상표를 붙여서 판매한다면 홍보비가 절감된다. 이를 '판매 시너지'라고 한다.

리더십도 마찬가지다. 매력형 리더십은 통합의 리더십이다. 시너지 창출을 위해 항상 고심한다. 쌍방향의 의사소통으로 리더와 구성원을 통합하고 리더와 또 다른 리더를 통합해서 행동, 가치, 그리고 책임감이 공유되는 공동체를 형성하여 조직 내 시너지를 창출한다. 원활한 네트워크를 구축하여 책임과 의무를 공유하고 공동의 문제를 해결하기 위해 협력하게 한다. 다른 사람을 '상사', '고용주', '추종자' 또는 '부하'라고 생각하지 않고, '동료', '협력자', '동업자', '구성원', '후원자' 등으로 생각한다.

매력형 리더십은 조직의 내외부에 새로운 커뮤니케이션 루트를 개발한다. 수평적 리더십이 발휘되는 통로다. 이렇게 개발된 루트는 또 다른 루트를 개발한다. 자기증식적인 리더십의 매력이다. 그 결과, 자기중심적 리더십이 10년에 걸쳐도 달성하지 못하는 것을 1년 안에 달성하기도 한다.

21세기형 기업문화는 일방적인 지시와 명령으로 일관되었던 과거의 리더십을 거부한다. 이제는 '무조건 나를 따르라'고 외치며 명령과 복종만을 요구하는 리더보다 신뢰와 믿음을 통해 구성원을 이끄는 소프트 리더가 각광받는다. 구성원을 복종시키기보다 섬기는 리더가 21세기를 효율적으로 헤쳐나갈 수 있다. 바로 그 소프트 리더의 정점에 매력형 리더가 있다.

절대긍정의 리더

···· 윤석금 웅진그룹 회장

나는 나의 능력을 믿으며
어떠한 어려움이나 고난도 이겨낼 수 있고
항상 자랑스러운 나를 만들 것이며
항상 배우는 사람으로서 더 큰 사람이 될 것이다.

나는 늘 시작하는 사람으로서 새롭게 일할 것이며
나는 끈기 있는 사람으로 어떤 일도 포기하지 않고
끝까지 성공시킬 것이다.

나는 항상 의욕이 넘치는 사람으로

나의 행동과 언어, 그리고 표정을 밝게 할 것이다.

나는 긍정적인 사람으로 마음이 병들지 않도록 할 것이며
남을 미워하거나 시기, 질투하지 않을 것이다.

내 나이가 몇 살이든 스무 살의 젊음을 유지할 것이며
나는 세상에 태어나 한 가지 분야에서 전문가가 되어
나라에 보탬이 될 것이다.

나는 다른 사람의 입장에서 생각하고
나를 아는 모든 사람들을 사랑할 것이다.

나는 정신과 육체를 깨끗이 할 것이며
나의 잘못을 항상 고치는 사람이 될 것이다.

나는 나의 신조를 매일 반복하여 실천할 것이다.

윤석금 웅진그룹 회장이 매일 아침마다 외운다는 '나의 신조'다. 윤 회장의 기업 경영, 삶의 키워드는 크게 5가지로 요약할 수 있다. 적극성, 행복, 창의, 변화, 긍정이 그것이다.

적극성이야말로 윤 회장의 오늘을 있게 한 최대의 동력이다. 그는 말한다. "적극적으로 생각하라. 대상을 긍정적이고 능동적으로 바라보라."

두 번째는 행복이다. 행복이야말로 윤 회장을 매력적인 인간, 매력적인 경영인으로 만든 삶의 본질적 지침이다. 그는 스스로에게 행복할 것을 명한다. 내가 행복하라, 사랑하라, 긍정적인 생각을 하라, 일상에 감사하라, 나눌 수 있는 마음을 가져라.

그가 말하는 '창의'는 보통 사람들의 창의와는 좀 다른 뉘앙스를 띤다. 창의는 초월적인 것도 아니고 신비한 것도 아니고 특별히 천재적인 것도 아니다. 그는 창의에 대해 이렇게 말한다.

"나는 경영자로서 사업 아이디어가 절실했기 때문에 창의력을 발휘했다. 창의력은 어떠한 상황이나 사물을 주의 깊게 보고 반복해서 생각하는 것이다."

변화 역시 비슷하다. 변화는 어떤 실존적 결단이나 하루아침의 깨달음이 아니다. 오히려 기나긴 과정을 의미한다. 그는 "변하고 싶으면 먼저 목표를 정하라. 그리고 노력하는 과정을 겪어라. 과정의 어려움을 견뎌낸 사람만이 변화할 수 있다"고 말한다.

내가 아는 한 윤석금 회장은 '긍정의 인간'을 대표한다. 한 번도 사물이나 사람을 부정적으로 바라보는 것을 보지 못했다. 부정적인 것 속에서 발견되는 긍정적인 씨앗을 소중하게 생각하고 그것을 반전의 기회로 삼는다. 그는 '긍정적인 생각이 긍정적인 결과를 만든다'고 믿는다. 적극성과 긍정의 힘은 동전의 양면이다.

"내가 브리태니커 백과사전 세일즈맨으로 성공할 수 있었던 것도, 35세에 사업을 시작해서 이만큼 성장시킬 수 있었던 것도 모두 적극적이었기 때문이라고 생각합니다. 적극적인 것은 긍정적인 것과도 밀접한 관련이 있습니다. 영어로 된 백과사전을 팔면서 고객으로부터 수모를 당할 때도 나는 '못하겠다, 그만둬야겠다'는 생각은 하지 않았습니다. 처음 부산에서 일을 시작하였는데, 영업이 잘되지 않는 곳으로 이동하라는 조직의 결정에 따라 대구 등으로 옮기게 되었습니다. 그럴 때도 나는 '잘 안 되는 지역에 가서 내가 조금만 잘하면 금방 나의 능력을 인정받을 수 있을 것이다'라고 생각을 바꿨습니다. 옮기는 것은 똑같은 결과이지만, 원인과 과정을 긍정적으로 생각하다 보면 스스로에게 자신감과 당위성이 생겼습니다. 이것이 적극적인 행동으로 이어졌습니다. 적극적이라는 것은 어떠한 대상에 대한 태도가 긍정적이고 능동적인 상태를 말합니다. 나는 우선 생각이 적극적이어야 한다고 생각합니다."

그는 언젠가 이렇게 회고한 적이 있다. 회고를 통해서도 알 수 있듯이 그는 첫 사회생활을 브리태니커 백과사전 외판원으로 시작했다. 방문판매업계의 전설로 불리며 판매왕을 독식한 그는 기사와 차를 제공받는 일류 세일즈맨이 되었다.

1980년 웅진출판을 설립한 그는 출판사의 CEO로 새로운 인생을 시작한다. 시작부터 그는 '어린이마을'이란 36권짜리 동화전집을 내놓으며 큰 성공을 거두었다. 하지만 누적된 미수금 때문에 한때 위기를 맞기도 했다. 전집류 출판은 특성상 할부구매가 일반적이어서 미수금이 쌓이는 경우가 적지 않았다. 5000만 원을 빌리려고 사흘 밤낮을 은행 지점장과 대출담당자에게 매달려야 했고, 당시 만연했던 관행상 지점에 10퍼센트 정도의 커미션을 내고 나면 자금은 늘 부족했다.

그는 이 같은 어려움을 헤쳐나가기 위한 묘안을 짜내야만 했다. '돈을 나중에 받아서 생긴 공백을 돈을 미리 받아서 해결할 수는 없을까?' 그는 이 같은 화두에 매달려 고민에 고민을 거듭했다. 그렇게 해서 태어난 것이 1986년의 빅 히트작 '웅진아이큐'다.

1년 회원제 학습지 웅진아이큐의 당시 회비는 5만 원이었다. 당시의 물가를 감안해도 상당히 저렴한 편이었고 컬러로 제작한 것 또한 획기적인 것이었다. 웅진아이큐는 그야말로 대박을 터뜨렸다. 제품은 1년에 나누어서 주되 회비는 일시불로 받는 역할부로 모인 정기구독료가 무려 150억 원에 달했다. 이때 모인 자금은 그의 사업 인생에 큰 도약의 발판이 되었다. 이어서 차례로 웅진식품, 웅진코웨이를 출범시키며 웅진출판은 점점 그룹으로서의 형태를 갖추어가기 시작했다.

웅진코웨이의 정수기 사업은 1997년 IMF 외환위기 때 직격탄을 맞았다. IMF가 맹위를 떨치던 1998년 정수기 판매는 수직 하락했다. 매출이 전년보다 50퍼센트나 줄어들었다. 살아날 기미가 보이지 않던 정수기 사업은 윤석금 회장의 승부수와 박용선 사장의 기지로 다시 한 번 부활의 엔진을 켜게 되었다. 1998년 4월 업계 최초로 도입한 '렌탈'이 그것이었다.

1997년 말 웅진그룹은 충남 도고에서 전 간부가 참여하는 경영전략 워크숍을 열었다. 그때 연사로 초대된 나는 윤석금 회장과 차를 함께 타고 가면서 대화를 나누었다. 윤 회장이 나에게 "지금 정수기 렌탈을 놓고 임원들 의견이 딱 반반인데 어떻게 하면 좋겠어요?" 하고 물었다. 나는 이 어려운 질문에 한참 동안 뜸을 들이다가 이렇게 말했다. "지금은 변화의 시기입니다. 늘 하던 대로 해서 잘 안 된다면 새로운 방법을 시도해야겠지요."

획기적인 세일즈 방식으로 정상궤도를 찾은 윤 회장은 여기서 멈추지 않고 공기청정기, 비데 등 정수기의 필터 기술을 활용한 사업의 횡적 확대를 도모했다. 이미 검증받은 세일즈 방식과 기술력을 바탕으로 한 신상품의 출시는 웅진의 성장에 날개를 달아주었다.

윤 회장의 탁월성은 어디서 나오는 것일까? 내가 보기에 그것은 '끊임없는 학습'이다. 그는 못 말리는 평생학습주의자다. 책에서 배우고, 현장에서 배우고, 골프장에서 배우고, 해외출장에서 배우고, 최고경영자과정에서 배운다. 그가 가는 곳은 어디든 그의 배움터요, 그의 눈에 띄는 것은 모두 다 그의 학습교재다. 그는 늘 열려 있는 마음으로 귀신같이 트렌드와 정보를 포착한다.

윤 회장 개인의 탁월성이 학습에서 나온다면 리더십의 탁월성은 그가 강조하는 정신에서 나온다. 웅진그룹의 유명한 경영모토 중에 '또또사랑'의 정신이 있다. 기업의 모토라기보다 어느 종교의 지침으로 들리기도 하는 이 말은 '사랑하고, 또 사랑하고, 또 사랑합니다'를 뜻한다. 기업 경영의 핵심인 고객, 일, 조직, 사회, 변화, 도전의 6가지 요소들을 끊임없이 사랑하겠다는 것이다. 이것만 제대로 사랑한다면 성과는 자연스레 따라오게 마련이라는 것이 윤 회장의 생각이다.

'또또사랑'의 정신은 웅진그룹의 발전과 성장의 원동력임과 동시에 창조경영, 윤리경영, 환경경영의 모태가 되고 있다. 창조경영, 윤리경영, 환경경영은 지속가능경영의 핵심 트렌드이자 매력경영의 발현이다. 그는 스스로 매력경영의 모델을 만들어가고 있다. '남들과 다르고, 기존

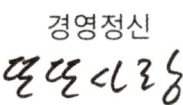

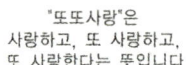

웅진그룹의 경영정신 '또또사랑'

과 다르며, 고정관념을 벗어나는' 제품과 서비스를 만들기 위한 그의 집념과 열정은 익히 알려져 있다. 또한 구매와 회계의 투명성을 높이고 능력에 따른 인사를 철칙으로 하는 윤리경영 방침은 모든 경영활동의 근간이 되고 있다. 2006년 3월에는 그룹 차원의 환경경영을 선포하고 친환경 경영 시스템을 구축해왔다.

1991년 낙동강 페놀 유출이 사회적 이슈가 되었을 때는 '깨끗한 물'을 강조한 정수기로, 새집증후군이 문제가 되었을 때는 공기청정기로 고속 성장을 이룬 웅진그룹이 최근에는 '저탄소 성장정책'에 발맞추어 태양광사업 등 친환경 사업을 적극 추진하고 있다. 윤 회장은 환경오염을 줄이는 시스템을 갖추는 것도 중요하지만, 태양광사업과 같이 "그 자체가 친환경 활동인 사업모델을 적극 찾아야 한다"고 생각한다. 친환경 사업을 적극 추진하여 그룹의 수익성 강화는 물론, 지속가능한 성장과 발전의 토대를 만든다는 것이 윤 회장의 그랜드 디자인이다.

이븐 파를 기념하는 자리에서 윤석금 회장(왼쪽)과 함께

윤 회장은 화술의 달인이다. 준비된 원고 없이도 한 시간여까지 너끈히 청중을 사로잡을 수 있는 말솜씨를 갖고 있다. 이것 역시 그의 큰 매력이다. 무겁고 어려운 주제도 쉽고 재미있게 전달하며 말투 하나하나에서 긍정의 힘이 느껴진다. 몇 년 전 우리 대학원 최고경영자과정의 동문들과 2박3일 일본 여행을 함께 다녀왔는데, 모두 다 여행 내내 그가 들려주는 이야기에 빠져 지냈다.

골프도 수준급으로 즐기고 있다. 윤 회장은 내기 골프를 할 때 몇 가지 원칙을 갖고 있는데, 이를 동반자들에게도 미리 공지하고 있다.

첫째, 내기는 적은 금액으로만 한다.

둘째, 컨시드 골프에서 상대편이 쉽게 홀에 넣을 것으로 여겨 공을 치기 전에 상대편의 퍼트가 성공한 것으로 인정해주는 일를 주지 말고 끝까지 퍼팅한다.

셋째, 누구든지 딴 돈은 돌려주지 않는다.

그러니까 적은 금액으로 내기를 하되 룰은 철저하게 지키며 하자는 것이다. 그리고 너무 큰돈을 걸고 하거나 딴 돈을 돌려주게 되면 다음 번에 또다시 만날 의미를 상실하게 되기 때문에 이런 원칙을 정했다는 설명이다.

윤 회장은 라운딩을 할 때도 절대긍정의 힘을 적극 발휘한다. 그린 위에서는 그런 윤 회장에게 누구든 압도당하고 만다. 4~5미터 거리 퍼팅을 쏙쏙 집어넣으며 버디나 파를 잡아내기 때문에 동반자들은 기가 죽는다. 그것도 그냥 넣는 것이 아니라 "요 정도는 다 들어가게 돼 있어!"라는 말을 하면서 집어넣는다. 드라이브 비거리는 200야드로 짧은 편이지만, 우드 3번 180야드, 그리고 정교한 퍼팅으로 동반자들을 제압한다. 드라이브 비거리를 보고 쾌재를 부르던 동반자들은 세컨드 샷에 놀라고 퍼팅에 기절한다.

언젠가 윤 회장에게 퍼팅비결을 물어보았더니 이런 답변이 돌아왔다. "나는 아무리 먼 거리 퍼팅이라도 컵에 공을 붙인다고 생각하지 않고 반드시 넣겠다고 생각하며 공을 친다", "롱 퍼팅을 성공시킨 다음에 회심의 미소를 지을 게 아니라 미리 들어갔다고 생각하고 웃으면서 퍼팅한다."

윤 회장이 롱 퍼팅 성공으로 내기에서 계속 이기니까 사람들이 윤 회장의 운 좋은 손을 만져보자며 달려들었다. 좋은 기를 받자는 것이다.

그랬더니 윤 회장은 그냥 기를 뺏길 수는 없다고 주장해서 요즘은 한 번 손을 만지는 데 만 원씩 낸다. 나도 윤 회장의 손을 두 번 잡고 2만 원을 냈다. 사업으로 큰돈 벌고, 내기해서 돈 따고, 손 잡혀주고 돈 벌고, 이래저래 돈을 벌 수밖에 없는 분이다.

윤 회장의 웅진그룹은 극동건설과 새한 인수, 웅진캐피탈을 통한 금융업 진출, 태양광사업 진출 등 사세가 쭉쭉 뻗고 있다. 게다가 다문화방송국 개설, 캄보디아 우물 파주기 운동, 6·25전쟁 참전 미군 용사를 위한 보은 잔치, 유구천 살리기 운동 등 사회공헌 활동에도 적극적이다. 그는 이렇게 말한다.

"지독하게 일해서 돈 벌던 시대는 지났다. 즐겁게 창의적으로 사회에 공헌하면서 사랑하고 사랑받는 기업이 돈을 번다."

윤석금 회장의 성공요인이 '절대긍정'의 힘이라는 데에는 의심의 여지가 없다. 그의 주변에 늘 파트너나 친구들이 몰려드는 것도 이 절대긍정의 힘이 자석처럼 좋은 사람들을 끌어당기기 때문이다. 매력적인 CEO의 힘은 '절대긍정'에서 나온다.

예술경영의 힘

···· 이승한 홈플러스 회장

이승한 회장은 국내 유통업계의 판도와 개념을 바꿔놓은 경영인이다. 삼성테스코 홈플러스가 업계 수위를 다투게 되었다는 것은 더 이상 특별한 뉴스가 아닐 정도다. 세계의 유통업계가 인정한, 놀라운 변화의 바람을 몰고 온 것이다.

이승한 회장의 창의적 경영은 빈말이 아니다. 80년 가까운 역사를 자랑하는 세계적 유통업체인 영국 테스코가 한국식 '홈플러스' 시스템을 통째로 수입했다. 런던의 '테스코 홈플러스'가 그 현장이다. 1층짜리 건물이 대부분이고 천장에 닿을 듯 물건들이 빼곡히 쌓여 있는 영국의 할인점들에 비해 이곳은 건물 입구에 쇼핑카트가 줄줄이 놓여 있고 무빙워크를 타고 2층으로 올라가면 매장이 나타난다. 브랜드부터 운영 노하우까지 한국의 홈플러스를 전면적으로 따르고 있다.

이 회장이 국제적인 인정을 받은 배경에는 그럴 만한 성과와 역사가 있었다. 삼성테스코는 출범 이듬해인 2000년 8월 첫 점포인 안산점에 홈플러스라는 브랜드를 내걸었다. 그런데 첫해부터 인근 경쟁업체의 2배에 달하는 매출을 올리며 대박을 터뜨렸다. 설립 3년째인 2001년에는 1조 3000억 원의 매출을 올려 할인점 사상 최단기간에 매출 1조 원을 돌파했다. 이로 인해 그는 '1조 원의 사나이'라는 별명을 얻었다.

이에 상당한 충격을 받은 영국 테스코는 합작 첫해부터 이런 실적을 낼 수 있었던 비결이 뭔가를 알고자 했고 직원들을 파견하여 상품 구성과 진열 방식, 건물 디자인 등 운영 노하우를 일일이 파악해갔다고 한다. 한국에서 한 수 배운 테스코는 한국 홈플러스의 성공비결이 매장구조에 있다는 결론을 내리고 신설 매장은 대부분 복층구조를 채택하고 무빙워크를 설치했다. 한국처럼 지하주차장도 만들었다. 급기야 2005년 10월부터는 전문매장 7개를 열면서 모두 '테스코 홈플러스'라는 브랜드를 쓰기에 이르렀다.

삼성테스코가 출범할 당시 국내 할인점 시장에서는 이미 11개 회사가 치열하게 경쟁하고 있었다. 삼성테스코가 과연 성공할 수 있겠느냐는 회의론이 강하게 일었다. 당시 이 회장은 영국의 투자자들에게 이런 말을 했다고 한다.

"홈플러스를 다국적기업의 브랜치로 본다면 브랜치 수준밖에 성장하지 못한다. 따라서 우리 회사는 법적으로도 완전히 독립회사인 만큼 실질적으로 독립회사로 간주한다면 한국에서 100대 기업, 10대 기업까지

갈 수 있다."

그는 할인점의 기본 개념을 바꾸지 않으면 성공할 수 없다고 생각했다. 고객들은 원스톱 쇼핑뿐 아니라 원스톱 생활 서비스까지 원한다는 사실에 그는 주목했다. 지금은 당연한 것으로 보이지만 당시로서는 혁신적인 문화센터, 놀이터, 푸드코트, 미장원 등 생활 서비스 공간을 기획했고 고객들은 열렬한 호응을 보였다. 이 혁신으로 홈플러스는 레드오션에서 퍼플오션을 개척한 대명사가 되었다.

홈플러스의 창의적 혁신은 그후로도 계속되었다. 최근에는 서울 잠실에 새 매장을 개설하면서 '3세대 할인점'을 표방하고 나섰다. 할인점에 은행, 자동차정비소, 푸드코트, 문화센터 등을 붙인 것을 2세대라고 한다면, 3세대 할인점은 거기에 웰빙과 감성, 문화를 담고 있다. 예를 들어 할인점 안에 베이커리 카페와 커피 전문점을 열면서 테라스를 만들고 파라솔을 설치하는 것이다. 한 층을 아예 갤러리로 만들기도 하고 100석 규모의 와인바를 설치하기도 했다. 할인점에서 저렴하게 와인을 사서 소액의 자리값만 내고 앉아 와인을 마실 수 있게 한 것이다.

첨단기술을 활용한 서비스도 눈에 띈다. 천장의 열 센서 감지기를 이용하여 고객 수를 파악한 뒤 직원을 적절하게 배치하여 계산대에서 줄 서는 시간을 최소화했다. 고객이 직접 바코드를 스캔하여 계산한 뒤 신용카드로 결제할 수 있게 한 셀프 체크아웃 시스템도 도입했다.

3세대 할인점이 한창 각광을 받고 있는 요즘, 이 회장의 눈은 벌써 4세대를 향하고 있다. 감성스토어3세대를 테스트하는 단계에서 또 다른 창조점인 4세대 할인점인 '그린스토어'를 추진하고 있는 것이다. 감성스토어가 고객 차원에서 그치는 데 반해 그린스토어는 인류를 위한 점포로 그 개념을 무한히 확대할 수 있다고 보기 때문이다. 이산화탄소 배출량 감소, 에너지 절감, 소비자의 구매행태 및 라이프스타일까지 바꾼다는 것이다.

그는 4세대 그린스토어를 개념적으로만 그려놓은 게 아니라 2008년 10월에 개장한 부천 여월점에서 이미 시도하고 있다. 부지 매입에서 시공까지 '에너지 생산', '에너지 절감', '고객동참 유도'라는 3가지 콘셉트를 잡고 태양광·풍력에 형광등 밝기 조절 시스템, 발광다이오드$_{LED}$ 전구 설치와 빗물 활용 등 69가지의 친환경 아이템을 도입했다. 국내 최초의 친환경 점포답게 재활용이 가능한 소재와 에너지 절감 요소들을 사용하고 고객의 동참을 유도하여 홈플러스와 소비자가 함께 친환경경영을 실천할 수 있도록 했다.

이승한 회장은 경영을 '예술'과 '버스'에 비유한다. 2005년 하버드대학 강연에서 선보인 예술경영론을 통해서다. 예술가들이 작품을 완성하기 위해 혼과 열정을 불사르듯 경영 역시 직원들이 좋은 결과를 내기 위해 혼과 열정을 불사른다면 예술의 경지에 이를 수 있다는 경영이론이다.

그는 매장에서 예술경영에 눈을 떴다고 한다. 어느 날 생선코너를 돌아보던 중에 갑자기 생선코너가 화가들이 그림을 그리는 캔버스로 보였다고 한다.

"생선코너마다 진열하는 방향이 다르고, 그 밑에 까는 얼음 역시 어떤 친구는 잔잔한 호수처럼 만드는가 하면, 어떤 친구는 파도 치는 물결처럼 만들어요."

 만약 직원들이 고객을 감동시키는 예술가의 혼과 마음과 열정을 가지고 일을 한다면 쉽게 지치지도 않을뿐더러 고객이 볼 때 기가 막힌 생선 코너가 될 것이라고 그는 믿는다.

 '버스론'은 그의 리더십론이다. 회사의 발전단계를 3대의 버스에 비유한 것으로 첫 번째 버스는 좋은 회사가 되는 것, 두 번째는 위대한 회사가 되는 것, 그리고 마지막에는 위대한 회사를 지속적으로 영속시키는 것이다. 그는 현재 삼성테스코가 두 번째 버스라고 보고 있다. 지금까지는 자신이 직접 운전대를 잡고 앞서 나가는 리더십을 발휘했다면, 이제는 뒤에서 밀어주는 새로운 차원의 리더십이 필요한 시점이라는 뜻이다.

 이 회장은 대학 시절 경영학을 전공했지만 대학원에서는 도시공학 박사를 획득했다. 그래서인지 이 회장은 경영과 도시공학, 건축, 예술 등에 대한 관심이 남다르다. 경영도 예술의 경지에 오를 수 있다는 그의 지론도 그의 공부와 무관치 않다.

 이 회장은 삼성에서 잔뼈가 굵은 사람이다. 공인회계사 공부를 하던 대학 시절, 삼성장학금을 인연으로 삼성그룹에 입사했고 제일모직을 거쳐 삼성물산으로 자리를 옮겼다가 삼성그룹 회장 비서실에서 근무했다.

 삼성그룹 회장 비서실 재직 시절, 그가 맡았던 프로젝트 가운데 제일 눈에 띄는 것이 바로 리움미술관이다. 부지 매입에서부터 건축가 섭외, 건물 콘셉트까지 사소한 일 하나하나에까지 세심한 신경을 썼다. 그는 세계 어느 곳에 내놓아도 손색이 없는 건물을 만들기 위해 세계적인 건

예술경영의 지휘자 이승한 회장

축가 마리오 보타, 장 누벨, 렘 쿨하스 등을 직접 만나 설득했다고 한다. 한 대지 안에서 세 작가의 개성이 조화롭게 표현된 미술관 건축을 기획한 것이다. 세 건축가를 때로는 설득하고, 때로는 달래면서 일이 성사되도록 한 사람이 바로 이 회장이었다. 리움미술관은 그 자체로 공동 예술 작품이 되었고, 3명의 대가들로부터 받았던 신선한 충격과 영감으로 그는 예술을 사랑하는 CEO가 되었다.

 이승한 회장은 지속가능한 경영을 꿈꾸고 있다. 즉, 끊임없는 창조경영을 통해 다른 사람들이 전혀 생각지 않은 할인점의 진화를 계속해나감으로써 지속성장을 이룩하겠다는 것이다. 나는 그의 꿈이 실현되어가는 과정을 기쁘게 지켜볼 수 있을 것이라고 믿는다. 그는 자신의 리더십을 이렇게 규정한다.

"리더로서 저는 탁월한 단기간의 경영성과가 아니라 지속적인 성장이 가능한 기업문화와 시스템이라는 리더십을 남기려고 합니다. 즉, 탁월한 경영자를 넘어 앞으로 후배들이 더 잘할 수 있는 시스템과 기업문화를 남기는, 진정으로 위대한 리더의 역할을 다하고 싶다는 의미입니다. 경영의 대가 톰 피터스가 자신의 묘비에 '행동가'라고 씌어지기를 원했듯이, 저는 '문화와 시스템을 남긴 행동가'로 남고 싶습니다."

이승한 회장은 서울시 정책 자문 역할을 하는 '창의서울포럼'의 회장으로도 활발한 사회공헌 활동을 벌이고 있다. 포럼에 속한 각 분야별 전문가 900여 명을 특유의 리더십으로 잘 이끌고 있다. 그는 새로운 경영 이론과 정보뿐만 아니라 특유의 미소와 유머로 항상 주위 사람들을 즐겁게 해주는 인간적 매력으로 사람들을 끌어들인다.

그가 웃음 띤 얼굴로 피아노를 치는 모습을 본 적이 있다. 몇 해 전 제주에서는 금난새 씨의 권유로 대신 지휘봉을 잡기도 했다. 나는 그에게서 경영을 예술의 경지로 끌어올린 매력적 CEO의 모습을 본다.

소프트리더십의 교본

···· 허브 켈러허 전 사우스웨스트항공 회장

허브 켈러허 전 사우스웨스트 회장은 현재 세계에서 가장 존경받는 CEO 중 한 사람이다. 그는 미국 사우스웨스트 항공사를 46분기 연속흑자의 일하기 좋은 기업으로 만든 경영인이다. '일은 즐거워야 한다'는 것이 그의 경영철학이다.

그는 '놀듯이 일하고 일하듯이 논다'는 슬로건으로 세계에서 가장 즐거운 직장을 만들어냈다. 오래 전 인간의 일이 그랬다. 사냥은 일이기도 했지만 즐거운 놀이이기도 했을 것이고, 어부가 고기를 잡는 것도 먹고 살기 위한 방편이면서도 그 자체가 더없이 즐거운 게임이었을 것이다.

허브 켈러허는 이 비밀을 누구보다 잘 알고 있는 사람이다. 그는 재미와 유머를 절묘하게 활용하여 직원과 고객 모두의 충성도를 이끌어내는 데 성공했다. 이 항공사 기장의 기내 방송은 이런 식이다. "흡연을 원하시는 분은 비행기 날개 위에 있는 라운지를 이용하시기 바랍니다. 그곳에서는 지금 '바람과 함께 사라지다'가 상영되고 있습니다." 이런 방송을 들으면 어떤 승객이 웃음을 터뜨리지 않을까. 이 회사는 창사 이후 단 한 사람도 해고한 적이 없는 유일한 회사로, 9·11테러 후에도 변함없는 흑자 행진을 계속했다.

급여나 인센티브 같은 물질적 수단만으로는 조직원의 진정성을 이끌어낼 수 없다. 새로운 시대의 CEO는 불필요하고 과도한 권위의식을 버리고 직원 개개인의 개성과 능력을 존중해야 한다. 이처럼 자신을 낮추는 반면 부하직원을 존중하고 섬기는 리더를 '서번트 리더'라고 부른다.

허브 켈러허야말로 이 같은 '서번트 리더'의 전형이다. 그는 회사의 이익보다 구성원을 더 섬긴다. 내가 그를 소프트리더십의 전형으로 꼽는 이유가 바로 이 점 때문이다.

그는 늘 "구성원들이 회사의 가장 중요한 고객이다"라고 말했다. 외부 고객에게 제공할 수 있는 서비스 수준은 내부고객인 구성원들에 대한 서비스 수준에 달려 있다고 생각하며 직원들의 의견에 귀 기울이고 문제점은 바로 시정했다. 구성원들이 직장에서 재미있고 편안하게 일하면서 자신의 꿈과 미래를 찾을 수 있도록 지원하는 데 아낌없이 투자했다. 자신이 존중받고 있다는 느낌에 구성원들은 강한 자부심을 갖는다. 사원선발 과정에서도 "업무에 필요한 지식과 기술은 교육을 통해서 익힐 수 있지만 몸에 배어 있는 사고방식은 쉽게 바꿀 수 없다"며 '상대를 편안하게 하고 웃길 수 있는 응시자'에게 높은 점수를 주었다.

1994년 '경영자의 날'에 미국의 신문에는 다음과 같은 내용을 담은 전면광고가 실린 적이 있다.

"우리의 이름을 모두 기억해주시고, 맥도날드하우스 재단을 지원해주시고, 추수감사절에 선물을 주시며, 보스가 아니라 친구가 되어주신 것에 대해 1만 6000명의 임직원 모두가 경영자의 날을 맞아 허브 씨에게 감사를 드립니다."

이 광고는 허브 켈러허의 서번트 리더십에 감복한 1만 6000명의 직원 전체가 스스로 비용을 갹출하여 실은 것이다. 주변 사람을 통제하기보다 봉사함으로써 그들의 마음을 사고, 나아가 조직의 성장과 번영을 이끌어내는 사람, 이러한 리더야말로 미래형 리더의 참모습이라 할 수 있다.

켈러허 회장의 소프트리더십은 20세기형 권위주의 CEO의 모습과는 현격히 다르다. 그는 친근하고 다정하며 재치가 넘친다. 때로는 파격적이기도 하다. 엉뚱하다는 생각이 들 정도로 상식과 룰을 넘어서기도 한다. 그는 항공노선권 배분을 놓고 경쟁업체와 협상하던 도중 갑자기 경쟁사 CEO에게 "팔씨름으로 승부를 겨루자"고 제안한 적도 있다. 물론 팔씨름의 승자는 켈러허 회장이었다. 이 단 한판의 팔씨름으로 협상은 깨끗이 마무리되었다. 공항 게이트에 '엘비스 프레슬리' 복장을 하고 나타나 승객과 구성원들에게 농담을 건네기도 한다는 이야기도 그가 아니면 나오지 못했을 것이다. 항공사를 경영하는 회장의 '깜짝쇼'에서 승객들은 사우스웨스트항공의 부드럽고 친근한 이미지를 실감했고, 구성원들은 '일은 재미있어야 한다'는 경영철학에 깊이 공감하게 되었다.

수평적 커뮤니케이션에 토대를 둔 켈러허 회장의 소프트리더십 덕에 사우스웨스트항공은 높은 성장세를 지속해왔다. 경쟁사보다 낮은 임금에도 불구하고 이상하게 여겨질 정도로 즐겁게 일하는 구성원들이 있기에 가능한 일이다.

소프트리더십은 구성원들의 소프트 커뮤니케이션을 낳는다. 기업문화 전체를 긍정과 자율, 참여와 창의가 우선하는 수평적 방향으로 전환시킨다. 켈러허 회장처럼 부드럽고 유쾌한 리더십은 구성원들의 머리와 가슴에 파고들어 구성원들이 더욱 유연한 사고로 업무를 진행하게 만든다.

켈러허 회장과 사우스웨스트항공은 매력형 리더십이 매력형 기업을 일군다는 매력경영의 진리를 실증하는 놀라운 사례다. 어느 누가 그와 같은 매력적 리더와 함께 일하고 싶지 않겠는가.

창조적 카리스마의 힘

···· 스티브 잡스 애플 회장

애플의 매력은 창조적 역동성에서 나온다. 나는 애플의 역사나 다름없는 스티브 잡스의 거침없는 창의력을 주시하면서 애플의 과거, 현재, 미래를 통찰하게 된다. 잡스에게는 강력한 카리스마가 있다. 그런데 그 카리스마는 권위적, 억압적인 카리스마가 아니다. 그의 카리스마는 강렬한 창의력과 개성에서 비롯되는데, 그 안에는 사람을 감동시키는 힘이 있다.

현직에 있는 세계적 CEO 중 스티브 잡스처럼 직설적이고 창조적이며 드라마틱한 인물은 아마도 찾기 어려울 것이다. 그는 섬세함에서도 범인을 압도하는 행동양식의 소유자다. 그는 300명이 넘는 직원들의 이메일 주소를 전부 암기하며, 사다리식 결재라인을 싫어하고 직원들과 직접 소통한다고 한다. 그래서 직설의 인간, 격정의 인간이라는 세간의 평가가 나온다. 그는 과정의 복잡함을 참을 수 없는 사람이다.

그는 일견 독선적인 스타일의 인물이다. 의견 청취보다는 자신의 지시를 아주 강력하게 하달한다. 소프트파워의 행사는 그가 즐기는 권력 행사 방법이 아니다. 그렇다면 그의 리더십은 하드파워 리더십인가? 그건 또 아니다. 그에게는 자신의 약점을 커버할 수 있는 강한 개성과 창의력이 있기 때문이다. "더 창의적인 방법이 있으면 한번 내놔보라"는 식이지만 그를 뛰어넘는 독창과 창의는 좀처럼 발견되지 않는다.

애플의 역사는 스티브 잡스의 인생 그 자체이기도 하다. 1977년 잡스는 웨스트코스트 컴퓨터 박람회에서 최초의 개인용 컴퓨터PC 애플Ⅱ를 선보였다. 당시 사람들은 '개인이 사용하는 컴퓨터'라는 낯선 개념을 기쁘게 받아들여 고작 24세의 잡스를 백만장자로 만들었다. 잡스의 자신감은 하늘을 찔렀다. 1981년 컴퓨터의 대명사였던 IBM이 PC를 출시했을 때 그는 두려워하기는커녕 오히려 호기를 부리며 'IBM을 환영합니다'라는 광고를 내놓기도 했다.

그러나 애플의 차기작 애플Ⅲ가 실패하면서 그의 인생도 곤두박질했다. "남은 인생을 설탕물이나 팔며 허비하실 생각인가요?"라는 멋진 유혹으로 펩시콜라 출신의 존 스컬리를 애플 사장으로 영입했지만 정작 자신은 1985년 스컬리에 의해 애플을 떠나야 했다.

결국 13년 만인 1997년 잡스는 애플로 돌아왔다. 연봉은 단돈 1달러, 임시 CEO직이었다. 그러나 그는 회사 재편을 시작했고 '다르게 생각하라'는 슬로건을 내걸어 직원들을 독려했다.

잡스는 모든 노력을 한 방향으로 집중했고 1998년에 '아이맥'을 내놓았다. 모니터와 본체를 한 몸으로 만들고 다채로운 색상을 선보인 아이맥은 센세이션을 일으켰다. 잡스는 "디자인은 인간이 만든 창조물의 영혼이다. 제품이나 서비스라는 외양  으로 표출되는 영혼"이라면서 판매에 열을 올렸다. 그 결과 10억 달러의 적자에 허덕이던 회사는 불과 1년 만에 4억 달러 흑자를 달성하며 역전에 성공했다. 하지만 진짜 성공은 그 다음이었다.

2001년 10월 23일, 잡스는 주머니 속에 1000곡의 노래를 담아 다닐 수 있는 아이팟을 내놓았다. 아이팟의 성공에 대해서는 앞에서 자세히 이야기했지만 이것 역시 잡스의 창의력과 배짱 없이는 탄생할 수 없었던 '요물'이었다. 아이팟과 아이튠의 성공에 이어 아이폰으로 또 한 번 전 세계의 관심을 끌면서 애플과 스티브 잡스는 세계 비즈니스계에 우뚝 섰다.

그는 "CEO는 엔터테이너다"라는 말을 입버릇처럼 하고 다녔다. 이미 대중들에게도 익숙해진 말이다. 그는 쉬지 않고 연달아 뉴스를 발표한 다음, 관중이 '이제 끝났구나'라고 생각할 즈음 '빅 뉴스'를 공개한다. 열성팬들이 '환상의 연설'이라고 부르는 그의 강연에서 뉴스가 나오면 분위기가 일순 바뀐다. 그는 마치 무엇엔가 홀린 연극배우처럼 엄청난 뉴스를 극적으로 선보인다.

잡스는 정보관리에 엄격하다. 정보 하나가 기업과 제품의 운명을 좌우하기 때문이지만, 뉴스를 극적으로 전달하기 위한 의도가 분명하다. 신제품 출시를 앞두고는 더욱 신경을 쓴다. 발표일까지 신제품에 관한 작은 힌트조차 새어나가지 못하게 한다. 사정이 이렇다 보니 팬들이나 매체에서는 온갖 추측이 난무한다. '이번에는 비디오다', '아니, 휴대전화다'라며 궁금증과 관심을 나타낸다. 경쟁사들도 촉각을 곤두세운다. 이렇게 발표일까지 서서히 분위기를 고조시킨 다음, 발표 당일 전격적으로 신제품을 매장에 전시한다. 신제품의 홍보 효과를 최대한으로 끌어올리려는 계산이다. 발표회는 스티브 잡스가 연출과 주연을 모두 맡아 보여주는 쇼와 다름없다.

그는 프레젠테이션의 대가로 통하는 인물이다. 2시간의 기조연설을 어떤 도움을 받지 않고도 지루하지 않게 이끌어가는 능력의 소유자다. '말재주'로 폄하하기에는 그의 카리스마 넘치는 연설은 너무나 매력적이다. 그의 프레젠테이션 노하우를 분석한 책들이 여럿 나와 있을 정도다. 프레젠테이션의 대가답게 잡스는 보폭에서부터 서는 위치, 조명의 각도까지 세세하게 계산하고 관리한다. 스스로 만족할 때까지 몇 번이고 리허설을 반복하는 것은 기본이다.

이 매력적인 CEO는 매력 없는 싱품을 도저히 용납하지 못한다. 그는 신제품의 기획부터 생산에 이르기까지의 전 과정을 꿰고 있는 인물로 정평이 나 있다. 신제품의 A부터 Z까지를 완벽하게 설명할 수 있는 유일한 인물이 잡스라는 말이 과장이 아니다. 그는 제조공정을 일일이 체크한다. 이해할 수 없는 사항에 대해서는 끝까지 물고 늘어진다. 제품에 대한 집착이 강하다는 얘기다. 잡스는 CEO이자 최고의 제품담당 책임자다.

애플의 폭넓은 제품군이 통일성을 갖는 것도 스티브 잡스가 콘셉트 단계에서 참여하여 마무리 공정까지 체크를 게을리하지 않기 때문이다. 그가 제품에 쏟아붓는 혼은 그대로 애플의 경쟁력으로 직결되고 있다. 매력을 향한 그의 강렬한 집착이 다시 자신과 기업의 매력을 낳는 것이다.

애플사의 한 간부는 잡스의 전력투구 정신을 이렇게 표현했다.

"그는 완벽주의자로 자신이 생각한 것을 최대한 만들어내기 위해 애쓴다. 그의 밑에서 일하는 사람들에게는 상당한 노력이 필요하다. 그러나 완성되었을 때 지금까지 본 적이 없는 새로운 것이 탄생했다. 거기에 감동이 있다."

애플의 역사를 잘 아는 일본의 한 IT 저널리스트는 "잡스는 언제나 세간의 다른 사람보다도 앞서 나갑니다. 예전에는 그가 너무 앞서 나가서 대부분의 사람들에게는 그의 뒷모습이 보이지 않았죠. 그러나 지금은 다릅니다. 많은 사람은 그가 앞서 나간다는 것을 알고 있습니다. 그리고 그의 행보를 따라가려 합니다. 드디어 시대가 스티브 잡스의 집념을 이해하기 시작한 것이지요"라며 잡스의 집념과 선진성을 높이 평가했다.

잡스의 철학은 무엇일까? 그는 제품과 조직, 마케팅 등 모든 방법론 속에서 심플함을 추구한다. '더 적은 것이 더 많다', '작은 것이 아름답다'고 생각하기 때문이다. 그는 본질을 나타내는 단순성을 가장 중시하는 미니멀리즘의 추종자이며 자신의 철학을 흔들림 없이 밀고 나간다. 고객들의 입장에서 볼 때 심플하지 않으면 성공할 수 없다는 점을 확신하고 있기 때문이다. 아이팟은 그 철학이 꽃피운 열매였다.

그는 평범하지 않은 성장기를 보냈다. 1955년 미국 샌프란시스코에서 태어난 스티브 잡스는 자신의 부모나 출생에 대해 거의 알지 못하고 자랐다. 태어난 지 얼마 안 되어 미혼모인 어머니의 품을 떠나 입양되었기 때문이다. 어린 시절부터 호기심이 많고 기계장치 다루기를 좋아했던 그는 학교 문제로 부모의 속을 썩이기도 했다.

그의 인생이 일대 전환을 맞은 것은 스티브 워즈니악이라는 천재를 만나면서부터였다. 무언가를 이루겠다는 강한 욕구를 지니고 있었던 두 사람은 기술과 창의성, 패기만으로 1976년 애플이라는 회사를 차렸다. 그리고 다음 해, 애플은 세계 최초로 개인용 컴퓨터$_{PC}$를 만들어냈다. 잡스는 컴퓨터 시장 점유율을 단숨에 끌어올리며 승승장구했다.

하지만 잡스에게도 시련의 계절이 찾아왔다. 기술의 우위를 맹신한 나머지 제품의 호환성을 거부한 애플이 호환성을 강조하며 급부상한 IBM에 역전을 허용한 것이다. 게다가 잡스의 독주를 우려하던 경영진이 실적 악화를 이유로 급기야 그를 자리에서 끌어내렸다.

1985년 애플에서 쫓겨난 그는 한동안의 방황을 거쳐 다시 마음을 다잡고 넥스트$_{NeXT}$ 컴퓨터를 설립하고 곧이어 애니메이션 회사인 픽사$_{Pixar}$를 매입했다. 초기에는 두 회사 모두 실적이 변변치 않았다. 어려움은 끝날 기미가 보이지 않았다. 그래도 허리띠를 졸라매면서 끝내 포기하지 않은 덕에 1995년 「토이스토리」로 대성공을 거두고 「벅스 라이」, 「몬스터 주식회사」, 「니모를 찾아서」, 「인크레더블」 등이 잇달아 히트를 치면서 잡스는 당당히 부활했다.

이제까지 그는 모든 것을 이루어냈지만 영원히 멈추지 않을 시계처럼 움직인다. 그는 PC에서 MP3를 거쳐 이제는 전 세계 판매량이 한 해 10억 대에 달하는 이동통신산업의 전장으로 들어섰다. 차세대 이동통신기기 시장의 경쟁은 그야말로 정글 속 동물의 세계다. 그는 2008년 목표를 1퍼센트 점유율, 즉 1000만 대 판매로 정했다. 그답지 않은 겸허한 목표 너머에는 훨씬 더 큰 야망이 도사리고 있을 것이다.

우리가 잊지 말아야 할 것은 스티브 잡스의 매력에 취해 있다 보면 뒤통수를 맞게 된다는 사실이다. 이 매력적인 천재의 일거수일투족을 한국의 IT 선도기업들이 주시해야 하는 이유는 자명하다.

스마트파워의 힘

···· 오세훈 서울특별시장

"아주 즐겁게 미쳐 있었습니다."

2008년 7월 취임 2주년을 맞아 한 신문과 인터뷰하면서 오세훈 서울시장은 이렇게 회상했다. 자신이 세운 계획들이 하나씩 가시화되고 진척되는 모습을 보면서 너무너무 행복하고 정말 큰 보람 속에서 살았다는 것이다.

나는 그이 매력형 리더십의 본질이 '따뜻함과 시늑함의 공존'이라 정의하고 싶다. 그는 행정 경험이 없음에도 불구하고 드세고 노련하기로 유명한 서울시 공무원들을 멋지게 지휘하고 통솔했다. 게으르고 무능한 공무원을 퇴출하는 정책에 대해 강한 반발도 있었지만 그는 비교적 무난하게 처리했다. 그 일은 임기 초 연착륙을 가능케 한 계기로도 작용했다.

언뜻 부드럽게 보이는 그의 내면에는 흔들리지 않는 철학과 원칙이 숨쉬고 있다. 특히 부패와 비리에 대해서는 한 치의 용서도 없는 매서움과 지독함이 있다는 것을 임기 초기부터 서울시 공무원들에게 확실히 보여주었다. 이것이야말로 따뜻함과 지독함이 공존하는 묘한 리더십이다.

2008년 초 정기인사 때는 파격인사가 있었다. 그동안은 6급에서 5급으로 승진하는 데 평균 11년이 걸렸다. 하지만 오 시장은 성과가 있으면 6년 만에 승진시켰다. 서울시 공무원 사이에 이제는 연공서열로 승진하겠다는 분위기가 없어졌다. 또 공무원 퇴출 시스템과 헤드헌팅, 드래프트 시스템도 적용하고 있다. 이제 서울시 조직문화에 변화의 바람이 확연히 느껴지고 있다.

그는 공무원에게 직접 편지를 쓰고 함께 막걸리를 마시기도 했다. 그는 취임 직후부터 표방한 창의시정을 이렇게 설명한 적이 있다.

"기초부터 바꾸겠다는 겁니다. 주어진 일만 적당히 하던 직원들을 생각을 뜯어고쳐가지고 새로운 시도를 하게 하겠다는 겁니다. 아예 그걸 체질화시키겠다는 겁니다."

그는 서울시 공무원들이 근본적으로 변하고 있다는 것을 확신하고 있고, 그것이 그가 서울시장 취임 후 온갖 시련과 구설을 겪으면서 구축한 자신감의 일부를 이루고 있다. 그는 아마도 전임 시장인 이명박 대통령의 그늘을 항상 의식할 수밖에 없었을 것이다. 이명박 전 시장의 업적은 탁월한 것으로 평가를 받았고, 오 시장은 업적을 통해 평가받을 수밖에 없는 시장이라는 자리에 대해 부담감을 느꼈을 것이다.

그러나 오 시장의 모토는 '창의시정'이다. 청계천이나 버스중앙차로

와는 다른, 소프트웨어 쪽에 무게가 실려 있다. 구체적인 사업도 컬처노믹스, 한강르네상스, 디자인 서울 등 문화 지향적이다. 전임 시장과는 전혀 다른 접근법이다. 전임 시장이 실용과 능률을 추진했다면 오 시장은 복잡한 회로의 문화적 소프트웨어에 시장 업무의 상당 부분을 할애한다. 그는 자신의 문화 지향성을 이렇게 설명하고 있다.

"문화를 강조한 것처럼 보이지만 사실 문화를 통해 경제효과를 내자는 것이다. 한강프로젝트만 해도 20년짜리 장기 프로젝트다. 내 임기 중에 벤치마킹 케이스라도 만들어 놓고 가겠다는 것이다."

그렇다. 서울시에 부는 거센 '문화 바람'의 중심에는 오 시장이 있다. 그는 취임 초기부터 문화와 디자인 그리고 패션을 화두로 문화서울 만들기에 매진해왔다. 그의 컬처노믹스는 그러나 단시일 안에 성과를 낼 수 있는 사업이 아니다.

취임 초기만 해도 문화도시를 만든다는 계획에 대해 너무 추상적이지 않느냐는 우려가 많았다. 경제가 어려운데 무슨 문화냐는 말도 나왔다. 그러나 지금은 문화가 서울을 어떻게 바꾸고, 바뀐 서울이 시민들에게 어떤 가치를 만들어줄 수 있는가에 대한 인식이 달라지기 시작했다.

나는 그의 등장을 디자인과 건축과 사물의 아름다운 배치를 강조하는, 한국에서는 아주 희귀한 리더십의 출현으로 본다. 그런 리더십은 확실히 미래를 바라보고 있다. 경제를 살리는 전략을 짤 때도 그는 문화라는 우회로를 선택하려 한다. 이것이야말로 제조업과 IT를 뛰어넘는 새로운 전략 루트가 아닐까. 오 시장의 발언도 내 생각과 비슷하다.

"디자인이다. 시장이 되기 전부터 디자인 분야에 관심이 많았다. 디자인으로 도시의 브랜드 가치를 높이고, 이를 성장동력으로 삼아 서울의 경제를 활성화하는 게 목표다. 세계인이 감탄할 만한 디자인으로 무장한 서울은 지금껏 경험하지 못한 새로운 부가가치를 만들어낼 것임이 분명하다. 공장을 짓고 저임금 노동력을 활용하는 부가가치와는 차원이 다르다. 공해나 부작용이 없는 친환경 부가가치 아닌가."

그는 패션에도 관심이 많다. 패션분야가 서울의 강력한 경쟁력 중의 하나라고 믿고 있다. 영화나 애니메이션, 디지털 콘텐츠도 마찬가지이지만 특히 패션산업은 문화와 경제가 결합된 대표적인 창조산업이다. 다른 산업에 미치는 연관 효과와 고용창출 효과도 높다. 서울은 이미 패션시장 규모가 20조 원에 이르고 디자이너만 5만 명이 넘는다. 이런 잠재력을 최고로 끌어올린다면 패션은 서울 경제의 핵심산업으로 성장할 수 있다. 그러나 패션과 디자인의 힘과 실력 역시 하루아침에 이루어지는 것이 아니다. 그도 이 점을 잘 알고 있다.

서울을 문화도시로 만드는 일은 장기사업이다. 사실 그의 임기 중에 볼 수 있는 가시적 성과는 거의 없다. 모든 사업은 10년 뒤, 20년 뒤를 내다보고 추진하고 투자했다. 지금은 하드웨어를 구축하는 단계다. 최소 3년은 지나야 그 실물이 드러날 테고, 그 안에 콘텐츠를 채우려면 더 오랜 시간이 필요하다. 그러나 그의 야망은 대단하다.

"내 목표는 서울을 파리, 밀라노, 런던, 뉴욕에 이은 5대 패션도시로 만드는 것이다. 이게 이루어지면 남은 21세기 서울은 먹고 살 걱정이 없을 거다. 우선은 서울패션위크가 해외 바이어와 기자단에 의한 실질적인 홍보와 구매가 이루어지는 국제 비즈니스의 장이 되도록 발전시키는 일이 급선무다. 2010년까지 동대문지역에 세계적 규모의 디자인플라자와 첨단 의류봉제 집적시설을 세워 부족한 인프라를 확충할 예정이다. 서울 패션산업 활성화를 위한 투자와 지원은 계속 이어질 것이다."

2008년 3월 프랑스 파리의 국립고등장식미술학교ENSAD는 '세계디자인수도WDC 서울'이라는 강좌를 정규과목으로 개설했다. 루이 15세 시대인 1767년 설립된 이 학교는 응용 및 장식 미술 분야에서 세계적인 권위를 자랑한다. ENSAD가 서울의 디자인을 자발적으로 연구하기 시작한 것은 서울의 디자인 행정이 세계적으로 조명받는다는 의미일 것이다. ENSAD의 파트리크 레노 총장은 서울에 왔을 때 파리의 도시 디자인에 대해 이렇게 말한 적이 있다.

"파리는 도시계획을 세울 때 철저하게 시민과 행정기관이 함께 고민하는 과정을 밟는다. 건물 높이와 형태가 모두 그런 과정을 거쳐 일정한 기준을 마련했다. 수백 년 동안 그런 기준을 잘 지켜 센 강변과 파리를 조화로운 모습으로 만드는 데 기여했다."

오 시장은 이런 구상을 밝혔다.

"결정적인 차이는 강변의 사유화 여부다. 센 강변은 많은 사람이 이용하는 공간이다. 건물이 들어선다 해도 공공건물이다. 한강변은 아파트 숲에 둘러싸여 있다. 한강의 한계다. 서울시의 한강르네상스 프로젝트에는 이에 대한 해답도 포함되어 있다. 앞으로 한강변에서 재건축이나 재개발을 할 때는 아파트를 허물고 강 가까운 부분은 모두 공공 공간화하도록 유도할 방침이다. 예로 용산 국제업무지구 계획을 들 수 있다. 또 재개발이나 재건축 시 디자인을 다양화하고 층수를 높이되 공간 폭을 넓혀 시각과 바람 통로를 만들 것이다. 최소 20년은 지속되어야 하는 프로젝트다."

오 시장은 도시 디자인과 문화도시 등 소프트웨어 측면을 강조한다. 반면에 시민들은 공원이 들어서는 등 하드웨어적인 측면이 바뀌어야 비로소 변화를 실감하게 된다. 소프트웨어에 치중하다 보면 특별히 해놓은 일이 없다는 평가를 들을 소지가 크다. 게다가 중앙정치 뉴스 다루기에 바쁜 언론은 서울시의 성과를 제대로 보도해주지 않는다. 오 시장의 딜레마다.

그러나 그는 서울을 이끄는 행정가이지 정치인이 아니다. 오히려 오 시장에게는 21세기형의 매력 있는 도시를 만들기 위해 서두르지 말고 기존 정책을 더 충실하고 완벽하게 실천해나가라는 조언을 하고 싶다. 당장은 어렵더라도 그의 철학과 비전은 서서히 빛을 보게 될 것이다.

민선 4기인 오세훈 시장이 하드웨어적인 측면에서 이룩한 성과도 만만치 않다. 한강르네상스나 남산르네상스, 동대문디자인파크앤드플라자, 강북시민공원 사업 등이 순조로운 진척을 보이고 있다.

그는 서울이 문화도시가 되어야 경제도 덩달아 발전한다고 생각한다. 문화와 예술을 입혀야 비로소 고부가가치를 창출할 수 있다는 것이다. 문화가 도시의 경제발전에 기여한다는 사실은 기존의 문화도시들이 입증한다. 일본의 항구도시 요코하마는 문화예술인들이 살고 싶은 도시로 거듭나면서 2004년 2월부터 2007년 3월까지 120억 엔(약 1800억 원)의 경제적 부가가치를 창출했고, 미국 뉴욕은 박물관과 콘서트 등의 문화를 즐기러 오는 방문객들이 2005년 한 해에만 14억 달러의 경제적 파급효과를 낸 것으로 알려졌다. 오 시장은 디지털 콘텐츠와 디자인, 관광, 게임, 애니메이션 등으로 10년 뒤 먹을거리를 확보하기 위한 사업을 적극적으로 펼쳐나가고 있다.

더불어 프랑스의 패션이나 이탈리아의 디자인처럼 상품이 생산되는 국가의 브랜드가 얼마나 중요한지를 잘 아는 그는 수도의 이미지가 곧 국가의 브랜드를 좌우한다고 보고 서울을 창의적이고 문화적인 도시로 만들기 위해 총력을 기울이고 있다.

도시컨설팅 회사인 코메디아COMEDIA의 창설자이자 창조도시 전문가로 꼽히는 찰스 랜드리는 오 시장이 주도한 서울시의 창의시정을 이렇게 평가한다.

"소프트웨어에서는 문화가 중요하다. 시장은 시민들에게 문화에 대한 확신을 주어야 한다. 또 서울의 문화를 외국 사람들도 공감할 수 있어야 한다. 서울시는 창의시정을 강조하는 세계에서 몇 안 되는 도시다."

오 시장은 발레를 좋아한다. 변호사 시절인 1994년, 발레의 거장 마리우스 프타파가 안무한 「해적」을 국립발레단이 공연할 때는 직접 무대에 오르기도 했다. 그가 발레 애호가가 된 계기는 현대무용을 하는 장녀 주원 양이 어릴 적에 시작한 발레 공부였다. 안무자의 정신과 무용수의 몸이 아름답게 충돌하는 데서 그는 발레의 매력을 느낀다고 한다. 안무자의 이상이 무용수를 통해 현실로 나타나면서 불가능의 영역을 하나씩 정복해나가는 예술이 바로 발레이기 때문일 것이다.

오 시장의 심미 취향이 이국적인 것, 문화 엘리트적인 것에 경도되어 있다면 정신의 내면에는 도가道家의 자유와 탈권위, 환경주의가 자리하고 있다. 강압적인 권위주의를 부정하고 우주의 단일성을 신봉하며 개인의 자유정신을 옹호하는 도가적 경향은 오세훈의 정신적 특질을 상당 부분 보여준다.

나는 오 시장의 이런 특질 속에서 21세기의 새로운 리더십이 싹트고 있음을 감지한다. 어쨌든 21세기의 정치지도자들은 지속가능성을 염두에 두지 않으면 안 된다. 그는 의원 시절에도 환경문제에 지속적인 관심을 갖고 관련 법률을 입법했다. 반원자력적 시각을 견지하면서 대체에너지 개발, 수도권 대기 질 향상을 끊임없이 주장했다.

지금 젊은 유색인 오바마가 미국 대통령이 되면서 '오바마 리더십'이 세계적 관심을 끌고 있다. '오바마 효과'가 전방위적으로 확산되는 느낌이다. 이런 오바마의 등장은 오세훈 시장에게도 여러모로 긍정적인 영향을 낳고 있다. 오바마 대통령과 오세훈 시장 사이에 닮은 점이 아주 많기 때문이다. 내가 찾아낸 공통점 10가지는 이런 것이다.

첫째, 나이가 같다1961년생.

둘째, 둘 다 변호사 출신이다.

셋째, 좋은 교육을 받았다 하버드 법대와 고려대 법대.

넷째, 드림 패밀리가 있다 남들에게 호감을 주는 매력적 가정.

다섯째, 스피치 능력이 뛰어나다 오바마는 웅변가, 오세훈 시장은 방송인 경력.

여섯째, 얼짱에 몸짱이다.

일곱째, 훌륭한 여자들로부터 영향을 받았고 여자들의 열렬한 지지를 받고 있다.

여덟째, 소프트파워형 리더십이다.

아홉째, 유연성과 포용력이 있다.

열째, 이름이 '오'로 시작된다.

오 시장을 가까이에서 보면 참 천진난만하다는 느낌을 받는다. 가식이라고는 찾아볼 수 없다. 그러면서도 묘한 카리스마가 있다. 부드럽지만 쉽게 무너지지 않을 것 같은 심지가 느껴진다. '맑고 매력적인 세계도시 서울'을 슬로건으로 내세운 오세훈 시장이야말로 매력적 리더의 확실한 성공모델이다.

통합과 혁신의 힘

.... 버락 오바마 미국 대통령

미국 역사상 최초로 흑인 대통령이 탄생했다. 44대 미국 대통령 버락 오바마가 바로 그 주인공이다. 그는 미국 주류사회에서 최고의 교육을 받은 엘리트 출신이다. 탁월한 지적 능력은 검증받은 셈이다. 하지만 흑인인 그가 넘어야 할 장벽은 너무나 많았다. 숱한 장벽을 훌쩍 뛰어넘어 대통령이 되기까지에는 실력 외에 다른 무언가가 있어야 했다. 그는 자신의 약점 대신 강점을 극대화하여 당당히 백악관에 입성했다.

오바마의 어린 시절은 불우했다. 그는 흑인도 백인도 아닌 혼혈이었다. 아버지인 버락 오바마 시니어는 케냐 출신의 흑인이었고 어머니 앤 던햄은 캔자스에서 태어난 백인이었다.

오바마의 아버지는 케냐가 독립하기 직전에 미국의 후원으로 하와이

대에 오게 된 유학생이었다. 그는 클래스메이트였던 백인 여자친구와 결혼하여 오바마를 낳았다. 하지만 그는 하버드대 박사과정을 마치고는 아프리카와의 약속을 지켜야 한다며 급거 귀국해버렸고 오바마의 가족은 풍비박산되었다. 결국 오바마의 부모는 오바마가 2살 때 이혼했다.

그후 어머니는 인도네시아 출신의 유학생 롤로 소토로와 재혼하고 딸 마야를 낳으면서 남편을 따라 인도네시아로 갔다. 오바마는 어머니와 함께 1967년 인도네시아의 수도 자카르타로 이주하여 10살 때까지 초등학교에 다니다가 다시 하와이의 외조부모댁으로 돌아가 초등학교를 마쳤다. 어머니는 난소암으로 1995년 사망했다. 오바마의 인생 역정은 그것 자체로 국경을 초월한 하나의 드라마였다.

이처럼 결코 순탄치 않은 세월을 살아온 버락 오바마가 온갖 장벽을 극복하고 세계 최강대국의 대통령이 될 수 있었던 힘은 어디서 나온 것일까?

오바마는 모두가 인정하는 상당한 지적 매력의 소유자다. 이미 하버드대 로스쿨에서 최고의 권위를 자랑하는 〈하버드 로 리뷰〉의 편집장을 지냈을 만큼 그의 학식과 문장은 정평이 나 있었다.

게다가 그는 무슨 일이든 해낼 수 있을 것 같은 젊음과 꿈을 전 미국인들에게 심어주었다. 그가 캐시프레이즈로 내선 희망과 도전, 변화는 그의 이미지와 정확히 일치하는 것이었다. 다소 안정된 느낌은 주지만 베트남 전쟁의 추억을 들먹이며 충성과 애국심을 강조했던 늙은 매케인에게서는 전혀 발견할 수 없는 매력이었다.

오바마의 힘에서 빼놓을 수 없는 것이 그의 연설능력이다. 청중을 사

로잡는 그의 연설 솜씨는 단연
압권이다. 중앙정치 무대에서
무명이었던 그를 일약 스타로
만들어준 것도 연설이었다.
2004년 7월 민주당 전당대회에
서 존 케리 당시 대선후보에 의
해 기조연설자로 나선 그는 "진
보적인 미국, 보수적인 미국은
없다. 흑인의 미국, 백인의 미
국, 라틴계의 미국, 아시아계의
미국도 없다. 하나의 미국이 있
을 뿐이다. 불안 속에서도 담대한 희망을 갖자"고 역설했다. 당시 주 상
원의원에 불과했던 그는 연단을 내려오면서 이미 전국구 스타가 되어
있었다. 4개월 후 그는 흑인으로는 유일하게 연방 상원의원이 되었다.
사람들은 그의 말을 듣고 있으면 이내 그가 자신들의 어려움과 고민 그
리고 바람을 누구보다도 잘 이해하고 있다는 느낌에 푹 빠져든다고 한
다. 부지불식간에 친근감을 느끼게 하는 매력의 소유자인 것이다. 그리
고 그 매력은 바로 그의 '진정성'에서 우러나온다.

오바마의 힘은 이것만이 아니다. 훤칠한 키에 잘 다듬어진 몸매, 환한
미소 등 할리우드 스타 못지않은 외모로 매력을 더한다. 실제로 그는 유
명 패션잡지의 표지모델로 등장하여 매력을 뽐낸 적이 있다.

혹자는 미국이 서브프라임 모기지 사태 등의 경제위기를 겪지 않았다

면 오바마가 대통령이 되기는 어려웠을 것이라고 분석하기도 하지만, 미국인만이 아니라 전 세계인을 심취하게 만들었던 오바마의 매력은 결코 대통령의 자리에 오르기에 부족함이 없었다.

오바마는 줄곧 통합과 혁신의 리더십을 강조해왔다. 그것은 그가 '통합의 리더십'의 상징처럼 일컬어지는 링컨을 가장 존경하는 인물로 꼽은 것에서도 잘 드러난다. 말로만 그런 것이 아니었다. 정말로 그는 대통령에 당선된 이후 내각을 꾸리는 과정에서 일부의 반대를 무릅쓰고 힐러리 클린턴을 국무장관으로 전격 기용했다. 힐러리는 경선 기간 내내 그와 피 말리는 싸움을 벌인 최대 라이벌이었다. 힐러리뿐만 아니라 오바마는 당적과 인종, 종교, 성, 세대를 뛰어넘는 인선으로 자신의 통치철학을 구현했다.

일명 '트라이앵귤레이션'이라는 삼각측량 전략에서도 오바마의 통치철학은 잘 드러난다. 이 전략의 실체는 상대방의 정책을 비판하는 것에 머무르지 않고 자신이 속한 정당의 정책을 비평하는 고해성사적 특성에 있다. 현재의 양당 구도를 뛰어넘는 변화와 혁신의 리더십을 보여주는 것이다. 그는 힐러리를 비롯한 다수의 민주당원들과는 달리 처음부터 부시의 이라크전쟁을 반대한 극소수 정치인들 중 하나였고 그것은 오바마의 입지를 강화하는 결과를 낳았다.

전쟁을 반대한 오바마의 통찰은 그간 국제사회에서 미국의 리더십이 강압적이었다는 반성에서 출발했다. 그는 이렇게 선언했.

"세계 속에서의 미국의 위상은 줄어들고 있다. 그 이유는 미국이 세계에 협조하는 대신에 강요하기를 원하고 있기 때문이다. 우리는 과거 미국이 세계인의 친구였던 시절로 되돌아가야 한다."

그의 통합의 리더십은 노동조합 지도자들을 겨냥하기도 한다. 그는 "기업인들이 생존을 위해 무릎써야 하는 엄청난 압박감을 노동조합도 이해해야 한다"고 말했다. 그의 백만 원군이라 할 수 있는 흑인들에 대해서도 쓴소리를 마다하지 않는다.

"흑인 커뮤니티는 투표권을 적극 행사하지 않으면서 정부가 자신들에게 홀대한다고 불평한다. 출세한 흑인에 대해서는 '백인 흉내를 낸다'며 조소하는 냉소적 문화가 팽배해 있다."

좌우의 양 극단을 뛰어넘어 제3의 대안을 모색하는 그의 전략이 설득력을 갖는 것은 그가 양심적인 실천을 행동으로 보여주었기 때문이다. 그는 시카고의 사우스 사이드에서 자원봉사자들과 함께 구직은행 활동을 통해 실업문제 해결에 앞장섰고, 석면에 노출된 주민을 위해 보건위생 활동에 전심전력하기도 했다.

미국 캔자스대학과 캘리포니아 주립대 객원교수를 지낸 김종현 씨는 최근 저서 『검은 케네디 오바마의 리더십 10계명』을 통해 그의 리더십의 본질을 이렇게 정의했다.

1. 신뢰는 리더십의 기본이다: 신뢰의 리더십
    - 정정당당해라
    - 믿을 수 있는 사람이 되어라
2. 변화와 혁신정신을 추구하라: 변혁적 리더십
    - 비전을 보여주어라

-더 큰 것을 기대하게 하라

3. 가치관의 다양성을 인정하라: 다원주의적 리더십

　-생각의 지점을 확장하라

　-배척하지 말고 포용하라

　-사고의 균형감각을 길러라

4. 이기적인 태도를 버려라: 통합의 리더십

　-물러날 때와 나아갈 때를 알아라

　-발전적인 통합을 향해 나아가라

5. 약점도 강점으로 승화시켜라: 긍정의 리더십

　-하려고만 하면 된다

　-자신을 검증하고 확고한 나를 확립하라

6. 비범함으로 평범함을 실천하는 리더: 서민적 리더십

　-대중의 눈높이에서 느끼고 생각하라

　-겸양의 마음을 지녀라

7. 창조적인 상상력을 가져라: 창조적 리더십

　-스스로 판단하고 스스로 행동하라

　-창조적 리더와 창조적 결과

8. 부드럽고 편안한 리더가 되어라: 여성적 리더십

　-목표보다 관계를 중요시하라

　-부드러움과 강함의 조화

9. 인간적인 관계 형성에 노력하라: 공감의 리더십

　-동질감을 느끼게 하라

-같은 목표를 가지고 있음을 상기시켜라
10. '말'이라는 강력한 무기를 능숙하게 구사하라: 대중 연설가로서의 리더십
  -철저한 사전준비를 하라
  -마음을 사로잡는 언변을 길러라
  -단순하고 강력하게 연설하라

내게는 미국 대통령을 뽑을 수 있는 투표권이 없다. 하지만 그가 대통령이 되기를 속으로 바랐다. 이것이 바로 매력의 힘이다. 매력 있는 사람은 인종과 국적을 떠나 누구든 나서서 도움을 주고 싶어한다. 그래서 하는 일마다 잘된다. 운이 좋을 수밖에 없다.

미국 역사상 가장 매력적인 대통령의 탄생이라는 찬사를 듣는 버락 오바마. 그의 대통령 당선만으로도 미국의 국가 브랜드는 이미 몇 단계 상승했다. 이것이 바로 매력적인 리더의 힘이다.

그가 이끌어가는 새로운 미국이 세계인들의 기대와 지지에 화답하기를 바란다. 그가 미국인만을 위한 매력적인 리더십이 아니라 세계인을 위한 매력적인 리더십을 발휘한다면 지구촌은 더 평화롭고 행복한 시대를 맞이할 것이다. 그렇게 되기를 빈다.

6장

나만의 매력을 창조하라

— 매력 창조의 프로세스

효리가 섹시하다니 말도 안 돼요

···· 매력의 탄생과 진화

인간은 누구나 매력의 유전자를 갖고 태어난다. 이 매력의 유전자를 찾아내서 연마하면 보석처럼 빛나는 매력이 된다. 지적 매력, 감성적 매력, 육체적 매력, 심미적 매력, 영성적 매력이 우리 몸속 어딘가에 그리고 마음속 어딘가에 숨어 있다.

휴대폰 외판원으로 일하다가 콩쿠르를 통해 성악가로 변신한 폴 포츠는 정규 음악교육을 받지 못했지만 잠재된 끼를 끄집어내는 노력을 계속해오다 마침내 하늘이 준 기회를 잡고 성공의 길로 들어섰다. 그는 외판원을 하면서도 늘 노래를 듣고 꾸준히 연습하면서 자신의 매력을 갈고 닦았다.

자신이 가지고 태어난 매력의 유전자를 모르는 채 살아가는 사람이 너무도 많다. 이들은 자신도 매력의 창조자가 될 수 있다는 사실을 망각하고 그저 다른 사람들의 매력에 감탄하고 그에 홀리면서 부러워할 줄만 안다. 참으로 안타까운 일이다.

사람은 누구나 매력적인 요소를 갖고 있다. 매력은 다양성을 띠고 있다. 배용준과 장동건의 매력이 다르고 이소룡과 주윤발의 매력이 다르다. 강호동과 유재석에게도 각기 다른 매력이 있다. 골프 황제 타이거 우즈의 매력은 말할 것도 없지만 레슨 프로인 데이비드 레드베터에게도 상당한 매력이 있다. 화가의 매력과 미술평론가의 매력 또한 전혀 다른 성질의 것이다. 따라서 누구나 매력을 창조할 수 있다는 사실을 깨닫는 것이 제일 중요하다.

가요계의 심벌이자 매력적인 스타로 자리 잡은 가수 이효리가 TV에 처음 나오던 시기에 그녀의 언니가 인터뷰에서 말한 내용을 나는 아직도 기억하고 있다.

"효리보고 섹시하다니 말도 안 돼요. 집에서는 원래 그런 애가 아니거든요."

언니는 어려서부터 함께 살아온 동생을 선머슴 정도로 인식하고 있었다. 그러나 그후 이효리는 점점 더 섹시 코드를 강화해나갔고 마침내 섹시하고 매력적인 가수로 정상에 서게 되었다. 숨어 있던 자신의 매력인자를 찾아내 훌륭히 가꾼 결과였다.

매력은 크게 내적 매력과 외적 매력으로 구분할 수 있다. 내적 매력은 눈에 보이지 않는 매력으로 영성, 철학, 가치관, 지식, 문화, 정신적 유산 등을 통해 발현된다. 외적 매력은 눈에 보이는 매력이며 심미성, 우아함, 건강미, 패션, 섹시함, 자세 등으로 표출된다. 이 2가지 중에서 자신의 강점 부분을 강화시키는 것도 좋고, 둘을 조화롭게 통합하여 상승효과를 낼 수 있다면 더욱 좋다. 단순한 통합이 아니라 서로 상승적일 때 매력은 극대화된다.

따라서 통합된 매력적 이미지AI, Attractive Identity를 선정하는 것이 중요하다. 먼저 나의 내적 매력요소와 외적 매력요소를 잘 찾아낸 후에 이를 바탕으로 AI를 설정할 수도 있고, 먼저 내가 원하는 AI를 설정하고 매력요소를 찾아낼 수도 있다.

인간이 추구하는 본원적 매력 또한 우리 각자가 갖고 있는 매력을 스스로 발견하는 또 하나의 길을 열어준다. 나는 본원적 매력을 '진·선·미'에서 찾는다. 진은 진리, 진실, 정의와 연결되며, 선은 윤리, 도덕, 선함을 내포한다. 미는 심미성, 패션, 디자인, 예술이 대표한다. 이 같은 진·선·미는 다시 '지·덕·체'에 의해 뒷받침된다. 본원적 매력이 구현되려면 지·덕·체라는 자양분이 필수적이라는 말이다. 지·덕·체는 자기수양의 고전적 방식이지만 현대사회에서도 여전히 유효한 개념이다. 지성미가 곧 지의 매력이고, 선행은 덕의 매력, 몸짱이나 S라인은 체의 매력이다. 인간이 본원적으로 추구하는 진·선·미와 지·덕·체를 통한 매력의 발견과 창출이야말로 가장 바람직한 방법이다.

좀 더 실용적인 매력 창출법으로 벤치마킹이 있다. 벤치마킹이란 창조적 모방 또는 모방을 통한 창조를 말한다. '매력적 존재의 유형 분류→추구 모델 선정→매력요인 분석→매력 연출력 개발→창조적 모방→나만의 목표 설정'이란 과정을 거치면 원하는 성과를 거둘 수 있다. 실제로도 클린턴 대통령은 케네디 대통령을 벤치마킹했고 그의 걸음걸이와 제스처, 스피치까지 창조적으로 모방하여 정상에 올랐다. 오바마 대통령은 케네디와 클린턴의 외적 매력을, 그리고 링컨 대통령과 마틴 루터 킹 목사의 내적 매력을 벤치마킹 대상으로 삼아 성공한 케이스다.

경영전략 수립에서 많이 사용되는 SWOT분석법을 활용하여 매력을 창출하는 것도 하나의 방법이 될 수 있다. 이 방법은 자신이 갖고 있는 매력의 강점과 약점, 사회적 트렌드에서 나타나는 기회요인과 위협요인을 매트릭스화하여 최적안을 찾아내는 것이다. 시장에서의 경쟁력을 한눈에 보여주는 장점이 있지만, 본원적 가치를 탐색하는 데 소홀하지 않도록 주의해야 한다.

그 밖에도 나의 매력을 창출하는 다양한 방법이 있을 수 있다. 내가 원하는 매력은 무엇인가? 내가 가지고 있는 매력요인은 무엇인가? 이런 것들을 모두 찾아내어 열거하고 재정리해보는 방법, 주위 사람들로부터 솔직하고 진지한 조언을 듣는 방법, 심리학자나 이미지 컨설턴트 같은 전문가로부터 자문을 받는 것도 좋은 방법일 수 있다.

나만의 매력요소를 찾아내어 이를 창출한 다음에는 매력을 연출할 줄 알아야 한다. 연출력이란 생명을 불어넣는 것, 활성화하는 것, 작품의 완성도를 높이는 것이다. 방송국에서 프로듀서가 하는 역할과 같다. 매력의 평가자는 내가 아니라 상대방이다. 상대방이 호감을 느낄 수 있도록, 감동할 수 있도록, 오랫동안 뇌리에 남을 수 있도록 연출해야 한다.

물론 별다른 연출 없이도 매력이 배어나오는 사람도 있다. 바로 테레사 수녀 같은 분이다. 이분의 영적 매력이 연출되었다고 생각할 수는 없기 때문이다. 하지만 대부분의 매력은 연출단계를 거쳐 극대화된다. 케네디의 매력도, 오바마의 매력도 연출된 것이다. 그들은 자신의 실력과 내실에 매력을 입힘으로써 미국인의 마음을 완전히 사로잡았다.

매력 창조에서 연출력 못지않게 중요한 것이 있다. 바로 반反매력을 제거하는 것이다. 외모는 출중하지만 지성미가 없다든가, 집안도 좋고 학벌도 좋지만 버릇이 없다든가, 똑똑하지만 지나치게 설친다든가, 논리적이고 빈틈이 없지만 성격이 까칠하다면 누가 그에게 호감을 가지겠는가. '옥의 티'라는 말이 있다. 티가 있어도 옥은 옥이겠지만 티가 눈에 띄면 가치가 떨어지는 건 기정사실이다. 화장을 하는 이유도 다르지 않다. 일차적으로 아름다움을 강조하고자 하는 행위지만 티를 가리려는 목적도 그에 못지않다. 아이라인을 그리고 속눈썹을 붙임과 동시에 자신의 반매력 요소인 주름이나 기미를 감쪽같이 감춘다. 아예 성형수술로 점을 빼거나 주름을 펴기도 한다. 모두 다 반매력 요소를 제거하기 위한 것이다.

우리나라에서 성형수술이 급속히 확산된 것은 경제발전에 이은 문화의 성장이 이루어지면서 매력 지향 사회로 전환되었기 때문이다. 매력 지향 사회에서 아름다움을 추구하는 행위는 너무도 당연하고 자연스러운 일이다. 자신의 매력요인을 발굴하고 연출하는 것만큼이나 반매력 요소를 발견하고 제거하는 노력이 적극적으로 요구되는 사회인 것이다.

사람은 무엇에 반하나

···· 매력의 DNA를 찾아라

 매력은 사람의 마음을 사로잡으며, 세상을 이끌어가며, 가치를 낳으며, 행복을 부른다. 똑똑한 사람도 매력이 없으면 외톨이가 되기 십상이다. 권력과 금력, 정력의 하드파워를 자랑하는 사람들에게 세상은 고운 시선을 보내지 않는다. 상품이나 기업도 마찬가지다. 매력을 갖추지 않으면 시장에서 외면당하고 만다.
 지금까지 매력형 인간, 매력형 상품, 매력형 기업, 매력형 리더들을 만나보았다. 이제는 이들이 갖고 있는 각각의 매력을 본격적으로 탐구할 시간이다. 매력의 DNA는 무엇이고 매력의 본질과 유형은 어떻게 설명할 수 있을까?
 매력의 DNA를 찾는 것은 쉬운 일이 아니다. 사람들이 어떤 것에서 매력을 느끼는지, 무엇에 열광하는지, 그 본질적 요소는 무엇인지, 또 시대의 흐름에 따라 새롭게 떠오르는 매력에는 어떤 것들이 있는지를 종합적으로 알아보고 검증한 후에야 그 실태를 조금이나마 파악할 수 있을까.

그간 내가 매력을 화두로 비즈니스 세계에서 관찰하고 경험하고 연구하면서 발견한 매력의 DNA는 10가지다. 꿈, 상상, 도전, 열정, 끼, 청춘, 심미, 창조, 관용, 헌신베풂이다. 사람에 따라서는 이 10가지 외에 신의, 첨단, 유연성, 섹시함, 소통, 초월 등 다른 것도 있다고 주장할지 모른다. 충분히 그럴 수 있다. 매력의 유전자는 물질적 분석의 대상이 아니고 열려 있는 개념이기 때문이다.

'꿈'은 현재를 이끄는 정신의 원동력이다. 꿈이 있으면 삶에 생기가 돌고 기업문화에 역동성이 넘친다. 그린 위에 꿈을 심고 이를 감격적으로 실현한 박세리나 신지애 덕분에 우리는 고달픈 현실을 헤쳐나가는 힘과 위안을 얻었다.

'상상'은 현실을 바꾸어내는 강력한 시발점이다. 셰이크 모하메드의 담대한 상상력이 없었다면 오늘의 두바이는 존재하지 않았을 것이다. 상상력이 이루어낸 기적 앞에서 사람들은 놀라움을 금치 못하고 매료당한다.

'도전'하는 삶은 아름답다. 불가능에 대한 도전은 더욱 아름답게 보인다. 모두가 안 된다며 말리고 손가락질할 때 과감히 부딪쳐 함평을 매력덩어리로 만든 이석형 군수. 그의 아름다운 도전에 찬사가 쏟아지고 배움의 물결이 쇄도하고 있다.

'열정'은 성공의 에너지다. 이것이 없이는 아무것도 이룰 수 없다. 고난도 연기를 완벽하게 소화하기 위해 어린 나이부터 극도의 인내심과 열정을 쏟은 김연아는 연속적으로 최고 기록을 수립하며 국민들에게 기쁨과 영광을 안겨주었다. 그녀는 한국인이 자랑스러워하는 '국민요정'이다.

'끼'는 자신만이 갖고 있는 소질로, 주무기라고 할 수도 있다. 우리는 자신의 끼에 특별히 주목해야 한다. 여타의 DNA에 비해 남다른 매력을 발산하는 근본이 되기 때문이다. 가수 박진영은 그만의 독특한 끼를 시대의 트렌드와 부합시켜 뜨거운 반응을 이끌어가고 있다.

'청춘'은 말만 들어도 심장이 뛴다. 젊음은 그 자체로 아름답고 힘차다. 새롭고 무한한 가능성을 내재하고 있기 때문이다. 영원한 젊음을 상징하는 인물, 상품, 기업은 호감도가 높다. 제임스 딘은 지금까지 젊은이의 우상으로 살아 있다.

'심미'는 기능과 품질이 고만고만한 시대에 사람들의 선택을 결정하는 바로미터가 되었다. 순간의 미학을 보여주는 광고와 디자인에서 그 가치는 더욱 빛을 발한다. 삼성전자는 디자인으로 세계인의 마음을 사로잡았다.

'창조'는 이 시대의 성격을 단적으로 드러내는 말이다. '창조시대'다. 창조적이지 않으면 인재라 할 수 없고 창조적이지 않으면 셀러가 되지 못한다. 스티브 잡스는 창조적 CEO의 대명사로 때마다 이전에 보지 못한 것을 탄생시켜 세인의 기대를 끌어모았다.

'관용'은 끌어안음이다. 바다가 종류를 가리지 않고 물을 받아들이듯 사람을 널리 포용할 줄 아는 리더의 회사에 사람들은 몰린다. 통합의 리더십에서 관용은 필수불가결하다. 미국의 링컨 대통령을 벤치마킹한 오바마는 라이벌이었던 힐러리를 국무장관으로 끌어안으며 포용의 리더십을 발휘했다.

'헌신'은 상대에게 나의 모든 것을 내어주는 것이다. 베풂도 대단하지만 헌신은 그보다 훨씬 나아간다. 내게 모든 것을 바치는 존재에게 어찌 감화되지 않으랴. 정성이 지극하면 돌 위에도 풀이 난다고 하지 않던가. 무조건적인 부모님의 사랑을 잊지 못하고 부모님을 영원한 그리움과 존경의 대상으로 삼는 까닭도 이것이다. 헌신은 매력의 유전자 가운데서도 가장 높은 곳에 위치하며 가장 오랜 빛을 발하는 것으로 매력을 완성시키는 결정체다.

매력의 본질을 한마디로 정의하기란 정말 쉽지 않다. 보고 싶고, 사고 싶고, 들어가고 싶고, 따르고 싶고, 도와주고 싶게 사람들을 끌어당기는 그것이 과연 무엇이란 말인가. 예쁘고 멋진 아름다움일까? 가려운 곳을 긁어주는 시원함일까? 따뜻한 인간미에서 우러나오는 편안함일까? 아니면 초인적인 능력의 놀라움일까? 아마도 사람마다 처한 상황이나 가치관, 감성에 따라 각기 다른 대답들을 내놓을 것이다. 하지만 적어도 '이것'이라 말했을 때 누구나 수긍하는 공통분모는 있게 마련이다.

흔히 매력적이라고 평가받는 사람들이 지닌 공통점을 살펴보면 거기에는 하나같이 다음과 같은 본질적 속성들이 자리하고 있음을 알 수 있다. 이들은 대부분 부드럽고, 온화하며, 겸손하고, 편안하다. 그리고 무엇보다 진심으로 사람을 대한다. 인간적인 깊이와 품격으로 상대방의 마음을 끌어안는다.

하지만 그들이 뿜어내는 매력의 양상은 아주 다양하고 중층적이다. 이루 셀 수 없는 색깔로 드러나고 받아들여진다. 정확히 말하면 이 세상 사람들의 수만큼이나 다양한 매력이 존재한다고 할 수 있다. 거침없는 추진력으로 발산되는 행동형 매력도 있고 존재 자체로부터 풍기는 아우라가 매력인 경우도 있다. 심미적 매력, 지적 매력, 성적 매력도 있다. 강력한 신념을 지닌 인간의 경우에는 정신적 매력, 지적 매력, 행동형 매력이 오버랩되기도 한다. 사회주의 혁명의 실패가 분명해진 후에도 쿠바의 혁명가 체 게바라가 대중의 열렬한 지지를 받고 있는 것도 그가 풍기는 이런 복합적인 매력 때문이다. 대중의 욕망과 이상을 대변하는 연예인들의 경우도 복수의 매력을 발산한다. 배우와 톱모델로서 전성기를 구가하는 장동건은 도시적이면서도 진취적이고, 강인하면서도 겸손하고, 진실하면서도 품위 있는 매력의 소유자로 평가받는다. 국민 MC로 자리 잡은 유재석의 트레이드마크는 유쾌, 소박, 다정다감, 편안함이다. 개인의 매력은 각기 다른 형태와 강도로 존재한다.

기업은 어떤가. 매력형 기업은 7가지 유전자를 갖춘 기업이다. 매력적 CEO, 매력적 인재, 매력적 제품, 매력적 디자인, 매력적 서비스, 매력적 브랜드, 매력적 근무환경이다. 이는 ES$_{\text{Employee's Satisfaction, 직원만족}}$, FS$_{\text{Family's Satisfaction, 가족만족}}$, CS$_{\text{Customer's Satisfaction, 고객만족}}$의 원천이 된다.

'내부고객'인 직원은 회사가 자신을 인정하고 존중할 때 만족하고 매력을 느낀다. 이름이 적힌 종이를 선풍기 바람에 날려 제일 멀리 날아간 사람을 승진시킬 정도로 직원 하나하나를 존중하는 미라이공업은 샐러리맨들의 유토피아로 불린다. 또 매력적인 기업에는 '명확한 핵심가치'와 '비전'이 있다. 미라이공업에서는 '항상 생각하라'는 핵심가치가 직원들의 몸속에 녹아들어가 있다. 맨체스터유나이티드와 홈플러스는 고객과 직원 모두에게 멋진 기업의 비전을 보여준다. 직원들이 서류가방에 자기 회사 로고를 붙이고 다니는 IBM이나 3M 등도 직원만족을 위한 근무환경에 애를 쓰는 대표적 기업이다.

직원만족을 넘어 직원의 가족들에게까지 감동을 선물하는 기업은 매력적이다. 대상그룹은 결혼기념일에 출근하지 않고 집에서 쉬는 '스위트홈 휴가'제를 실시한다. 각종 법률 문제를 회사에서 해결해주는 곳도 있고 '가족의 날', '아동캠프'를 설치한 곳도 있다.

'하나 더 서비스'를 제공하여 고객만족을 넘어 감동을 실현하는 전자회사가 있다. 가전제품이 고장 나서 신고하면 바로 달려가 수리해주는 것은 물론 자사제품이 아닌 것까지 고쳐준다. 재미난 현상은 고객들이 애프터서비스보다 '나온 김에 하나 더 서비스한 것'에 더 큰 감동을 받는다는 것이다. "서비스가 맘에 들지 않으면 요금을 내지 않아도 좋습니다"라는 문구를 써 붙이고 다니는 일본의 MK택시, "판매한 제품에 대해 무한책임을 지겠다"는 화장품회사 태평양도 무한감동을 낳고 있다. 대형 소매업체인 코스트코는 매장을 찾는 고객들에게 '예상치 못한 놀라움'을 선사하여 오랜 기억과 감동을 간직하게 하는 것으로 유명하다. 돔 페리뇽 같은 고급 샴페인이나 명품 코치백을 정말 저렴한 가격으로 사거나 책 사인회를 열고 있는 빌 클린턴을 만나는 뜻밖의 즐거움을 준다. 고객이 기대하지 않은 상황에서 발견하는 놀라움이나 감동은 의심 많은 고객을 일순간에 열광적인 추종자와 자발적인 구전자로 만든다.

직원이 즐겁고 가족이 자부심을 느끼고 고객이 감동하는 회사가 바로 좋은 기업이고 매력적인 기업이다. 회사를 재미로 다니냐고 말하는 사람도 있지만 그것은 옛날 얘기다. '개처럼 벌어서 정승처럼 쓴다'는 것도 낡은 생각이다. 매력을 중시하는 시대의 사람들은 '예술가처럼 벌어서 천사처럼 쓰고' 싶어한다. 사람들은 일이 재미있고 보람을 느끼는 회사에 다니고 싶어한다.

이제는 상품도 상품 자체를 파는 것이 아니라 디자인을 팔고, 기능을 파는 것이 아니라 문화를 팔고, 매력을 팔아야 한다. 고매출 기업이 아니라 고매력 기업으로 변모하지 않으면 어떤 기업도 살아남을 수 없다. 우리는 이미 매력 지향 사회에서 살고 있기 때문이다.

약이 되는 매력, 독이 되는 매력

···· 매력, 이렇게 측정하고 활용하라

세계 곳곳에서 전개되는 '맥주전쟁'은 정말 뜨겁다. 우리나라에서도 하이트와 OB의 경쟁은 마케팅사의 연구대상일 만큼 열전을 거듭하는 중이다.

밀러라이트라는 맥주가 있다. 맛이 좋기로 소문났다. 그렇다고 다른 맥주에 비해 월등한 정도는 아닌데도 남성뿐 아니라 여성들 사이에서 어떤 맥주보다 인기를 끌고 있다. 그 비결은 다른 것이 아니다. 밀러라이트 고유의 특징인 '칼로리가 적다'는 점을 소비자에게 꾸준히 알리고 신뢰를 얻은 것이다. 애플의 매킨토시 컴퓨터 또한 IBM에 비해 제품력은 다소 부족하다는 평가에도 불구하고 '사용하기 쉽다'는 특징을 앞세워 사용자들의 호감을 샀다.

사람들의 사랑을 받고 인기를 끄는 제품에는 독특한 무언가가 있다. 다른 제품에서 찾아볼 수 없는 그 무엇 말이다. 이는 단순한 차별화를 넘어서는 무기 같은 것이다. 그것은 곧 그 제품만의 매력이다. 이것 없이 시장에 나가는 제품은 모조리 반품이라는 숙명을 안고 패잔병이 되어 돌아온다. 비단 제품만이 아니다. 사람도 마찬가지다. 그래서 자신의 정체를 알고 매력을 진단하는 일은 인생항로에서 그 무엇보다 우선되어야 한다.

스스로에게 물어라. 나의 매력은 어떤 것인가? 그 매력은 강한 것인가, 약한 것인가? 현재적 매력은 무엇이고 잠재적 매력은 무엇인가? 이를 쉽게 알아보는 방법이 있다. 아내, 친구, 상사에게 물어보면 된다. 상대방이 나의 어떤 점에 매력을 느끼는지를 주목하면 답이 나온다. 매력의 평가자는 내가 아니고 타인이기 때문이다.

나는 어려서부터 작은 눈 때문에 늘 고민이었다. 그러다가 아내와 연애하면서 "자기는 웃는 눈이 매력적이야"라는 말을 듣고 새로운 매력에 눈뜨게 되었다. 그후로 나는 자주 웃음을 짓게 되었고 평소의 매섭고 쏘는 듯한 눈빛이 점점 부드럽게 바뀌어갔다. 덩달아 대인관계도 좋아지고 인생도 달라졌다.

이뿐만이 아니다. "윤 박사는 다른 사람의 장점을 순식간에 찾아내서 가장 압축적으로 표현하는 매력이 있다"는 말을 들은 것이 계기가 되어 다른 사람을 칭찬하는 기술이 쌓여갔고, "목소리가 매력적이야"라는 말에 발성연습을 더욱 열심히 한 것이 방송MC 활동과 각종 강연에 큰 도움이 되기도 했다. 매력의 발견은 아주 가까운 데서 이루어진다.

질문을 통한 확인보다 명확하고 객관적으로 매력지수를 판단하는 방법도 있다. 경영학에서 마케팅 분석기법의 하나인 SWOT 강점·약점·기회·위협 요인 분석을 통해 자신과 자사의 매력지수를 측정해보는 것이다. 매력 측면에서 나의 강·약점sw을 찾아내고 외부환경에서의 기회·위협 요인oT을 분석하여 이를 매트릭스화하면 된다. 이것을 통하면 시대의 흐름을 반영한 나의 최강매력 전략을 수립할 수 있다.

자신의 강점과 약점, 기회와 위협 요인을 철저히 경기에 적용하여 아주 현명한 승리를 거둔 선수가 있다. 케니 페리라는 미국 골프선수다.

2008년 상반기 무서운 상승세를 맞은 노장 케니 페리는 이를 증명이라도 하듯 이 해 7월까지 5개 대회에 출전해 3개 우승컵을 쓸어 담으며 상금 순위와 페덱스컵 포인트에서 당당히 2위에 올랐다. 그는 철저하게 시장을 조사하고 나서야 행동했다. 경쟁상대들의 동태를 예의주시하고 그린의 환경을 면밀하게 살폈다. 그는 톱랭커들이 대거 빠지거나 자신의 경기 스타일에 맞는 코스에서 열리는 대회만 집중적으로 공략했다. 그래서 2008년 메이저대회에는 단 한 번도 출전하지 않았다. 마스터스는 자격이 안 됐고 US오픈은 예선전을 포기했다. 브리티시오픈도 코스가 자신의 경기 스타일과 맞지 않는다고 판단하여 주저 없이 불참을 선언했다.

그의 전략은 맞아떨어졌다. US오픈 예선전이 치러지는 동안 열렸던 메모리얼토너먼트에서 우승하고 US오픈 2주 후에 열린 뷰익오픈 타이틀마저 손에 넣었다. 세 번째 우승컵을 안긴 존디어 클래식에도 페리에게 위협이 될 만한 선수는 없었다. 모두 브리티시오픈을 준비한다며 영국으로 떠났기 때문이다.

케니 페리는 경기에 임하기 전에 자신의 경쟁력(매력)이 무엇이고 기회와 위협 요인이 어디에 있는지를 분석하여 이를 실제 경기에서 가장 효과적으로 활용할 줄 아는 인물이었다.

그와는 정반대로 강렬한 매력지수를 갖고도 비극의 주인공이 된 이가 있었다. 바로 마릴린 먼로다. 그녀는 한 시대를 풍미한 세기의 섹스 심벌이었다. 아름다운 금발과 푸른 눈, 전신에서 발산하는 독특한 성적 매력은 그녀를 순식간에 세계적인 스타의 반열에 올려놓았다. 당시의 어떤 여배우도 그녀의 매력에 미치지 못했다. 세계인은 그녀의 고혹적인 자태에 넋을 잃었다. 이것이 그녀가 가진 강점이자 기회이기도 했다. 그러나 마릴린 먼로는 화려한 겉보기와 달리 내면은 나약한 한 여자에 불과했다. 그녀는 자신의 매력을 지탱하고 더욱 성숙하게 가꾸어나가는 강인한 정신의 소유자가 아니었다. 이것이 그녀의 치명적 약점이었고 끝내 그녀를 죽음으로 몰고 갔다.

야구선수 조 디마지오, 극작가 아서 밀러를 포함한 세 번의 결혼 실패 등 사생활도 복잡하고 불행했다. 결혼생활과 관계없이 자신의 사진작가, 음악감독, 후견인, 잡지기자, 신인 배우, 음성코치, 동업자, 그리고 말년에는 자신을 태우고 온 택시기사, 식당 종업원 등의 즉흥적인 섹스 파트너가 되기도 했다. 일생 동안 "한 번도 행복한 적이 없었다"고 고백하기도 했던 그녀는 그녀의 성적 매력을 상품으로 만들어 팔아버리는 미국식 자본주의에 맞서기에는 너무도 미약했다. 헐리우드라는 거대한 톱니바퀴에 끌려다니며 그녀는 약물중독이 되었고 마침내 자살로 보이는 의문의 죽음으로 생을 마쳤다. 정신적·지적 매력이 뒷받침되지 않는 성적 매력이 얼마나 취약한 것인가를 극명하게 보여준다고 하겠다.

위대한 인물, 뛰어난 예술가의 삶 속에는 비범한 매력이 빈득인다. 하지만 그 매력이 어떤 좌표를 갖느냐에 따라 지속적인 생명력을 발휘하기도 하고 순간에 피었다 지는 꽃처럼 허망한 종말을 고하게 되기도 한다. 아무리 흡인력이 강한 매력이라도 치명적 약점을 내재하고 있다면 아무 소용이 없고, 시대와의 불화나 뜻하지 않은 복병을 만나 힘없이 스러지고 만다. 일차적으로 매력지수를 발견하는 일이 중요하지만 그에 못지않게 자신의 또 다른 이면을 성찰하고 시대환경을 냉정하게 분석, 대비해야 한다는 말이다. 그렇지 않으면 어떤 매력도 복잡하고 험난한 인생의 길에서 조만간 그 밑천을 드러내게 된다.

이명박, 오바마 두 대통령의 PI는?

···· 벤치마킹과 매력 개발

당신의 좌표를 찾았는가? 나만의 매력이 무엇이고 매력지수는 얼마나 되는지 알아냈는가? 시대가 무엇을 원하고 시장에 어떤 함정이 놓여 있는지 알아보았는가? 그렇다면 이제 그 매력을 개발하고 육성할 때가 되었다. 자연 상태의 광석은 내버려두면 한낱 돌멩이에 불과하지만 잘 다듬고 정제하면 값비싼 보석이 된다.

"그의 태평스런 태도, 그의 뻔뻔스런 유머에는 뭔가 흑인 클린턴 같은 데가 있다. 하버드대학 출신의 반항아가 발산하는 매력······. (중략) 어쩌면 그는 이제는 죄의식에 호소하길 그만두고 매력을 행사해야 함을 이해한 최초의 흑인이 아닐까."

2004년 미국 민주당 전당대회를 지켜보던 프랑스의 철학자 베르나르

앙리 레비는 갓 상원의원에 당선된 젊은 흑인 정치인 오바마를 이렇게 평했다.

그렇다면 오바마는 이 매력을 행사하기 위해 어떤 준비와 노력을 했을까? 전문가들은 그가 기존 정치인들과는 다른 신선함을 찾는 미국인들의 시대적 요구에 딱 맞는 조건을 갖추었다고 평가했다. 오바마의 매력이 '젊음과 새로움'에서 나온다는 것이다.

오바마도 이 점을 잘 알고 있었다. 그는 부시와 공화당, 심지어 힐러리까지 이라크전을 지지하고 있을 때 강하게 반전을 주장함으로써 차별화된 이미지를 부각시켜 지지자를 끌어모았다. 공식 발표에 앞서 인터넷 동영상으로 대통령 출마 선언을 하여 새로운 정치 형식이라는 평과 함께 좋은 반응을 얻었다. 그는 동영상에서 "우리의 정치는 돈과 권력으로 변질된 빈약한 정치"라며 "우리 모두의 색다른 정치에 대한 갈망을 깨닫고 변화와 진보의 대의를 어떻게 발전시킬 수 있을까, 상당 기간 고민했다"고 말했다.

매케인과의 대결에서는 'Hope for Change'라는 메시지를 일관되게 전파했다. 사실 이 메시지는 전혀 새로운 것이 아니었지만 젊고 지적인 이미지에서 나오는 그만의 매력과 묘한 조화를 이루었다. 뿐만 아니라 그는 이야기하는 방법이 상대 후보와 달랐다. 비전을 선포하는 선동가가 아니라 국민 한 사람 한 사람의 어려움을 이해하고 도와주는 친근한 조력자로서의 면모를 유감없이 발휘했다. "나는 완벽한 대통령이 아닐 수 있다. 하지만 국민의 소리에 귀 기울이고 국민에게 솔직하게 말하는 대통령이 되겠다"고 자신을 선전하고 다녔다. 젊고 새로움에 친근함이라는 요소가 더해졌다.

뛰어난 연설능력이 그의 매력을 더욱 돋보이게 한 것은 물론이다. 오바마가 자신의 매력적 이미지 창출을 위해 외적 매력은 케네디와 클린턴을, 내적 매력은 링컨과 마틴 루터 킹 목사를 벤치마킹했다는 것은 잘 알려진 사실이다. 그는 이를 통해 가장 강력한 매력을 만들어냈다.

오바마는 부러움을 자아낼 정도로 복합적 매력의 소유자다. 하지만 그는 그 가운데서도 가장 핵심적인 매력에 집중하여 이를 21세기형 매력으로 연출해낼 줄 알았다. 말 한 마디, 표정과 제스처 하나, 광고 한 편에서도 그는 '새로움'을 강조했다. 자신이 가진 매력과 시대가 원하고 사람들이 열광하는 요소가 무엇인지를 정확하게 꿰뚫어 이를 일치시킨 것이다. 미국인들은 그에게 열광했고 미국 최초의 젊은 흑인 대통령은 이렇게 탄생했다.

이명박 대통령은 몰락한 경제를 일으켜 세울 적임자로 인정받아 대권을 쥘 수 있었다. 현대건설과 서울시장을 지낸 경력이 그에게 긍정적 이미지를 심어주었고 또한 그의 매력이 되었다. 집권 초반 여러 시행착오가 있었지만 아직 국민은 그에게 명실상부한 경제 대통령이 되어달라는 기대를 저버리지 않고 있다. 이명박 대통령이 이 기대에 부응할 수 있다면 역대 어느 대통령보다 자신의 경력을 국정에 접목한 최고의 대통령으로 칭송받을 것이다. 이 대통령은 두뇌회전이 빠르고 박식하며 실무 경험이 풍부하다. 청와대 참모들도 최고의 엘리트들이다. 그러나 취임 1년간의 국정 지지도는 대선 득표율에 비해 크게 떨어져 있었다. 바로 매력의 힘을 간과했기 때문이다. 탁월한 두뇌와 충분한 실무 경험에 대통령으로서 여유와 소탈함의 인간적 매력을 더할 수 있다면 국민은 마음을 더 열 것이다.

이명박 대통령은 대통령 후보 시절에는 정주영 회장과 박정희 대통령의 이미지만 가지고도 강한 경쟁력을 확보할 수 있었다. 그것은 '경제를 살리고 국가 정체성을 똑바로 세우자'는 유권자들의 절대적 호응을 받기에 충분했다. 한국 경제를 살린 정주영 회장과 박정희 대통령의 긍정적 이미지, 서울시장을 지내면서 보여준 추진력, 청계천 복원 등의 창의적 성과를 통해 상대 후보를 압도했다.

그러나 서울시장과 대통령은 국민들이 거는 기대상이 확연히 다르다. 마찬가지로 대통령 후보와 대통령에게 거는 기대치 역시 다를 수밖에 없다. 나는 그동안 이명박 대통령을 비교적 가까이에서 지켜보면서 그 매력의 실체를 알게 되었다. 이 대통령이 서울시장 재임 시에 서울시 산하 교통방송의 유일한 시사 프로그램인 「굿모닝서울 윤은기입니다」를 진행하면서 수시로 접할 기회가 있었고, 서울시 공무원연수원에도 자주 출강하는 등 빈번하게 교류해왔기 때문이다.

내가 보기에 이명박 대통령의 진짜 매력은 거의 영성적 매력에 가깝다. 그는 순수한 영혼과 열정으로 자수성가한 대표적 인물이다. 끊임없는 도전과 개척 정신으로 국내외 건설현장에서 1년 365일을 하루같이 뛰었고, 독실한 신앙인으로 틈틈이 교회에 나가 기도하고 봉사활동을 전개했다. 인정이 많고 유머감각도 뛰어나다.

CEO 이명박은 큰돈을 모으려고 일하지 않았다. 돈은 그의 인생목표가 아니었다. '우리도 한번 잘살아보자'는 역사적 사명감을 가지고 부지

런히 뛰었고, 우리나라가 고도성장기를 거치면서 자연스레 적지 않은 부가 따라왔던 것이다.

그러나 대통령 선거를 치르면서 이 대통령의 이미지는 급격히 변질되고 말았다. BBK 주가 조작에 대한 의혹이 일면서 극심한 마타도어까지 등장했다. 그를 적극 지지하는 사람들과 그에게 투표한 유권자들조차도 공공연히 이런 이야기를 입에 올렸다.

"BBK 주가 조작 좀 했다고 무슨 대수란 말인가!"

이 대통령이 주가 조작에 관여했다는 것을 사실로 인정해버린 것이다. 그러나 그후 재판과정에서 밝혀진 것처럼, 이명박 대통령은 BBK 주가 조작과는 아무 상관이 없었다.

나는, 선거 이후 이 대통령의 참모들이 대통령의 핵심적 매력을 살려 새로운 이미지 전략PI, President Identity을 창조했어야 한다고 생각한다. 박정희 대통령이나 정주영 회장은 21세기의 국민들이 원하는 매력적 리더십과는 분명 거리가 있다. 이 대통령은 이들의 이미지에서 벗어난 새로운 이미지, 새로운 매력을 찾아야 한다.

앞서 나는 오바마 대통령이 케네디와 클린턴에게서 외적 이미지를, 링컨과 마틴 루터 킹에서 내적 이미지를 벤치마킹하여 통합했다고 말했다. 더 나아가 그는 지적인 매력을 물씬 풍기는 헐리우드 스타 덴젤 워싱턴까지 벤치마킹함으로써 21세기 최고의 매력적 리더십을 창출하는 데 성공했다.

이명박 대통령이 자신의 매력을 살리려면 어떻게 해야 했을까? 이 대통령은 정조대왕과 정약용, 거대한 중국을 바꾼 덩샤오핑, 뉴딜정책을 펼친 루스벨트를 벤치마킹했으면 좋았겠다는 생각이 든다. 그리고 현재의 이 대통령에게는 영성적 매력, 실용주의적 매력, 시대적 매력을 결합한 새로운 PI가 절실히 요구된다고 하겠다.

윤리적으로 때가 묻어 있고, 성격이 급하고, 포용력이 떨어지며, 구시대적인 CEO라는 부정적 이미지가 나타나는 것을 정치적 반대세력들의 비난 탓으로만 돌릴 일이 아니다. 지금부터라도 적극적으로 자신의 매력적 이미지를 창출하여 부정적 이미지를 불식함은 물론 대한민국이라는 국가 브랜드를 끌어올리는 데 소홀함이 없어야 할 것이다.

이명박 대통령이 이미지 파워에서 비교되고 경쟁관계에 있는 사람은 노무현 전 대통령이나 대선 당시의 경쟁자가 아니다. 이제는 G8 선진국 정상들이 바로 이미지 파워의 경쟁자들이다. 미국 대통령, 프랑스 대통령, 영국 수상, 일본 수상, 중국 주석과 견주어 손색없는 글로벌 리더로서의 이미지 창출이 반드시 필요하다.

그러기 위해서는 이명박 대통령과 그의 참모들이 대통령의 매력에 대해 더 많은 연구를 해야 한다. 대선 때의 후보 이미지를 버리고 21세기형 매력적 대통령으로서의 새로운 PI를 수립할 필요가 있다.

한 시대의 획을 긋고 있는 리더들이 매력을 인지하고 확장하는 과정은 그 자체로 흥미진진하며 그들을 바라보는 이들에게 감동과 교훈을 준다. 이상적 모델이 되기도 하고 반면교사가 되기도 한다.

당신은 누가 매력적이라고 생각하는가? 대통령이든, 행정가든, 기업가든, 연예인이든, 운동선수든 매력을 느끼는 인물이 있다면 그를 벤치마킹해보라. 참고로 여기에 내가 꼽는 최고의 매력인들을 소개한다.

반기문 유엔 사무총장, 백남준 비디오 아티스트, 이길여 가천길재단 회장, 조동성 서울대 교수, 이희범 무역협회장, 윤석금 회장, 이승한 회장, 김신배 사장, 김순진 회장, 김영세 디자이너, 정명훈 지휘자, 최경주 선수, 차범근 감독, 샤라포바, 오드리 헵번을 벤치마킹해보라. 놀라운 성과를 얻게 될 것이다.

매력의 스타를 벤치마킹하는 것은 매력을 키우는 아주 좋은 방법이다. 그에게 어떤 매력이 있는가? 그 원천은 어디에 있는가? 그와 당신을 비교할 때 어떤 차이가 있는가? 매력의 원천을 탐구하고 차이를 메우기 위한 여정을 시작하라. 자신이 정한 역할모델의 생각과 행동, 습관을 자기화하라. 그의 입에서 나오는 것처럼 말하고 그가 대하는 방식으로 사람을 마주하라. 직접 찾아가 공연을 보고 강연을 듣고 대화를 나누어라. 그 사람이 가진 매력의 실체를 더 깊이 이해하게 된다. 또 그가 현장에서 내뿜는 좋은 기운을 향유하는 기쁨도 누리게 된다. 그 전에 아주 중요하고도 당연한 전제가 있다. 그 역할모델이 당신이 지향하는 인생 목표의 연장선 위에 있어야 한다는 점이다. 정치인이 되겠다는 사람이 연예인을 벤치마킹해서야 되겠는가.

신지애 선수는 박세리가 우승하는 것을 보고 곧바로 벤치마킹 대상으로 삼았다. 박세리 선수의 경기 스타일뿐만 아니라 LPGA에 적응해가는 모습까지 철저히 벤치마킹했다.

"박세리 선수는 나의 영웅이다. 나는 그의 모든 것을 보고 배워왔다. 나도 언젠가 박 선수가 세운 기록에 도전하고 싶다."

2006년에 데뷔한 신지애는 2008년 국내외 대회에서 11승을 거두며 골프 여제 소렌스탐의 뒤를 이을 재목감으로 부상했다.

이처럼 닮고 싶은 사람의 매력을 자기화하다 보면 자기도 모르는 사이에 내면까지도 매력적인 사람으로 변모해간다. 마치 연기자가 주어진 배역에 충실하기 위해 실제 주인공의 모든 것을 연구하고 벤치마킹함으로써 당사자가 환생한 것 같은 최고의 연기력을 보여주는 것과 같은 원리다. 정장을 입으면 태도가 점잖아지고, 캐주얼을 입으면 활동적이 되고, 예비군복을 입으면 마구 행동하게 된다. 외면을 바꾸니 내면이 달라지는 것이다.

자기최면을 거는 것도 아주 좋은 매력 개발법이다. "나는 매력적인 사람이야"라는 주문을 미리 걸고 그에 맞게 행동하는 것이다. 다른 사람을 매료시키고 함께 즐거워하는 자신의 모습을 그려보고 이를 재현하고 또 재현, 자꾸 연습하게 되면 실제 만남에서도 아주 매력적으로 변해 있는 자신을 발견하게 될 것이다.

콩 심은 데 콩 나고 팥 심은 데 팥 나는 것처럼, 내 속에 박세리를 심으면 박세리가 되고 오바마를 심으면 오바마가 될 것이다. US오픈에서 박세리가 우승하는 모습을 보고 나도 저렇게 되겠다고 했던 신지애 같은 '박세리 키드들'이 오늘날 LPGA를 주름잡고 있다. 굴곡진 인생을 딛고 일약 대통령이 된 오바마의 드라마를 보면서 역사를 바꾸는 리더가 되겠다고 꿈꾸는 '오바마 키드들' 또한 미래의 주인공이 될 것이다.

주변 사람들에게 물어 매력지수를 높이는 건 또 어떨까? 평소 나는 아내에게 곧잘 질문한다. 내가 출연한 방송에서 잘하고 못한 게 뭔지, 사람들과의 만남에서 실수한 건 없는지, 매력 있는 남편이 되려면 무엇을 고치고 채워야 하는지……. 그리고 아내가 코칭해준 대로 최대한 실천하려 애쓴다. 내가 집에서 찬밥 대우 받지 않고 나름대로 대접 받으며 사는 비결이라면 비결이다.

LG전자는 소비자들에게 아이디어를 공모하고 이를 실제 제품개발에 연결시켜 히트상품을 만들었다. LG전자의 휴대전화 사업은 2005년 적자를 기록할 만큼 힘든 시기를 겪었다. 활로가 필요했다. 고객을 참여시키자는 결정이 내려진 것도 이때였다. 휴대폰 커뮤니티 사이트 세티즌 www.cetizen.com 회원 50명으로 '싸이언 프로슈머 그룹'을 구성하고 휴대폰 제품개발에 대한 아이디어를 모집했다. 싸이언 프로슈머 그룹 회원들은 '자기가 쓰는 통신사의 요금제를 미리 휴대폰에 입력해놓으면 알아서 통화요금을 계산해주는 기능을 넣어달라'는 요구부터 '휴대전화의 복잡한 기능을 없애고 디자인을 심플하게 만들어달라'는 제안까지 무려 8000여 건의 아이디어를 쏟아냈다.

LG전자는 고객들의 아이디어를 받아들여 복잡한 기능을 과감히 생략하고 심플하면서 감성 디자인을 강조한 '초콜릿폰'을 출시했다. 반응은 그야말로 폭발적이었다. 초콜릿폰은 지금까지 1800만 대 이상이 팔렸다. 출시 5개월 만에 25만 대 이상 판매된 LG전자 와인폰과 디지털디스플레이 사업부의 흑자 전환을 견인한 32인치 PDP TV 역시 고객의 욕구를 반영하여 태어난 제품이다.

'현장이 답'이라는 말이 있지만 '고객이 답'이라는 말이 더 정확한 표현이다. 고객에게 묻고 고객의 욕구와 가치를 제품과 서비스에 담는 기업은 불황이 와도 끄덕하지 않는다. 매력이 있기 때문이다. 매력적인 사원이 되는 비결도 알고 보면 간단하다. 자신이 뭘 잘하고 뭘 고쳐야 하는지 상사와 상담하고 그 결과를 실천하면 된다. 남편과 아내, 연인으로서 자신의 매력도를 키우는 길도 다르지 않다.

티가 있으면 옥이 아니다

···· 반反매력을 제거하라

"얼짱인데 성격이 나쁘다", "귀골인데 건방지다", "다 좋은데 말을 함부로 한다"는 말을 들어본 적이 있는가? 99가지의 매력이 단 1가지 문제 때문에 평가절하되는 경우를 주변에서 종종 만나게 된다. 매우 안타까운 일이다.

평소에 매력을 기르는 노력 못지않게 중요한 것이 바로 매력을 무력화하는 요소에 수의하는 일이다. 바로 매력을 반감시키는 '반反매력'을 말한다. 우리가 반매력에 주목해야 하는 이유는 자명하다. 공든 탑이 일시에 무너질 수 있기 때문이다. 반매력 하나가 애써 가꾸어온 매력 전체를 공염불로 만든다. 자신의 의도와 관계없이 누군가에게 부정적 이미지를 심어주고 있다면 그처럼 억울한 일도 없을 것이다.

1996년 대선에서 빌 클린턴 민주당 후보와 격돌한 보브 돌 공화당 후보의 반매력은 '건강에 문제 있는 노인네' 이미지였다. 보브 돌은 패기만만한 클린턴에 맞서 선전하며 건강한 모습을 보이러 애를 썼지만, 유세 도중 넘어지고 전쟁에서 다친 오른팔 대신 왼팔로 경례하는 등 부정적 이미지를 씻지 못함으로써 고배를 들고 말았다.

그에 반해 20세기 최고의 매력남으로 통하는 존 F. 케네디 대통령은 자신의 핸디캡을 확실히 커버하여 자연스럽고 세련된 카리스마를 창출한 경우다. 그는 평소 건강이 좋지 않았지만 언제나 정열이 넘치는 건강미를 과시했다. 비밀은 딴 것이 아니었다. 바른 자세를 유지하기 위해 척추 교정용 코르셋을 입고 다니고 자신의 손짓 하나까지 신경 쓰는 치밀한 노력의 대가였다. 또한 수줍음을 잘 타는 조용한 청년이었던 그는 결코 '타고난 연설가'도 아니었다. 감동적이고 웅장한 연설은 꾸준한 노력의 소산이었다. TV 기자회견 때는 참모들과 모의 질의응답을 하고 멜빵끈을 조여매는 등 운동선수처럼 훈련을 했다고 한다. 스스로 매력을 기획하고 반매력을 조정할 줄 안 케네디야말로 매력의 화신으로 불릴 만하다.

미국의 한 기업가가 뜻하지 않은 소송에 휘말렸다가 자신의 반매력적 요소를 제거하여 승소하게 되었다는 일화는 반매력을 관리하는 것이 얼마나 중요한지를 일깨워준다. 성공학의 대가로 평가받는 브라이언 트레이시가 쓴 『끌리는 사람의 백만 불짜리 매력』에 소개된 이야기다.

고소인이 허위진술을 했다고 주장하여 비디오 증언을 하게 된 브루스라는 CEO는 코치의 조언을 받아들여 시험 녹화를 했다. 촬영을 마치고 비디오를 본 그는 자신의 모습에 놀라움을 금치 못했다. 화면 속의 그는 꽉 끼는 양복에 금방이라도 단추가 비어져나올 것 같은 탐욕스런 부자처럼 보였다. 구부정하게 앉아 있는 '살찐 도둑고양이'. 그는 누가 봐도 돈 많고 거만한 남자로 아주 나쁜 증인으로 비쳐질 것이었다. 사태의 심각성을 깨달은 그는 코치의 안내로 몸무게를 줄이고 자세를 교정했으며 말도 최대한 부드럽게 바꾸었다. 마침내 그는 사악한 기업가에서 온화한 기업가로 이미지를 바꾸어 소송에서 이길 수 있었다.

내게도 이와 유사한 경험이 있다. 나는 그동안 강연을 수없이 다녔다. 기업체, 학교, 군대, 관공서를 가리지 않았고 연령과 남녀를 불문했다. 주제도 리더십에서 시테크, 고객만족, 경영전략, 마케팅에 이르기까지 다양했다. 그런 나도 "강연 참 잘하시네요", "정말 시간 가는 줄 모르고 들었습니다", "재미있고 유익했습니다"라는 말을 듣기까지는 적지 않은 시간이 필요했다. 베스트 강사상을 타기도 했지만 초창기에는 시행착오도 적지 않았다.

나는 비교적 말이 빠른 편이었다. 성질이 급한 데다 주어진 시간 안에 전하려는 내용을 모두 소화하느라 정신없이 강의하다 보니 그렇게 되었던 것이다. 그런데 끝나고 나면 열심히 한 것 같긴 한데 뭔가 아쉽고 허전했다. 그렇지만 나는 임무를 완수했다는 것에 만족하고 그 허전함의 실체를 알아보려고 하지 않았다. 사람들도 "어쩜 그렇게 한 번 쉬시지도 않고 막힘없이 말씀을 하세요? 정말 놀랍습니다"라며 칭찬을 해주었다. 물론 그것은 진심이 아니었을 것이다.

그러다가 진정 어린 충고를 듣게 되었다. 내 강연을 듣고 난 한 친구가

"강연은 참 좋은데 말이 너무 빨라. 듣는 사람 숨 좀 돌리게 조금만 천천히 해봐!" 이러는 것이 아닌가. 나는 그때 알았다. 나의 부족함을, 강연을 마치고 나서의 허전함이 어디서 왔는지를. 그후로 나는 강연 중간중간 침묵의 미학을 삽입했다. 효과는 금방 나타났다. 청중의 표정이 더 편안해지고 고개를 더 많이 끄덕이고 웃음소리가 더 커져갔다. 나는 소중한 충고를 해준 그 친구에게 아직도 감사하는 마음을 간직하고 있다.

대중을 상대로 하는 강연이 아닌 둘만의 대화에서도 말을 속사포처럼 퍼부어대는 사람에게는 금방 거부감이 생긴다. 피하고 싶고 다시 만나는 게 두려워진다. 반매력이다. 말하는 상대방의 눈을 전혀 맞추지 않거나 반대로 노려보듯 뚫어지게 바라보는 것도 부담을 준다. 대화전문가에 따르면 말하는 시간의 70퍼센트 정도가 적당하다고 하는데, 꼭 시간을 정해놓고 하기보다 중간중간 적당히 눈길을 마주치고 공감을 표하는 것이 낫다. 팔짱을 끼거나 상대방의 말을 자르는 것 역시 나쁜 인상을 주는 행위이므로 바꾸어야 한다.

반매력적 요소는 인생과 비즈니스의 진행을 가로막는 장애물이다. 자신의 행동이나 일 습관에서, 상품개발이나 기업 경영에서 반매력적 요소가 무엇인지를 점검하고 바로잡아야 한다. 그렇지 않으면 언젠가 실패와 좌절의 화근으로 작용한다.

당신과 당신의 회사에는 어떤 반매력적 요소가 있는가? 반드시 찾아내서 늦기 전에 제거하라.

눈과 마음을 사로잡다

···· 외적 매력과 내적 매력을 통합하라

매력이 배아와 발아의 과정을 거쳐 꽃을 피우는 시기가 있다. 바로 매력 창조의 순간이다. 이 순간을 어떻게 설명할 수 있을까? 한마디로 말하면 외적 매력과 내적 매력이 성숙한 조화를 이루는 순간이 아닐까?

외적 매력 하면 금방 떠오르는 존재들이 있다. 온갖 대중매체를 장악하고 있는 스타들이다. 그들의 일거수일투족에 사람들은 눈과 귀를 모으고 때로 열광하고 때로 좌절한다. 외적 매력은 그만큼 강한 파급력과 호소력을 지닌다. 전지현이나 이영애처럼 예쁜 여자들이 멋진 차림으로 광화문을 지날 때 사람들의 눈은 돌아가게 되어 있다. 장동건, 권상우, 이준기 같은 꽃미남이 거리를 지나갈 때 여성들의 눈은 자연 휘둥그레진다. '얼짱', '몸짱', '동안'으로 대변되는 외모 지상주의는 이제는 보편적인 사회현상이 되었다. 미국의 매력 연구가인 수전 스프레처는 단적으로 "아름다움은 선이요, 추함은 악이다"라고 말했고, 외모가 연봉과 각종 평가, 심지어는 판결에 미치는 놀라운 연구결과들이 이러한 현상을 더욱 부추기고 있다.

상품도 매한가지다. 디자인이 좋지 않으면 아무리 좋은 차도 팔리지 않는다. 아무리 튼튼한 가전제품도 볼품이 없으면 팔리지 않는다. 건축물, 아파트도 매력이 느껴지지 않으면 신청자가 모여들지 않는다. 눈길을 끌지 못하기 때문이다. 먹는 문제가 해결된 사회에서는 외적 매력을 찾는 것이 하나의 트렌드가 된다. 심지어 공문서의 디자인까지도 선진국과 후진국 간에는 현격한 차이가 존재한다.

광고와 마케팅에서 절대적인 영향력을 미치는 포장기술도 외적 매력에서 빼놓을 수 없다. 포장기술의 수준에 따라 매출과 이미지가 좌우된다. 스티브 잡스의 뛰어난 창의력은 포장기술에서도 여지없이 발휘되어 세상의 이목을 끌어모으고 놀라운 성과를 이룩했다. 상품명과 브랜드명, 광고카피, 홍보문구가 정작 품질이나 내용보다 더 중시되기도 한다. 그만큼 세상을 유혹하는 힘이 강하다는 증거다.

얼굴, 몸매, 디자인, 포장기술을 통해 외적 매력은 뿜어져나온다. 하지만 이게 다는 아니다. 웃음과 유머, 매너, 만남의 기술은 외적 매력에 생명력을 불어넣는 핵심요소다.

웃는 얼굴이 아니면 장사를 하지 마라

중국의 격언에 "웃는 얼굴이 아니면 장사를 하지 마라"는 말이 있다.

당연한 말이다. 사장이 인상을 쓰고 있는 가게에 들어가고 싶은 사람은 없다. 웃으면 복이 온다. 종업원부터 사장까지 웃는 얼굴로 대해주는 곳에는 사람들이 줄을 선다. 설사 음식맛이 조금 덜해도 그곳에 가려고 한다. 웃는 얼굴은 매상을 올려주고 생산성을 높여준다. 웃음의 힘은 대단하다. 나는 많은 회사의 사보를 받아 보고 있는데, 사보에 실린 사진 가운데 웃는 얼굴이 많으면 매력기업이고 딱딱한 인상의 사진이 많으면 반매력기업이라고 확신한다. 특히 사장의 얼굴이 근엄하면 대체로 부실한 기업이다.

미국의 컴퓨터 소프트웨어 업체인 로터스 디벨로프먼트사의 회장 짐 맨지는 사원면접 시험을 볼 때 어떻게 웃는가를 잘 살펴보는 사람으로 알려졌다. 그는 "큰 소리로 웃을 수 있는 사람을 찾는다. 이것이 중요한 판단기준이다"라고 말한다. "우리 회사에서는 어느 관리자도 딱딱한 표정을 짓고 앉아 있을 수 없다. 웃는 자세와 업무관리 능력은 서로 통한다"고 이 회사의 한 간부는 말한다. 직원들이 회사에 갖는 자부심도 대단하다.

"최후에 웃는 자가 진정한 승자다"라는 말이 있지만 "웃는 자만이 최후의 승자가 될 수 있다"로 수정되어야 하지 않을까. 지금과 같은 창조적 사회에서 웃음이야말로 성공을 결정하는 매력의 묘약이다.

유머는 웃음을 견인하는 촉매이자 인간관계를 이어주는 윤활유다. 연애를 하건 직장생활을 하건 매끄럽게 하려면 유머감각을 갖추어야 한다. 유머감각이 뛰어난 사람치고 인기 없는 사람은 없다. 나를 즐겁게 해주는 매력을 지니고 있기 때문이다. 그래서 어디를 가나 그의 주변에는 사람이 꼬인다.

　기업들도 유머감각이 풍부한 사람들에게 호감을 갖는다. 매사에 늘 긍정적인 자세와 매끄러운 인간관계를 유지하는 것은 물론 회사에 대한 충성도와 기여도가 높기 때문이다. 세계적인 기업 카운슬러인 데브라 벤턴은 『CEO 정상의 법칙』이란 책에서 유머감각과 이야기를 재미있게 하는 것을 성공한 CEO들의 공통된 특징으로 꼽았다.

　재미와 감동을 주는 강의로 인기가 많은 윤태익 인하대 교수의 인생이 달라진 것도 유머 덕택이었다. 그는 원래 유머와는 거리가 먼 사람이었다고 한다. 강의는 무겁고 딱딱했다. 그러던 그가 '꿈과 희망의 전도사'가 되기로 결심하고 나서부터 유머에 관심을 갖기 시작했다. 개그 프로그램과 웃음이 넘치는 토크쇼를 유심히 보고 개그전문 극장을 찾아 그들의 연기를 연구했다. 일상생활에서도 유머와 연관을 짓는 습관을 들였고 유머파일을 만들어 순간순간 현장에서 써먹기도 했다. 그의 유머에 반응하는 사람들이 늘어났고 윤 교수는 이 반응을 별도로 관리하는 노력을 계속했다. 이제 그에게는 '재미있는 교수'라는 딱지가 붙어 있다.

　유머감각이 있는 사람은 말도 참 잘한다. 웃음과 유머, 화술을 갖춘 사람을 사람들은 좋아한다.

　시험은 잘 보는데 승진은 안 되거나 열심히 하는데 실적은 안 좋은 사람들이 있다. 이런 사람들을 잘 관찰해보면 대인관계가 서툴거나 매너가 세련되지 못한 경우가 많다.

　언젠가 한 대기업에 강의를 하러 가는데 젊은 사원이 안내자로 동행

했다. 차 뒷문을 열어주는 것까지는 좋았는데 "안쪽으로 들어가시죠" 하더니 그 사원이 상석에 앉아서 오히려 내가 당황한 적이 있다. 더구나 첫마디가 "강의는 해보셨습니까?"였다. 나는 할 말이 없어졌다. 20년 넘게 수십만 명을 대상으로 강의한 사람한테 할 소리인가 말이다. 이런 사람을 만나면 그 사람의 매너만 탓하는 게 아니라 '도대체 이 회사는 사원들에게 기본예절도 가르치지 못하나?' 하는 생각이 들게 된다. 버릇없이 구는 아이를 보며 그 가정과 부모를 탓하게 되는 것과 같다.

세계 무대에 나가서 한국의 명문대학을 나왔다고 말해봐야 알아줄 사람은 아무도 없다. 시험 잘 본다고 떠들어봐야 아무런 의미가 없다. 상대방의 인격과 취향을 세심히 살펴 그에 걸맞게 예우하는 사람이 호감을 산다. 매너 좋은 사람이 외적 매력도 크다.

최고의 만남 기술 '환영'

만남의 기술은 한마디로 인간관계를 맺고 유지하는 기술이다. 인맥을 형성하고 이끌어가는 능력이라고도 할 수 있다. 업무로 만났건 우연히 만났건 사람들과의 인연을 잘 살려나가는 이치와 요령을 터득한 사람은 누구나 인간관계 전문가라고 할 수 있다. 그런 사람은 인적 네트워킹의 메카가 되어 사람들이 수시로 찾는다.

만남의 기술은 복합적이고 다변적이지만 그중에서도 내가 주목하여 소개하고 싶은 것이 있다. 바로 '환영'이다. 거리에서 우연히 아는 사람을 만났다고 하자. 금방 나빴던 기분이 싹 사라지면서 상당한 존재감이 들게 할 만큼 반갑게 환영의 말과 제스처를 선물하는 사람이 있는가 하면, 떨떠름한 표정으로 왜 하필 너를 만났는지 모르겠다는 듯 재수 없게 구는 사람도 있다. 내 경험상 대면의 순간에 보이는 말과 행동은 기억에 오래 남는다.

먼저 반갑게 인사하기, 이것이 매력적인 사람이 되는 첫걸음이다. 만났을 때 유쾌한 느낌을 주는 사람은 좋은 기억을 남긴다. 혹시라도 그가 도움을 청하면 들어주고 싶게 만든다. 짧고 단순한 만남에서도 외적 매력의 차이는 결코 작지 않다.

하지만 향기 없는 꽃은 진정한 꽃이라 할 수 없다. 외적 매력은 한계가 있다. 영향력도 천차만별이고 생명력도 제각각이지만, 분명한 것은 외적 매력만으로는 인간의 마음까지 잡아끌기에 한계가 있다는 것이다. 눈길을 잡아둘 수는 있어도 마음까지는 움직일 수 없고 설사 움직일 수 있다고 해도 잠깐에 그칠 뿐이다. 영혼 없는 '디자인 경영'이 한때의 유행을 넘어서지 못하는 것도 다 이와 같은 이유 때문이다.

내적 매력은 겉으로 드러난 아름다움에서 볼 수 없는 '깊이'를 추구한다. 거기에는 신뢰, 순결, 관용, 포용력, 베풂 등 다양한 미덕이 들어 있다. 내가 잘 아는 어떤 기업의 회장은 행사가 있을 때마다 운전기사 등 낮은 곳에서 일하는 사람들을 배려한다. 삼복더위에는 그들에게 삼계탕을 사주며 격려하곤 한다. 항상 그늘진 곳에서 일하는 사람을 남몰래, 아주 따뜻하게 챙기는 사람이다. 그분에게는 세월이 흘러도 변치 않는 매력이 있다. 진정으로 인간의 가치를 이해하고 언제나 인간 중심으로 생각하고 처신한다. 소리 없이 배려하고 베푸는 사람에게는 내적 매력이 충만하다.

나는 그동안 컨설팅과 강의, 방송일을 하면서 성공한 사람들을 많이 만나왔다. 그들에겐 하나같이 공통적인 특성이 있었는데, 그것은 바로 '심칠뇌삼心七腦三'이라는 황금분할이었다. 인간의 성공을 좌우하는 것은 마음이 70퍼센트, 두뇌가 30퍼센트라는 것이다. 마음을 바르고 따뜻하게 쓰면 반드시 성공하게 되어 있다. 심칠뇌삼의 원리에 충실하면 창의력이 높아지고 대인관계가 좋아지며 높은 성과가 뒤따른다. 위험이 줄어들고 행운이 늘어난다. 마음의 에너지를 긍정적이고 활기차게 움직이니 얼굴에서 온기와 생기가 느껴지고, 보기만 해도 기분이 좋아지니 사람들이 서로 찾고, 그와 함께 행운이 굴러들어오는 것이다. 만나고 싶어 하고 기꺼이 도움을 주려는 사람이 주변에 많은 사람에게 행운이 돌아가는 것은 너무도 당연한 이치다. 하버드대학의 심리학 교수인 다니엘 골맨이 성공한 사람의 특징으로 '지능지수 의존도 20퍼센트, 감성지수 의존도 80퍼센트'라는 연구결과를 발표한 것도 같은 맥락이다.

그렇다면 심칠뇌삼의 원리를 생활과 경영에서 훌륭하게 실천하는 사람들은 어떤 모습일까? 어떻게 하면 사람들이 다가가고 싶은 내적 매력을 갖출 수 있을까?

일이 쪼여도 감사하라

KBS 제2라디오에서 「이영권의 경제포커스」를 진행한 이영권 명지대 교수는 골프를 칠 때 쉽게 치고 또 점수도 좋다. 그 비결은 따로 있었다. 보통 첫 번째 홀에서 사람들은 실수를 하면 "앗, 망했다!"라는 비명과 함께 낭패한 표정으로 그라운드를 내려오는데, 이 교수는 50야드를 굴러

가도, 스카잉 볼이 되어 바로 코앞에 떨어져도 "앞으로 나갔으니 고맙지 뭐" 하며 싱글벙글한다.

진짜 중요한 반전은 세컨드 샷을 할 때 일어난다. 낙담을 하거나 화를 내면서 내려온 사람은 여전히 어깨에 힘이 들어가 더 끔찍한 사고를 낸다. 그런데 이 교수는 즐겁고 편안한 마음으로 세컨드 샷을 날려 버디까지 하고 무난히 파 세이브로 마친다. 평소에 사람들에게 여유와 웃음을 주고 일이 꼬였을 때조차도 "고맙지 뭐"라고 말하는 그의 '감사하는 마음'이 좋은 결과로 나타나는 것이다.

지난 1992년 『시時테크』라는 책을 써서 예상 외의 반응을 얻었을 때의 일이다. 책 하나로 단번에 시테크의 창안자로 알려지면서 사람들은 나와의 약속시간만큼은 칼같이 지키려고 애를 쓰게 되었다. '시테크 이론가인데 늦으면 할 말이 없다'는 생각 때문이었을 것이다. 당시에는 나도 워낙 바쁘게 생활했기 때문에 시간에 늦는 사람들에게 무안을 주기도 했다.

그러나 어느 순간 이런 나의 태도를 바꾸었더니 대인관계가 달라지고 좋은 사람을 더 많이 만날 수 있었다. 상대방이 헐레벌떡 나타나서는 "이거 시테크 하시는 분인데 늦어서 정말 죄송합니다. 뭐라고 드릴 말씀이 없습니다"라고 얘기하면 나는 "어이구, 얼마나 고생하셨습니까. 저야 앉아서 기다렸지만 차도 많이 막히는데 오시느라 정말 고생하셨겠습니다. 저는 괜찮습니다"라면서 "이렇게 만나 뵐 수 있는데 고마운 일이죠"라는 말까지 덧붙였다. 태도를 이렇게 바꾸었더니 내 마음도 편해지고 무엇보다 상대방이 좋아했다.

내적 매력을 갖추려면 우선 '감사하는 마음'이 있어야 한다. 나에게 좋은 일이 있을 때만 고마워하는 것이 아니라 어려운 일이 닥쳤을 때도 감사하는 마음을 가지면 사람들도 좋아하고 일도 잘 풀린다.

존중하면 존경받는다

삼성물산 기획실에서 근무하던 시절이 있었다. 그때의 기획실장이던 신세길 전무를 잊을 수가 없다. 그는 가치관이 뚜렷하고 항상 앞을 내다보는 경영자였다. 그리고 무엇보다 부하직원의 인격과 꿈을 인정하고 존중할 줄 아는 분이었다. 내가 남들보다 아침 일찍 출근해 업무 준비를 하고 있으면 불러서 차를 마시며 이것저것 묻고 격려하던 모습이 지금도 눈에 선하다. 그는 정말 따르는 직원이 많은 상사였다. 그는 나중에 사장이 되었다. 나를 존중해주는 사람을 좋아하지 않을 사람은 세상에 없다.

다른 사람을 존중하는 사람의 특징은 '나'보다 '당신'을 앞세운다는 것이다. 자기 중심이 아닌 타인 중심으로 생각하고 행동하는 것이 몸에 배어 있다. 나보다 상대방 걱정을 먼저 하고 상대방이 싫어하는 것을 피하려고 노력한다. 그래서 사람들은 그를 좋아한다. '존중하는 마음'이 내적 매력을 만든다.

베푸는 삶이 아름답다

앞서 소개한 '기부왕' 김장훈에 이어 연예인들의 '남몰래 기부'가 잔잔한 감동을 낳고 있다. 수년에 걸쳐 익명으로 거액의 기부를 꾸준히 해온

'기부천사' 문근영, 가수 박상민과 장나라, 배용준 등이 그들이다. 연기와 노래와 외모와 특유의 끼로 세상 사람들에게 즐거움을 선사해온 이들이 어려운 이웃들에게 따뜻한 희망과 감동까지 선물하고 있다. 이들의 매력이야말로 외적 매력과 내적 매력을 겸비한 진정한 매력인 아닐까?

이화여대 총장을 지낸 고 김옥길 박사가 세상을 떠났을 때 가장 슬피 울었던 사람은 가족도 친구도 아니었다. 대학의 하급직원들이었다. 학교 행사나 명절 때마다 신경을 쓰고 가끔은 손수 직접 만든 음식을 들고 나와 수고한다는 말과 함께 손을 잡아주었으니 그들의 마음이 어땠겠는가?

세상에는 함정을 파놓고 기다리고 있다가 타인을 잡아먹는 거미형 인간, 자신만을 위해서 벌고 쓰는 개미형 인간, 스스로 노력해서 만든 꿀을 자기도 먹고 남에게도 나누어주는 꿀벌형 인간이 있다고 한다. 김옥길 박사는 세상을 윤택하게 하고 살맛나게 만드는 꿀벌 같은 분이었다. 나는 '사회적 영향력＝물질적 자산 × 반물질적 행동'이라는 등식을 믿는다. 아무리 돈이 많고 지위가 높아도 베풀지 않으면 그의 영향력은 제로가 된다. 실력이 특출해도 다른 사람이 도와주지 않으면 외롭고 피곤하게 살다가 결국은 실패로 인생을 마감한다. '베푸는 마음'이 충만한 삶이 나를 아름답게 하고 사회를 아름답게 한다.

자신을 낮추는 것이 진정한 PR

"위대함은 어떻게 낮아지고 비워지며 포용력을 갖고 상대방을 섬기는가를 아는 것으로부터 비롯된다."

노자의 말이다. 무한경쟁의 시대에 서로 내가 잘났다고 자랑하고 홍보하며 살아가는 세태에 어울리지 않는 말일지 모른다. 하지만 모든 것을 완벽하게 갖춘 사람에게 사람들은 호감을 보이지 않는다. 어떻게 하면 그가 가진 것을 이용하거나 빼낼까만을 생각하지 그에게 도움을 주고 싶다는 생각은 하지 않는다. 진짜 현명한 사람은 바다처럼 낮은 곳에 머무는 사람이다. 그런 사람에게 사람들이 몰려든다. 왠지 모르게 도움을 주고 싶기 때문이다.

하버드대학 역사상 최단기간에 석박사 과정을 마친 천재로 유명했던 성기수 박사는 자신을 낮출 줄 아는 사람이다. 처음 그를 만났을 때 나는 적지 않은 충격을 받았다. 다른 VIP들과는 너무도 대조적으로 수수하고 겸손하고 부드러운 태도를 보여주었다.

'이해한다 understand'는 상대방보다 낮게 선다는 뜻을 담고 있다. 자세를 낮추면 모든 걸 이해할 수 있고 마음이 편해진다. 내적 매력을 갖추려면 자신을 '낮추는 마음'을 견지해야 한다.

사람의 마음은 꿈이 있는 사람에게로 향한다

미국의 해군제독으로 유명한 니미츠가 소위로 재직할 당시의 일이다. 한번은 해군대장이 그가 근무하던 함대를 방문했다. 중요한 행사에 참석하기 위한 것이었는데, 그만 계급장이 망가져 쓸 수 없게 되었다. 긴급히 전 함대에 지시가 떨어졌다. "혹시 대장 계급장을 가지고 있는 자는 즉시 신고할 것." 있을 리가 만무했다. 어느 누가 감히 대장 계급장을 소지한단 말인가. 그런데 대장 계급장은 있었다. 바로 니미츠 소위가 갖고 있던 것이다. "어떻게 소위가 대장 계급장을 가지고 있었나?"라고 묻는 대장의 질문에 니미츠는 "옛! 제가 소위로 임관할 때 애인에게서 선물로 받은 겁니다"라고 대답했다. 대장은 "정말 대단한 애인을 두었군. 열심히 노력해서 대장이 되게"라며 격려해주었다. 그후 니미츠는 이 대단한 애인과 결혼했고 헌신적인 노력 끝에 대장이 되었다.

원대한 '꿈을 가진 사람'은 매력적이다. 그런 사람에게 사람들은 지원을 아끼지 않는다. 마찬가지로 '비전'이 있는 회사에 지원자가 몰린다. 비전이 뚜렷하면 의욕이 넘치고 여러 가지 노하우들을 잘 찾아내기 때문에 성공의 가능성이 그만큼 커진다. '비전 관리'에 특별히 신경을 쓰는 홈플러스, 미국의 꿈을 강조한 오바마는 매력적이다.

언제나 깨끗하라

21세기는 '진가사회眞價社會'다. 존재의 가치가 가감 없이 반영되는 사회, 모든 것이 투명하게 드러나는 사회다. 재산도, 실력도, 인품도 더 이상 축소하거나 과장하거나 은폐할 수 없다. 학력 위조나 병역 비리, 편법적 부동산 거래, 비자금 사건 등으로 일시에 모든 것을 잃어버린 사람이 얼마나 많은가. 투명성의 사회에서는 '진정한 가치'만 대접받는다. 진실성, 높은 도덕적 기준, 개방성, 믿음, 공명정대함 등의 미덕을 갖춘 투명한 인간만이 인정받고 리더가 될 수 있다.

인맥이 중요한 것이 현실이지만 내가 깨끗하지 않으면 그것 또한 사상누각에 불과하다. 지위에 비해 자질이 부족한 사람이나 무능하면서도 말만 번지르르한 정치인에게 표를 줄 사람은 아무도 없다. 물질적으로 깨끗하지 않고 표리가 부동한 사람은 끝이 좋지 않을 줄 알기 때문이다. 반대로 말과 행동이 일치하고 자신의 일에 떳떳하고 분수를 알고 정도를 걷는 사람은 믿음을 얻고 지지를 받는다. 품질로 승부하는 상품을 사고 윤리경영을 실천하는 기업에 자부심을 갖는다. 내적 매력은 '깨끗함'에서 나온다.

외적 매력은 보는 순간 바로 나오고, 내적 매력은 시간이 흘러가면서 차차 나오게 된다. 그래서 내적 매력을 소홀히 하는 경향이 있지만 그것은 아주 근시안적 시각이다. 오래도록 지속되는 매력은 내적 매력의 힘으로 뒷받침되는 매력이다. 간판이 화려하다고 좋은 게 아니다. 명문대를 나오고 석박사를 땄다고 저절로 매력적인 인재가 되는 것이 아니다. 개인 총매력지수가 높은 사람이 진정한 인재다. 상품도 포장만 그럴싸하다고 매력적인 상품이 되는 것은 아니다. 기능은 기본이고 소비자의 마음을 끄는 철학과 스토리가 담겨야 한다. 매출이 높고 연일 광고를 해댄다고 좋은 기업인 것도 아니다. 고객을 먼저 생각하고 사회에 공헌하는 고귀한 영혼을 가진 기업이 매력을 창조할 수 있다. 변화와 혁신도 여기에 초점이 맞추어져야 한다.

가장 이상적인 매력경영은 내적 매력과 외적 매력의 통합이다. 용모, 몸매, 인어, 패션, 세스처, 매너, 디자인처럼 눈에 보이는 외적 매력과 지식, 감성, 가치관, 문화, 영혼, 경영이념처럼 눈에 보이지 않는 내적 매력이 서로 만나 조화롭고 이상적인 결합을 보일 때 매력은 비로소 완성된다. 이것이 바로 진·선·미의 합일이다. 진·선·미가 하나 되어 만나는 순간이 곧 매력이 창조되는 순간이다.

나는 이것을 진의 매력, 선의 매력, 미의 매력으로 구분하기도 한다. 진의 매력이란 진실함에서 뿜어져나오는 매력이고, 선의 매력은 착함과 윤리의 매력이며, 미의 매력은 아름다움이 주는 매력이다. 이 3가지 매력을 다 갖출 수만 있다면 개인의 총매력지수는 극대화될 것이다. 3가지 전부를 갖추기 어렵다면 그중 하나를 선택해 집중적으로 개발해나가는 것도 아주 훌륭한 매력 창조법이라고 할 수 있다.

매력, 표현하고 연출하라

.... 효과적인 매력 연출법

 매력적인 요소를 아무리 많이 품고 있어도 이를 통합하고 연출하지 않으면 파워가 생기지 않는다. 가만히 있어도 매력을 풍기는 사람이 없는 것은 아니지만 그것도 알고 보면 '조용히'라는 연출에 충실한 행위이다.
 샤라포바는 2007년 여름 빨간색 원피스를 걸치고 US오픈이 열리는 뉴욕에 나타났다. 가슴 부위에는 크리스털 액세서리가 번쩍이고 있었다. 뉴욕 시민들은 샤라포바가 왜 빨간색 원피스와 크리스털 장식물을 착용했는지 잘 알고 있었다. 뉴욕의 상징물이 빨간색 사과이며 크리스털은 뉴욕의 야경을 의미한다는 것을 눈치 챈 것이다.
 이미 정상의 테니스 실력과 섹시한 몸매로 세계인이 알아주는 매력녀로 자리매김한 샤라포바였지만 그녀는 거기서 한발 더 나아갔다. 뉴요커들을 완벽하게 사로잡을 무언가를 선보이기 위해서. 샤라포바는 이처럼 자신의 매력을 변주하고 연출하는 능력에서도 탁월한 감각을 발휘했다. 사람들은 샤라포바의 소통하는 매력에 열광할 수밖에 없었다.

매력은 그 자체만으로도 사람들의 눈길과 마음을 끈다. 뉴욕에 간 샤라포바도 그랬을 것이다. 굳이 뭔가를 더 보여줄 필요가 있었을까? 하지만 그녀는 여기에 만족하지 않고 매력에 날개를 다는 법을 생각했다. 그냥 매력적인 것이 아니라 더욱 매력적으로 보이기 위해, 뉴요커들이 단순히 좋아하는 것이 아니라 정말로 좋아하게 하기 위해 기꺼이 뉴욕의 상징을 입었다. 전략은 적중했고 그녀는 분에 넘칠 정도의 사랑과 환대를 받았다.

매력은 적극적으로 표현되어야 한다. PD가 작품을 만들 듯 종합적으로 구성하고 가장 효과적으로 연출해야 한다. 상황에 따라, 상대에 따라 적절하게 강조할 것은 강조하고 생략할 것은 과감히 생략해야 한다. 매력은 연출이다.

성악이 주특기인 친구가 있다. 그는 동창모임에서 노래 하나로 좌중을 단번에 매료시킨다. 해수욕장에서는 몸짱으로, 골프장에서는 매너로, 때로는 1분 스피치로, 때로는 침묵의 미소로 사람들을 즐겁고 기분 좋게 한다. 그는 단연 최고의 인기인이다.

매력의 연출은 매력의 가치와 영향력을 무한정 끌어올린다. 어떤 경우에는 이것이 예상을 훨씬 뛰어넘어 거의 폭발적 수준에 달하기도 한다.

나이와 대상을 불문하고 열풍을 넘어 전 국민을 거의 중독이 되게 한 노래와 가수가 있다. 「텔미」의 원더걸스다. 어린 유치원생부터 대학생까지, 군인은 물론 아줌마, 아저씨까지 온 대한민국이 「텔미」를 흥얼거리며 동작을 따라 했다. 어떻게 이런 일이 벌어진 걸까? 그 뒤에는 박진영이 있었다. 노래를 만들고 원더걸스를 키워낸 그는 시대의 코드를 읽고 특유의 매력 연출을 통해 열광의 도가니를 주조했다. 쉽고 단순한 멜로디와 가사의 반복, 친숙한 복고풍의 사운드, 귀여운 10대 소녀들이 벌이는 경쾌한 댄스와 다양한 캐릭터 등 사람의 감성을 잡아당기는 요소들을 가장 효과적으로 어울리게 만들었다. 「텔미」와 원더걸스 덕분에 대한민국은 즐겁고 흥겨웠다.

박진영과 그의 사단과는 또 다르게 매력을 연출한 가수가 있었다. 샹송가수 에디트 피아프는 자신의 매력을 극한까지 끌어올리기 위해 사력을 다한 인물이었다. 자신의 재능을 분명하게 이해하고 치밀하게 관리할 줄 알았던 그녀는 인위적이면서도 진실하게 무대 위에서 자연스런 페르소나를 연출했다. 동작 하나, 감정 표현 하나까지 철저히 계산했고 노래들도 엄격한 선별작업을 통과한 후에야 비로소 불렀다. 종종 직접 가사를 쓰기도 했다. 이 모든 것들은 피아프만의 독창적인 이미지를 창출해내기 위한 것이었다. 영화감독 장 콕토를 비롯한 당대의 사람들은 그녀의 노래에 완전히 매료되었고 극찬을 아끼지 않았다. 이는 어쩌면 고통스러운 삶에도 불구하고 예술혼을 불살랐던 그녀가 응당 받아야 하는 대가였는지 모른다.

우리는 샤라포바와 원더걸스, 피아프의 예를 보면서 연출을 통해 매력을 고도화하는 전략과 기법을 엿보게 된다. 종합해서 정리하자면 이렇다.

뉴욕에 간 샤라포바는 '현지화 전략'을 교묘하게 활용했다. 뉴요커들이 자신에게 더욱 반하게 하는 길이 무엇인지를 물었고 '로마에서는 로마의 법을 따른다'는 답을 찾았다. 러시아인인 그녀는 '빨간색 사과'와 '뉴욕의 야경'을 녹인 패션으로 뉴요커가 되었다. 현지인과 소통할 줄 아는 샤라포바의 연출에 첨단의 도시 뉴욕은 흥분을 감추지 못하고 한껏 달아올랐다. 상대를 이해하는 매력의 변신은 환호를 불러일으킨다.

매력에 매력이 더해지면 어떤 현상이 벌어질까? 원더걸스는 '하이브리드 전략'을 구사하여 폭발적인 반응을 이끌어낸 대표 주자다. 귀엽고 깜찍한 10대 소녀가 선보인, 연령과 계층을 아우르는 사운드와 댄스는 전 국민의 혼을 빼놓기에 충분했다. 신세대의 스타일과 구세대의 정서, 리듬의 단순함과 캐릭터의 다양함이 어우러진 결과였다. 매력과 매력을 결합하면 엄청난 힘이 솟아난다.

피아프는 처음부터 끝까지 '극대화 전략'에 충실한 매력의 연출자다. 극한을 추구하는 매력이 얼마나 치명적인 아름다움을 낳게 되는지 우리는 그녀의 노래와 인생을 통해 확인한다. 상상을 초월하는 감성적 매력 앞에서 사람들은 극적인 판타지를 경험하고, 그 매력에 숨어 있는 피나는 노력 앞에 경의를 표한다. 극대화되는 순간 매력은 절정에 오른다.

사실 매력을 한층 더 끌어올리려는 전략이나 기법은 단 몇 가지로 간추릴 수 없다. 셀 수 없는 매력의 유형만큼이나 다종다양하다. 상황이나 분야에 따라, 관심이나 목표에 따라 연출은 천 가지의 얼굴로 발현될 수 있고 또 그래야 하기 때문이다.

매력의 연출에 '정답'은 없지만 '법칙'은 있다. 분명하고도 본질적인 불변의 법칙 말이다. 그것은 나와 타인, 상품과 시장, 현재와 미래의 관계를 깊이 들여다보는 것이다. 그 속에서 타인과 시장, 미래를 중심에 놓아야 하는 것은 물론이다. 그리고 상호 간의 원활한 소통을 위해 끊임없는 노력을 기울이는 것이다. 세기의 매력 창조자들이 그렇게 했던 것처럼.

멈추면 죽는다

···· 매력의 진화

"사랑은 늘 새로워야 하고, 커나가야 하고, 새롭게 창조해야 한다"고 루쉰은 말했다. 사랑만 그런 것이 아니다. 매력도 그렇다.

나는 지금 오드리 헵번의 아름다움, 그 매력을 다시 한 번 생각한다. 무명의 단역배우에서 「로마의 휴일」의 주연으로 단번에 스타가 된 그녀는 당대의 사람들에게 새로운 아름다움이었다. 육감적 몸매를 앞세운 성적 매력이 여배우의 인기도를 좌우하던 시대에 가냘픈 몸매를 가진 발레리나 출신의 오드리 헵번은 당대의 스타인 마릴린 먼로나 리즈 테일러, 소피아 로렌과 완전히 다른 매력을 보여주었다. 빌리 와일더 감독은 그녀를 가리켜 "아무리 어려운 말이라도 알 듯한 분위기를 가진" 배우라고 말했다. 실제로도 그녀는 영화 촬영장에서도 책에서 손을 떼지 않은 독서광이자 지식인으로 알려졌다.

　1987년에 헵번은 유니세프의 특별 대사로 공식 지명되었다. 청순미 가득하던 얼굴에 주름살이 패고 몸은 늙었지만 누구도 이 여배우의 모습이 초라하다고 생각하지 않았다. 그녀가 아프리카로 날아가 병든 아이들을 안아주고 그 따뜻한 손길로 어루만져주는 모습을 보면서, 사람들은 외모보다 더 예쁘고 고운 모습을 보았고 영원한 연인이 되었다. 은막의 스타로 일세를 풍미하던 오드리 헵번은 약자들을 위해 일생을 바쳤다.

　헵번이 63세 때인 1993년 1월 20일 직장암으로 세상을 떠난 후에 오드리아동기금이라는 이름의 재단이 설립되었다. 그녀를 모델로 하는 모든 활동에서 나오는 수익은 오드리아동기금에 기부되어 전 세계의 불우아동 돕기에 쓰이고 있다.

　그녀가 죽기 1년 전 크리스마스 때 아들에게 남겼다는 편지가 심금을 울린다.

　　　아름다운 입술을 가지고 싶으면
　　　친절한 말을 하라.
　　　사랑스런 눈을 갖고 싶으면
　　　사람들에게서 좋은 점을 보아라.
　　　날씬한 몸매를 갖고 싶으면
　　　너의 음식을 배고픈 사람과 나누어라.
　　　아름다운 머리카락을 갖고 싶으면 하루에 한 번

어린이가 손가락으로 너의 머리를 쓰다듬게 하라.
아름다운 자세를 갖고 싶으면
결코 너 혼자 걷고 있지 않음을 명심하라.
사람들은 상처로부터 복구되어야 하며
낡은 것으로부터 새로워져야 하고
병으로부터 회복되어야 하고
무지함으로부터 교화되어야 하며
고통으로부터 구원받고 또 구원받아야 한다.
결코 누구도 버려서는 안 된다.
기억하라. 만약 도움의 손이 필요하다면
너의 팔 끝에 있는 손을 이용하면 된다.
네가 더 나이가 들면 손이 두 개라는 걸 발견하게 된다.
한 손은 너 자신을 돕는 손이고
다른 한 손은 다른 사람을 돕는 손이다.

아름다움이 한때의 아름다움으로 그친다면 그것은 진정한 아름다움이 아니다. 매력이 한때의 유행처럼 스러져간다면 그것 또한 진정한 매력이라 할 수 없다. 새로운 생명력으로 되살아나 사람들에게 가치를 들려주고 감각과 영혼을 자극할 수 있을 때 매력은 죽지 않고 영원히 살 수 있다. 오드리 헵번의 매력은 시공을 초월하여 우리의 가슴속에 남아 있다.

우주 생성의 비밀에 가장 근접한 과학자라는 평을 듣는 스티븐 호킹 박사는 매력 진화의 비밀을 온 몸으로 보여주는 존재이기도 하다. 그는 지적·정신적 매력의 화신이라 할 만하다. 학문에 대한 집념 외에 인간의 존엄함에 대한 깊은 정신적 통찰 없이는 그의 육체적 생존도 담보될 수 없었을 것이다.

호킹 박사는 2004년 「블랙홀 정보 패러독스」라는 제목의 논문을 통해 자신의 이론이 틀렸다고 인정하고 새 이론을 제시했다. 놀랍게도 호킹은 "블랙홀에 빨려 들어간 정보가 방출될 수 있다고 믿는다"고 밝혔다. 이는 블랙홀 연구사에 가장 혁명적인 성과로 평가되었던 자신의 1975년 이론을 뒤집는 것이었다. 기존 이론에서는 비가역적인 현상이기 때문에 빨려 들어간 정보는 다시 방출되지 않으며 블랙홀이 에너지를 모두 방출해 소멸하면 함께 사라진다고 했다.

자신에게 생명이나 다름없는 일생일대의 이론을 일거에 부정하는 학자적 양심과 용기, 30년간이나 골똘히 문제를 파고든 집념에 감탄이 절로 나온다. 한때의 성과에 만족하지 않고 불변의 호기심과 탐구로 지적·도덕적 매력을 발산하는 이 천재에게 강력한 자력을 느끼게 되는 것은 어쩔 수 없는 일이다.

인생이 그러하듯 한 번의 성공에 안주하는 기업은 결코 매력적인 기업이 될 수 없다. 매력적인 기업이 되기는커녕 곧바로 도태되는 운명을 맞아야 한다. 끊임없이 변화하는 기술환경에 대처하지 못하기 때문이다. 설탕을 만드는 기업이 있다고 치자. 정말 잘나가던 때가 있었다. 하지만 지금은 건강을 생각하는 사람이 많아지면서 무가당 식품이 각광을 받고 있다. 만약 설탕에만 의지하여 룰루랄라 했다면 이 기업은 벌써 역사의 뒤안으로 사라졌을 것이다. 설탕을 넣지 않고도 단맛을 내는 기술에 밀려 존재가치를 상실하기 때문이다. 설탕에서 무가당 설탕을 만드는 기업만이 계속해서 대중의 사랑을 누릴 자격이 주어진다.

치열한 면도기 시장에서 세계 시장점유율 1위를 고수하고 있는 질레트는 진화의 전범을 보여준다. 질레트는 전 세계 남성들이 가장 많이 사용하는 제품이다. 자그마치 40퍼센트나 된다. 그 비결은 뭘까? 바로 끊임없는 자기혁신이다. 질레트는 자사 제품이 최고의 판매율을 보이며 승승장구하는 바로 그때 새로운 제품을 선보이는 전략으로 시장을 석권해왔다. 100년의 역사를 거치면서 자신과의 경쟁을 한시도 멈추지 않았기에 가능한 일이었다. 사용에 불편함이 없는데도 더욱 첨단의 기술이 적용된 매혹적인 제품을 내놓는다. 브랜드전략의 세계적 권위자인 케빈 켈러는 "소비자의 요구를 충족시킬 수 있도록 브랜드를 꾸준히 혁신해야 합니다. 면도기 브랜드 질레트는 '슈퍼블루'에서 '트랙Ⅱ', '센서', '마하3', '퓨전'에 이르기까지 꾸준히 개선된 제품을 선보임으로써 소비자에게 끊임없이 변화한다는 메시지를 전달합니다"라며 질레트의 진화를 높이 평가했다. 질레트는 진화하는 매력의 실례로 손색이 없다.

최근 고급 면도기 시장에 혁명적 제품이 선을 보였다. 필립스전자에서 만든 '아키텍'이란 제품이다. 3개의 면도날 헤드로 이루어진 이 제품은 디자인이 예술적일 뿐 아니라 부드러운 여자의 손이 턱을 받쳐주는 듯한 촉감이 일품이다. 매일 아침을 행복하게 만든다는 필립스의 명품전략이 탄생시킨 매력적 작품이다. 가격이 무려 40만 원대이지만 시장의 반응이 아주 좋다. 고급 면도기의 최강자가 필립스라면 대중적 면도기의 최강자는 역시 질레트다. 영역이 서로 다른 것이다.

"하나의 브랜드가 장기간 살아남으려면 신제품 개발을 게을리해서는 안 된다"고 트렌드 분석가인 헨릭 베일가드는 『트렌드를 읽는 기술』에서 말했다. 만약 1903년 설립된 할리 데이비슨이 현실에 안주하여 제품에 변화를 주지 않았다면 오늘날 우리는 이 브랜드를 다시 보지 못했을 것이다. 리바이스는 변화에 소홀하여 한때 청바지 시장에서 주도권을 빼앗기고 말았다.

시대가 바뀌면 자연스럽게 매력의 요소도 변한다. 젊었을 때의 매력도 나이가 들면 쇠하기 마련이고 초창기의 히트상품도 경쟁상품들이 출현하면 매력을 상실한다. 매력을 잃지 않으려면 청춘의 매력을 영성적 매력으로 업그레이드하고, 어제의 성공을 과감히 부정할 줄 아는 변신이 줄기차게 이어져야 한다. 매력은 새로운 매력으로 거듭날 때 더욱 매력적이다.

멈춤 없이 진화하는 매력이야말로 인생의 질과 리더십, 그리고 경쟁력을 지속적으로 높여나가는 필수요소다. 매력이 없는 것은 모두 버리고 새로운 매력을 창조해야 한다. 개인의 매력, 가정의 매력, 기업의 매력, 그리고 국가의 매력을 높이는 것이 선진국으로 가기 위해 우리 모두가 힘을 쏟아야 할 절실한 과제임을 잊지 말자.